Katja Büllmann
Mit einer Reise fing alles an

W0046676

PIPER

Zu diesem Buch

Es kann in der Idylle eines apulischen Dorfes oder beim Trekking in Südamerika passieren, beim Salsatanzen mit einem Fremden oder im Gespräch mit einer chinesischen Wahrsagerin: Oft genug gibt ein Moment fern von zu Hause unserem Alltag eine neue Wendung, und manchmal mündet das, was als Kurzreise geplant war, in ein neues Leben. Die Reisejournalistin Katja Büllmann stellt die unterschiedlichsten Lebensläufe vor – Frauen, die sich selbst auf faszinierenden Reisen ganz neu kennenlernten und darin die Kraft fanden für den Aufbruch und den Neuanfang: aus Begeisterung für eine andere Region der Erde, für einen neuen Beruf oder die große Liebe.

Katja Büllmann, geboren 1969, arbeitete als Redakteurin und Textchefin für *Amica, Cosmopolitan* und *Freundin,* ehe sie sich als reisende Reporterin auf den Weg um die Welt machte. Heute lebt sie in Apulien.

www.katjabuellmann.wordpress.com

Katja Büllmann

Mit einer Reise fing alles an

Frauen erzählen

PIPER
München Berlin Zürich

Mehr über unsere Autoren und Bücher:
www.piper.de

Von Katja Büllmann liegen im Piper Verlag vor:
Eine einzige Reise kann alles verändern
Mit einer Reise fing alles an

Für Vittorio

MIX
Papier aus verantwor-
tungsvollen Quellen
FSC® C083411

Ungekürzte Taschenbuchausgabe
1. Auflage Februar 2012
4. Auflage Dezember 2016
© Piper Verlag GmbH, München/Berlin 2010,
erschienen im Verlagsprogramm Malik
Umschlaggestaltung: Birgit Kohlhaas, www.kohlhaas-buchgestaltung.de
Umschlagabbildungen: Composing Birgit Kohlhaas mit Fotos von
Phillip Graybill/Getty Images und Fotolia (Kathedrale)
Satz: Satz für Satz, Wangen im Allgäu
Gesetzt aus der Minion
Druck und Bindung: CPI books GmbH, Leck
Printed in Germany   ISBN 978-3-492-27335-0

Inhalt

Vorwort

»Schön warm hier« war das erste, was mir auffiel. Süditalien im Spätherbst, eine Kurzreise quer durch die saftig grünen Olivenhaine Apuliens, das Land der Trulli und Masserien und unberührten Adriaküste. Ein Schlüssellochblick auf eine Region Europas, die noch weitgehend unbekannt ist, weil die meisten Italienreisenden in der Toskana hängen bleiben oder gleich auf die andere Stiefelseite abbiegen, Richtung Neapel, Capri, Amalfi, und so nie erfahren, wie schön und ursprünglich und irritierend elektrisierend die Gegend zwischen Bari und Gallipoli ist.

Ich fing spontan Feuer, einen Monat später war ich wieder dort, für eine dreitägige Entdeckungstour im hellblauen Cinquecento. Mein pugliesischer Freund Vittorio hatte sich spontan bereit erklärt, mir ein bisschen sein Land zu zeigen, gemeinsam gingen wir auf große Fahrt vom Castel del Monte im Norden bis hinein in die Ebenen des Salento, die auch im tiefsten Winter noch grün sind; an ein und demselben Tag mal winterlich kalt, frostig und raureifbedeckt auf den Hügeln des Itria-Tals, dann frühlingshaft mild, wie im Hafen von Trani, wo Anfang Januar alles verrammelt ist und wir nur mit ein bisschen Glück und viel Geduld bei Pedro ein Glas selbstgekelterten Muscadet bekamen. Die Kamera im Anschlag für unzählige Postkartenmotive unterwegs, spazierten wir durch die verwinkelten Altstadtgassen von Otranto, das heute noch mit jedem Tuffstein an die Zeiten der

Kreuzzüge erinnert. Aßen in Gallipoli an der Hafenpromenade zu Mittag, von wo aus man das Adriatische förmlich ins Ionische Meer fließen sehen kann. Ein Aperitif in Lecce, danach bis in den Morgen tanzen.

Natürlich und herzlich erlebte ich die Menschen um mich herum, offen und echt und dabei nicht oberflächlich, gelebte Leichtigkeit des Südens. So fing alles an. Ein Jahr später, ein intensives, sinnliches, emotionsgeladenes Jahr. Ein Jahr, für das ich einen Monat nach dieser Entdeckungsreise ein komplettes Leben in München stehenließ, weil es sich einfach richtiger anfühlte, in Apulien zu sein. Ein Jahr zum Atemholen und Schreiben, kein Ort wäre passender, in dem ich nicht viel vermisste, viel zu beschäftigt war ich mit der faszinierend neuen Umgebung, den neuen Lebensumständen und der neuen Sprache, weil man mit Englisch und Französisch schnell an seine Grenzen stößt im wilden Süden, sobald es übers Kaffeebestellen hinausgeht. In dem ich Menschen aus aller Welt kennenlernte, die nach Apulien kamen, um Kraft und Energie zu tanken. Viele von ihnen kommen jeden Sommer, andere sind hier geblieben, wie Maria, die in ihrem alten Leben rastlos um die Welt jettete und heute in den Bergen von Cisternino Handtaschen designt. Tiziana aus Mailand, die mir auf der Gartenbank ihres Ferien-Trullo mit Engelsgeduld Italienischstunden gab. Marina, Reporterin beim italienischen Reisemagazin *Dove,* die mir für dieses Buch eine unvergessliche Hong Kong-Erinnerung schenkte. Oder Donatella, der ich bei einem Sommerfest am Strand über den Weg lief. Mit einem faszinierenden Mini-Ausschnitt aus ihrem bewegten Leben schließt diese Porträtsammlung.

Schön warm hier. Temperaturen um die 45 Grad im Hochsommer machen es leichter anzudocken. Doch für emotionale Wärme, für Freundlichkeit, Offenheit und Großzügigkeit und für die Bereitschaft, freimütig zu geben, und sei es nur, eine Geschichte zu erzählen und damit einen Teil des eigenen Lebens zu teilen – dafür muss man nicht nach Apulien reisen.

Heike schrieb mir die Geschichte ihres Schweige-Retreats, nachdem man mir – auch das ist Italien – drei Meter von der Basilika Santa Croce entfernt meinen Computer gestohlen hatte und ich noch mal fast von vorne anfangen musste. Christine, fast aus den Augen verloren und sofort zur Stelle, als ich bei ihr anfragte – mit einer Liebesgeschichte, die man umwerfender nicht erfinden könnte. Jenny aus Peking nahm allen Mut zusammen und probierte sich erstmals in Schrift-Deutsch, um die Story ihrer erst Fern-, jetzt Nahbeziehung zu dem Münchner Uli aufzuschreiben.

Die Wärme, die du suchst, kann kein Ort dir geben, die muss aus dir selbst kommen, sagt Kristina, deren persönliche Wärmesuche auf Sizilien endete. Mit einer Reise kann alles anfangen – und das Ankommen im Leben kann überall stattfinden. In jeder Minute, auch wenn man am wenigsten damit rechnet. Ein Lächeln in der U-Bahn, ein freundliches Vorlassen im Supermarkt, kleine, liebevolle Gesten, die den Umgang miteinander herzlicher, lebenswerter machen – vielleicht sind Italiener darin von Natur aus besser, unbekümmerter, authentischer. Nicht immer nur erwarten, einfach mal geben, umso leichter tut man sich, Hilfe anzunehmen, wenn es kniffliger wird im Leben, das ist nur eine der Lehren, die ich aus diesem Jahr zog.

Schön warm hier. Im gleichnamigen Blog, der mit der Apulien-Reise beginnt (http://katjabuellmann.wordpress.com), können Sie nachlesen, wie es weitergeht – und wohin. Denn Rastlosigkeit heilt nicht im Rasten und Zur-Ruhe-Kommen, das wäre wohl auch zu einfach. Unterwegs sein und dabei bei sich selbst bleiben – möglicherweise ist das der Schlüssel. Leben ist das Geheimnis, sich vornüber hineinwerfen in das große Abenteuer, mutig voranschreiten und seinem Herzen folgen – das ist das Glücksrezept. Ich wünsche mir, dass Ihnen die folgenden Begegnungen, Erlebnisse und kleinen Geständnisse, notiert zwischen Amsterdam und Bangkok, ein Stück Inspiration für Ihre Lebensreisen liefern. Viel Spaß beim Reisen und Ankommen im Leben.

Ihre Katja Büllmann
im September 2009

Anette

»Wenn ich esse, gibt es nichts
außer dem Geschmack roten Currys
auf meiner Zunge.«

Anette, die Frau mit den vielen Identitäten, lernt bei einem Thailandurlaub, bei dem so ziemlich alles schiefgeht, loszulassen. Die Zeit des Müßiggangs wird für sie ebenso zum Glückssymbol wie ein kleines Fläschchen Öl – und ein ganz besonderes Geschenk, das sie von dort mitbrachte.

Anette hat 101 Persönlichkeitsprofile, auf Facebook, Xing, Flickr und ihrem eigenen Baby, einem Onlinemagazin von Frauen für Frauen. Sie wechselt ihre Moodmitteilungen wie Unterwäsche, pflegt Onlinefotoalben wie andere ein neues Auto, und wenn man sie als Junkie bezeichnet, beobachtungssüchtig, mitteilungswütig, vor allen Dingen jedoch arbeitsversessen und niemals müde, lächelt sie nur.

Anette lebt in Geschichten und für Geschichten – von Kindheit an. Da dachte sie sich bereits ganze Drehbücher für ihr kleines Streichholzschachtel-Püppchen aus, eine Art Alter Ego, das sie ständig in der Tasche mit sich herumtrug. Sitzt man heute mit ihr an einer Bar, trinkt ein Glas Chardonnay und sieht nebenbei den Leuten zu, wie sie ihrem ganz normalen Leben nachgehen, kommt es gern mal zu Dialogen wie folgendem:

»Ich glaube, der Mann dort, der in der grauen Jacke, betrügt seine Frau.«

»Ja, er ist auf dem Weg zu seiner Geliebten, die eine Straße weiter in einer Dachgeschosswohnung lebt.«

»In der Jackentasche hat er eine kleine Schachtel – bestimmt vom Juwelier!«

»Der Arme. Schau, wie er grinst. Er freut sich auf ein paar schöne Stunden, auf entspannten Sex, und weiß noch nicht, was passieren wird.«

»Na ja, er kann ja nicht ahnen, dass seine Ehefrau und seine Geliebte sich zufällig in der Sauna kennengelernt haben und Freundinnen geworden sind …«

Blühende Phantasie. Im Web lebt Anette sie nach Herzenslust aus, begeistert eine ständig wachsende Fangemeinde mit ihren lebensnahen, selbstironischen, authentischen Erzählungen. Was an Emotionen übrig bleibt, verwertet sie in ihren Büchern: Protagonist »Paul«, ihre Erfindung, ist längst eine Kultfigur auf dem Markt der Frauen- und Beziehungsliteratur. Neuerdings haben Anettes Stories noch eine weitere Hauptdarstellerin: Töchterchen Linda ist jetzt auf allen Kanälen Thema Nummer eins.

Wenn sie nun noch reisen könnte – »am liebsten ganz weit weg, nach Asien oder Australien oder die USA« –, würde der passionierten Geschichtenerzählerin nichts mehr fehlen zum Glück. Dank Linda ist bereits ein Wochenende auf der Skihütte ein großes Abenteuer. Was sie auf ihrer letzten großen Reise nach Thailand, im Oktober 2007, erlebte und was sie von dort mitbrachte, erzählt sie hier.

Ich bin in Bangkok, und ich bin unzufrieden. Unsere Reise sollte eigentlich nach Myanmar gehen. Seit Monaten habe ich mich darauf gefreut, Bücher über Birma gelesen, Freunde befragt, die schon dort waren, DVDs ausgeliehen. Wir hatten den Trip so sorgfältig geplant, in wochenlanger Arbeit. Sightseeing in Rangun – ich mag den alten Namen der birmanischen Hauptstadt, er erinnert mich immer an Jules Vernes *In 80 Tagen um die Welt* –, eine Dschungeltour auf Elefanten im Norden, Bootsfahrt über den Lake Inle bis hin zum Strandurlaub im Süden. In dieser Gegend zu reisen ist nicht so einfach wie in Thailand, wo man in einen der klimatisierten »V.I.P.«-Busse steigt und so lange thailändische Comedyserien guckt, bis einen das Spaßmobil am Ziel wieder ausspuckt.

Alles umsonst. Die birmanischen Mönche lehnen sich gegen die Militärdiktatur auf. Von Urlaubsreisen in die Region wird daher dringend abgeraten. Deswegen sind wir nun hier, in Bangkok. Eine spontane Alternative, es gab günstige Flüge, wir haben zugeschlagen.

Drei lange Wochen liegen vor uns, und Hals über Kopf, wie wir uns umentschieden haben, gibt es nun überhaupt keinen Plan.

Das stört mich, ich reise gerne vorbereitet. Schließlich möchte ich in der knappen Zeit, die ich außerhalb des Büros verbringe, möglichst viel erleben und nicht am Ende das Interessanteste verpassen. Überraschungen konnte ich noch nie leiden, und Fahrten ins Blaue mag ich nicht mal, wenn es nur das Blau des Tegernsees ist. Das Schlimmste: Ich kann niemanden dafür verantwortlich machen. Da müssen wir jetzt durch.

Suvarnabhumi Airport. Die größte Drehscheibe Asiens, ein Megaflughafen. Meine Laune ist mäßig; meinem Mann zuliebe reiße ich mich zusammen, lenke mich mit den exotischen Destinationen auf der Anzeigentafel ab. Singapore, Kuala Lumpur, Sydney, Phnom Penh, Denpasar, Chiang Mai – die fremdländischen Namen verursachen irgendwie ein Kribbeln im Bauch …

Vielleicht ist es doch nicht so schlecht, nichts vorgebucht zu haben. Allemal eine Abwechslung zum Gewohnten. Auf einmal fühle ich mich frei.

Na ja, nicht ganz so frei. Mist. Als ich meinen Rucksack vom Gepäckband ziehe und mit Schwung schultere, spüre ich es. Meine Tage, ausgerechnet jetzt, das hat gerade noch gefehlt. Eine Woche zu früh! Ich fühle mich ungerecht behandelt. »Ach komm, dann hast du's hinter dir, wenn wir in einer Woche irgendwo am Strand liegen«, tröstet mich mein Mann. Trotzdem ärgerlich. So war das nicht geplant. Dass ich mich auf die birmanischen Mönche nicht verlassen kann, ist eine Sache. Aber dass jetzt auch noch mein Zyklus spinnt, nervt mich.

Bangkok, Chinatown – Kopflos

Abends gehen wir in Chinatown essen und streiten ein bisschen. Ich bin mir ganz sicher, dass wir das Straßenlokal – eigentlich ist es nur ein fahrbarer Herd mit ein paar winzigen Plastikstühlen und -tischen, an denen die unzähligen pinkfarbenen Taxis mit Zentimeterabstand vorbeirasen – gefunden haben, in dem wir vor vier Jahren aßen, auf unserer Hochzeitsreise. »Kann sein, mein Schatz, es kann aber auch genauso gut ein anderer Essensstand gewesen sein. Ist doch eigentlich auch egal«, findet mein Mann. »Aber ich erkenne genau die Ecke wieder! Dort drüben, die rot blinkende Leuchtreklame, und hier der Shop mit den kopflosen, toten Hühnern und den Barbiepuppen ...« So geht das hin und her, wir können beide nicht einlenken, vielleicht ein bisschen Jetlag, es kriselt, bis wir zu müde zum Zanken sind und auf den roten Plastikstühlen ganz einträchtig und friedlich undefinierbar Leckeres essen und chinesisches Tsingtao-Bier dazu trinken.

Ich weiß nicht, ob es der Alkohol ist, die Müdigkeit oder das nie endende Brummen und Summen dieser übervollen Stadt – aber ich fühle mich frei, schon zum zweiten Mal an diesem Tag. Und langsam gewöhne ich mich daran. Ich fühle mich so frei, wie man sich nur fühlen kann, wenn man alles, was man braucht, selbst tragen kann. Drei Wochen liegen vor uns, und ich denke keine Sekunde weiter nach vorne. Langsam werde ich wieder warm mit Thailand. Wird auch Zeit.

Trat – Ziellos

Am liebsten würde ich pausenlos reisen. Unterwegs bin ich so anders als zu Hause. Da bin ich, wie ich zu Hause gerne wäre, entspannt und gelassen und sorgenfrei. Was bringt es, sich Gedanken über Dinge zu machen, die in der Zukunft oder in der Vergangenheit liegen? Daheim bin ich eine Meisterin darin. Hier in Asien: Kein hysterischer Anfall, als wir gestern nach hundert Kilometern Busfahrt feststellten, nach Trat unterwegs zu sein statt nach Trang. Trat und Trang – was benachbart klingt, liegt weit auseinander, weiter geht's fast nicht. Trang ist im Südwesten Thailands, südlich von Krabi, da wollten wir hin. Und Trat ... »Wo liegt Trat?«, frage ich die freundliche Thailänderin, die uns aufklärte, wo wir eigentlich hinfuhren, nachdem mein Mann bemerkt hatte, dass irgendwas mit der Himmelsrichtung nicht stimmte. – »Nahe der Grenze zu Kambodscha.« – »Oh.« – »Warum hast du denn nicht aufgepasst? Wie kann man nur so verplant sein!« Mein Mann kennt mich nicht anders, wenn irgendwas schiefläuft. Er hätte sich auch nicht gewundert, wenn ich mit dem Lonely Planet nach ihm geworfen hätte; sein Gleichmut in kleinen und größeren Krisensituationen ist bewunderns-wert. Doch auf dieser Reise ist alles anders. »Ach was, macht doch nichts, dann fahren wir eben nach Trat. Kann man sich doch mal angucken, vielleicht ist es sehr schön da?«, höre ich mich sagen.

Lonely Beach, Koh Chang – Obdachlos

Trat ist toll. Eine kleine, unbedeutende Provinzstadt mit einem riesigen Nachtmarkt, auf dem man für ein paar Baht die leckersten Dinge essen kann. Und Trat hat noch eine Spezialität: Zauberöl, Yellow Oil, Namman Leuang. Es duf-tet nach Pfefferminz, Eukalyptus und anderen ätherischen Substanzen und wird nach einem Geheimrezept einer längst verstorbenen Einheimischen hergestellt. Überall werden die kleinen Fläschchen mit pinkfarbenem Etikett verkauft. Wir schlagen in einem winzigen Laden in einer Seitengasse zu.

»Wofür ist das gut?« – »Alles Mögliche«, antwortet die alte, runzlige Frau hinter der Kasse und tropft jedem von uns ein bisschen was davon auf die Hand. »Reiben!«, bedeutet sie uns, die Wärme macht den Duft noch intensiver. Dann die Handflächen vors Gesicht halten und tief einatmen: »Spürt Ihr es?« Oh ja. Mir wird angenehm schwindelig, gleichzeitig fühlte ich mich so hellwach wie nach zwei doppelten Espressi, frisch und putzmunter. »Es hilft bei ganz verschiedenen Dingen«, erklärt die Alte und macht eine ausholende Bewegung mit ihrer Hand, »Sonnenbrand, Wundheilung, Kopfweh, Kater, Moskitostiche, Muskelzerrungen ... und Babys!« Sie deutet auf meinen Bauch, kichert zahnlos. »Nein, nein, ich bin nicht schwanger«, beeile ich mich zu sagen. »Jetzt noch nicht«, sagt sie.

Im Tuk-Tuk lassen wir uns zum Pier bringen und nehmen die Fähre, um auf die Insel Koh Chang überzusetzen. Wir nähern uns von der Nordostseite her, auf halber Strecke beginnt es leicht zu regnen. Als die Fähre in Ban Dan Kao anlegt, will ich am liebsten wieder umkehren. Der »Ort« ist nicht mehr als ein paar Wellblechhütten und ein Mopedverleih. Dafür wird der Regen stärker. Wir stellen uns unter und verpassen die ersten paar Songthaews, die die Touristen an die Westküste bringen, dahin, wo die Resorts und Bungalowanlagen liegen. Das letzte Sammeltaxi erwischen wir gerade noch, für überteuerte hundert Baht pro Person dürfen wir mitfahren. Platz gibt es nur leider keinen mehr, wir werfen unsere Rucksäcke auf das Dach des Pick-up und fahren auf dem Trittbrett mit, im Stehen. »Ist ja nicht weit. Und irgendwie aufregend ...«, spreche ich uns beiden Mut zu. »Halt dich gut fest«, meint mein Mann nur und sieht mich besorgt an. Ich habe keine Angst. Unterwegs bin ich stark. Los geht es, rein in die erste Kurve, diese Küstenstraße ist halsbrecherisch. »Festhalten!«, schreit mein Mann immer wieder, wenn es eng wird oder steil oder beides zusammen, ich höre ihn kaum gegen den Fahrtwind, Motorlärm und Regen ersticken den Rest. Aber innerlich strahle ich, mir passiert schon nichts. Ganz sicher nicht. Am White Sand Beach springen wir von unseren Trittbrettern, fangen die Rucksäcke auf und machen uns auf die Suche nach einer Bleibe. Gut zwei Stunden, vergebens. »Ich versteh das nicht, es ist Oktober, die Hauptsaison beginnt doch erst im November.« Langsam wird mir mulmig. »Keine Ahnung, was hier los ist«, meint mein Mann, gewohnt stoisch. Da muss mehr kommen, um ihn aus der Ruhe zu bringen. »Mach dir keine Sorgen, wir finden schon was.« – »Was soll's, hast recht, zur Not schlafen wir halt am Strand ...«

Argwöhnischer Seitenblick, fragend, herausfordernd. Das kannst du nicht ernst meinen. Doch er sagt nichts, lässt mich gewähren, er macht seine Sache gut. Ich kann mich selbst kaum fassen. Am Strand schlafen, das hielt ich bislang für einen romantischen Traum, der nur so lange Traum ist, wie genügend Kilometer zwischen dir und dem Strand liegen. Bei Kaufhof in der Kassenschlange kurz vor Weihnachten lässt es sich gut davon träumen, unter Sternen und auf Sand zu schlafen. Wenn es keine Alternative gibt, sieht die Sache anders aus. In der Regel.

Weiter Richtung Süden, auch hier: kein Glück. Am frühen Abend landen wir am Lonely Beach. Endstation, heute fährt kein Bus mehr zurück, Sammeltaxis gibt es auch keine mehr. Wir müssen hierbleiben. »Dieser Strand macht seinem Namen keine Ehre und ist leider gar nicht mehr einsam«, mit Reiseführer in der Hand gebe ich die Oberlehrerin. »Hier steht was von Techno am Strand und betrunkenen Engländern.« Die Brit-Pop-Party findet heute woanders statt, ruhig und friedlich ist es hier draußen, man könnte problemlos jetzt und hier und gleich sofort ein Lager aufschlagen. Ermattet lehne ich meinen Rucksack an eine Palme, packe den Reiseführer weg und atme tief durch. Alles, was ich höre, sind die Geräusche des Dschungels, der die hinter der Küstenstraße aufragenden steilen Hügel vollständig bedeckt, Regenwald. Brummend, glucksend, kichernd, zwitschernd, trommelnd, die ganze Gegend ist von diesem Klangteppich erfüllt. Leises Meeresrauschen legt sich darüber wie süße Sahne. »Anana! Anana! Aaaaaanaaaaanaaaaa!« Ganz so lonely ist er dann doch nicht, unser Strand, aber als der Obstverkäufer vorbei ist, herrscht wieder Ruhe. Ein letztes Mal Rucksackschultern für einen letzten Versuch. Wir haben tatsächlich Glück und finden kurz vor Sonnenuntergang eine kleine Bungalowanlage ab vom Schuss, mitten in einem idyllischen, tropischen Hain. Für 200 Baht pro Nacht mieten wir eine Hütte, schlicht, aber sauber, mit einem einzigen Möbelstück darin: einer Matratze mit einem riesigen Moskitonetz darüber.

Anspannung macht Erleichterung Platz, ich bin glücklich, dass wir es so gut getroffen haben, was absolut atypisch für mich ist. Ein Tag wie dieser hätte mich normalerweise an den Rand des Ausrastens getrieben. Hier läuft alles anders als geplant und hat so gar nichts mit dem zu tun, wie ich es mir hier vorstellte, von Luxuswünschen ganz zu schweigen. Andererseits: Herrlich, wie leicht es einem ums Herz wird, wenn es nichts Überflüssiges mehr gibt.

Als wir uns in der Nacht auf der brettharten Matratze lieben, schließe ich die Augen und stelle mir vor, ich wäre im Dschungel. Die dünnen Bambuswände der Hütte lösen sich auf, der Regenwald übernimmt die Regie. Ich ergebe mich wohlig.

Lonely Beach, Koh Chang – Tatenlos

Tag vier auf der Insel. Vorletzte Nacht hat es heftig geregnet, die einzige Straße nach Norden ist durch einen Erdrutsch unpassierbar geworden. Halb so wild, meint die Besitzerin unserer kleinen Bungalowanlage seelenruhig, in ein paar Tagen könne man die Straße bestimmt wieder befahren. Vielleicht auch erst in einer oder zwei Wochen. Ob wir es eilig hätten? Nein. Eigentlich nicht. Und das, obwohl ich vorgestern mein letztes Buch fertig gelesen und nun nichts mehr zu tun habe. Mein Mann zieht die Augenbraue hoch. Das kann nicht ihr Ernst sein. »Was ist mit dir los? Du ohne Buch, in einem Kaff, in dem es nicht mal einen Supermarkt gibt, so entspannt?« Hm. Seltsam. Stimmt. Aber solange sich das so gut anfühlt?

Ich kann's. Im Hier und Jetzt leben. Zu Hause gelingt mir das nicht, obwohl ich mindestens fünf Bücher gelesen habe, die sich mit Buddhismus beschäftigen. Vielleicht liegt es an Asien, an der Wärme hier oder an der Tatsache, dass ich keinerlei Erwartungen an diese planlose Reise hatte. Plötzlich geht es, ich kann loslassen. Wenn ich esse, gibt es nichts außer dem Geschmack des roten Currys auf meiner Zunge. Wenn wir am Strand entlanggehen, spüre ich den Sand unter meinen Füßen, das Wasser, das sie umspült, die Sonne auf meiner Haut und die Hand meines Mannes um meine. Ich gehe am Strand entlang, um am Strand entlangzugehen. Ich bin nicht eifrig auf der Suche nach den besten Fotomotiven für später und denke auch nicht an die vielen anderen Meere, an deren Küsten ich schon entlangspazierte.

Lonely Beach, Koh Chang – iPod-los, wunschlos

Ich glaube nicht, dass sie die Straße nach Norden je wieder freischaufeln. Es ist mir auch egal. Ich war noch nie so taten- und wunschlos glücklich wie hier. Ohne Buch und mittlerweile auch ohne iPod, denn der fiel einer zweiten Regennacht zum Opfer. »Fehlt nur noch ein Stromausfall«, meint mein Mann, als wir uns darüber unterhalten, was alles passiert ist. Die Verwechslung am Busterminal. Das merkwürdige Ausgebuchtsein von White Sand Beach. Der Erdrutsch. Das Ertrinken meines iPod. »Also, das wäre aber zu viel des Guten«, finde ich und drehe mich auf den Bauch. Ich schließe die Augen und spüre den Sand, auf dem ich liege. Jedes einzelne der unzähligen kleinen Körnchen kann ich auf meiner Haut fühlen. Wohlig falle ich in den Schlaf. Erwache mit leichtem Sonnenbrand. Das Zauberöl. Sollte das nicht …? Zurück im Bungalow, drücke ich meinem Mann das Fläschchen mit dem pinkfarbenen Etikett in die Hand, bitte ihn, mir die geröteten Hautstellen damit einzureiben. Wie gut das tut!

Bäuchlings liege ich auf der Matratze und genieße die sanfte Massage, inhaliere den Duft des gelben Öls, scharf und sanft zugleich, süß und herb. Ich atme tief ein und spüre wieder den leichten Schwindel wie in dem kleinen Laden in Trat.

»Ganz schön intensiv.« Er massiert weiter, obwohl das Öl längst eingezogen ist. Dann sagt er nichts mehr. Es ist bereits stockdunkel, als wir eng umschlungen erwachen. »Du bist nackt.« – »Selber nackt.« Zwei, drei Stunden müssen vergangen sein, seit wir in Tiefschlaf fielen. Er greift nach dem Fläschchen mit dem pinkfarbenen Etikett, es liegt neben der Matratze, zugeschraubt und leer.

München – Hoffnungsvoll

Seit vier Wochen sind wir aus Thailand zurück. Die Straße auf Koh Chang wurde doch noch repariert, sodass wir in aller Ruhe nach Bangkok reisen und dort planmäßig unseren

Flieger nach Deutschland nehmen konnten. Es gibt wenige Fotos von dieser Reise, dafür umso mehr Erinnerungen. Geräusche, Gefühle, Gerüche. Man kann sie nicht fotografieren. Eine Erinnerung wird uns immer begleiten: Kurz nach unserer Rückkehr habe ich einen Schwangerschaftstest gemacht. Er war sofort positiv. Am 27. Juli ist unser Kind zur Welt gekommen. Nicht ungewöhnlich, im Urlaub ein Baby zu zeugen, sollte man meinen, für uns ja. Vier Jahre lang haben wir es erfolglos versucht, unsere Reisen nach meinem Zyklus geplant, in Neuseeland, Australien, Südafrika, Italien, Ecuador, auf Mauritius und im Salzkammergut miteinander geschlafen. Ich sollte nicht schwanger werden.

Als ich das Geschenkband suchte, um eine Schleife um den Test zu machen, mit dem ich meinen Mann abends überraschen wollte, klemmte die Schublade, wo wir solche Dinge aufbewahren. Als ich an ihr ruckelte, rollte mir etwas entgegen, die Ahnung eines wohlbekannten Dufts stieg mir wieder in die Nase. Der Hauch genügte, um eine Bilderflut in meinem Kopf auszulösen. Brennende Schultern, seine kühlen Hände, der Ventilator, der mit trägem Wusch-Wusch die schwülwarme Luft durchpflügt, die nie verstummenden Geräusche des Dschungels, Haut, Hitze, Lust, Schlaf.

Ich nahm das Fläschchen mit dem pinkfarbenen Etikett aus der Schublade. Es war noch fast voll.

Jutta

»Der Duft von sommerwarmen Teerosen und Lavendel haftet heute noch an dem Foto.«

Brave Mädchen kommen in den Himmel, freche überallhin. Jutta zimmerte sich ihr Glück ganz allein. Ein kleines Dorf hoch oben im italienischen Apennin ist nicht nur Inbegriff ihres persönlichen Lebenstraums, sondern auch einer späten Aussöhnung mit dem strengen Vater, der die Tochter lange Zeit lieber verheiratet und versorgt gesehen hätte.

»Wie sich doch oft Dinge im Leben herausbilden, die man schon früh empfunden hat und deren Entwicklung unterschwellig weitergeht, auch wenn man sie nicht direkt vorantreibt. Ich meine Dinge, die sich auch nur bis zu einem gewissen Grad strategisch planen und umsetzen lassen, wie eine große Liebe. Sie gibt deinem Leben Richtung und Fülle, aber planen und dirigieren lässt sie sich nicht. Meine Leidenschaft für Italien ist so eine Sache. Es gibt ein Foto aus Kinderzeiten, das alles sagt. Ich im Blümchenkleid, mit wirrem Pferdeschwanz und staubigen Lackschuhen, am Sockel einer Steinstatue im fürstbischöflichen Residenzgarten von Würzburg. Es muss im August 1964 gewesen sein, mein Bruder war gerade zur Welt gekommen, und mein Vater und ich warteten im Park, ehe man uns ins Krankenhaus zu meiner Mutter und dem Familienzuwachs ließ. Die Wärme und Unbeschwertheit dieses Tages, der intensive Duft von sommer-warmen Teerosen und Lavendel haften heute noch an dem vergilbten Foto, das ich in einer hübschen Schachtel neben einigen anderen wie kleine Schätze verwahre.

Ein italienischer Moment, der meine Seele gefangen nahm, obschon mitten in Franken. Das Lebensgefühl dieses Tages hat sich mir eingebrannt, auch wenn es den Begriff damals so noch gar nicht gab, aber für mich war es genau das.

In den vielen Jahren darauf habe ich immer wieder ganz gezielt danach gesucht, in den Gärten von Florenz, an den Hängen Taorminas oder in einem kleinen Bergfriedhof hoch über dem Gardasee. Von allen möglichen Seiten und Blickwinkeln habe ich mich meinem Italien angenähert, immer wieder intensive, aufregende Momente erlebt und wunderschöne Orte entdeckt. Und immer wieder, wie ein Thema in Variationen, tauchte dieser Kindheitsmoment vor mir auf.«

Zart gebräuntes Dekolleté in lilafarbenem Twinset, enge Jeans und High Heels, mitten im bayerischen Winter – das ist die Jutta von heute. Italienisches Frühstück in einer Münchner Cafébar, Kaffee, Plätzchen und Orangensaft, und dazu ein bisschen schwelgen in Erinnerungen und Nostalgie. Jutta liebt solche Tage. Ihr Büro ist um die Ecke, unweit des Landtags. Seit ihrem Ausstieg bei einem großen italienischen Modelabel, wo Jutta federführend für den Deutschlandvertrieb tätig war, betreibt sie heute einen Laden für Delikatesseiscreme.

Sie ordert Caffè nach und parliert entspannt ein paar Worte mit dem Ober aus Verona. Italienisch hat sie sich selbst beigebracht. Unzählige Anläufe mit dem Langenscheidt, unzählige Male frühzeitig aufgegeben, weil viel mehr als »prima colazione« nicht hängen blieb. Am Ende hat Singen geholfen, auf ihren stundenlangen Autofahrten nach Italien. Lauthals hat sie mitgesungen, zu Eros Ramazotti und zu alten italienischen Schlagern.

Strahlende Augen, feiner Teint, zarte Linien umspielen die Schläfen. Jutta hat das Leben nie auf die leichte Schulter genommen, vielleicht deshalb, weil sie sich vieles härter erkämpfen musste als andere. Das, was man umsonst bekommt, ist bekanntlich nicht so viel wert wie das, wofür man teuer bezahlt. Was Jutta wirklich wollte, das hat sie sich erkauft, auf die eine oder andere Weise. Geduld ist nicht ihre Stärke, Anpassungsfähigkeit auch nicht, mit Enttäuschungen hat sie von frühester Jugend an umzugehen gelernt. Mit einer Persönlichkeitsstruktur wie der ihren in einer traditionellen Würzburger Familie aufzuwachsen ist nicht die leichteste Aufgabe. Ihr Vater hätte so gern ein echtes Mädchen gehabt, eine kleine Prinzessin, die mit Puppen spielt, von Familie träumt und ihm viele, viele Enkel schenkt. Jutta kann es ihm nicht übel nehmen. »Ich sollte so etwas wie ein arriviertes großbürgerliches Leben führen. Dass das alles nichts mit meinen Wünschen und Träumen zu tun hatte, zählte nicht. Ich sollte eine gute Ausbildung machen und mir dann einen reichen Partner suchen. Das war nicht böse gemeint, in der Vorstellungswelt meiner Eltern gab es schlichtweg keine Alternative. Mir ging das alles viel zu langsam, das Lebenstempo meiner Heimat wollte nicht zu meinem passen, ich wurde zur Revoluzzerin in der Familie. Mein Vater und ich haben Wochen, manchmal monatelang nicht miteinander gesprochen.«

Zucken um die Mundwinkel, Mona-Lisa-Lächeln. Die beiden haben sich ausgesöhnt, schon lange bevor ihr Vater starb. Er war sehr stolz darauf, wie sie ihr Leben meisterte, leider erst spät, aber er konnte eben auch nicht aus seiner Haut. Sie hat gelernt, das mit sich selbst auszumachen, souverän und stark zu sein, ein Fels, phasenweise der Fels der Familie, und doch auch Romantikerin, die bei aller Zähigkeit nie ihren Sinn für das Schöne im Leben verlor.

»Mein Italien ist ein Quilt aus 1001 Erinnerungen, viele kleine Mosaiksteinchen, die am Ende ein Bild ergeben. Die ganz kleinen schwarz-weißen Fotos meiner Eltern etwa, aufgenommen auf ihrer Hochzeitsreise in den Fünfzigerjahren. Meine Mutter steht in einem groß geblümten Sommerkleid und spitzen Schleifchenschuhen inmitten Hunderter auseinanderstiebender Tauben und blinzelt in die Kamera. Auf einem anderen lehnt sie an einem wackeligen Stuhl, dahinter ist in großen Lettern ›BAR‹ zu lesen. Ein wunderschönes Bild, das mir regelmäßig Gänsehaut macht. Die vielen kleinen Geschichten dazu kenne ich auswendig. Als Kind habe ich in meiner Phantasie nachgespielt, wie mein Vater zwei Fische und zwei Flaschen Wein kauft und dann das nächstbeste Haus betritt, auf der Suche nach einer gleichmütigen Hausfrau, die ihm das alles a la minute zubereitet. So war er, mein Vater, spontan und volksnah. Meiner Mutter und uns Kindern war das meist wahnsinnig peinlich. Erst später begriff ich, dass er es genau richtig machte, er überfuhr die Menschen mit seiner natürlichen Herzlichkeit, seine naive Freundlichkeit steckte an, man konnte ihm nicht böse sein.

Und natürlich Spaghettieis! Sonntagnachmittag bei Benito, damals die erste und einzige Eisdiele in Würzburg, für uns Kinder das höchste der Gefühle. Die unter dem Vanilleeis gefrorene Sahne legte sich in einem zähen Fettfilm auf die Zunge, der bis zum Abend nicht verschwand. An einem der kleinen Tischchen saß für gewöhnlich ein Italiener in weißem Leinenanzug, den er sommers wie winters trug, die langen, schwarzen Haare klebten ihm mit viel Pomade am Kopf, daneben stand sein Spazierstock aus Ebenholz mit einem kleinen, silbernen Vogel als Griff. Er konsumierte nichts außer Caffè, ristretto, pechschwarz. Die Würzburger nannten ihn nur den »Künstler«. Viel später erfuhr ich, dass er die im Krieg schwer beschädigten Tiepolo-Fresken wiederhergestellt hatte.

Dann natürlich unsere erste Reise nach Italien. Anfang der Sechzigerjahre über die soeben fertiggestellte Europabrücke rauf zum Brenner und auf der kurvenreichen Staatsstraße nach Bozen. Meine Mutter rezitiert Ortsschilder und Gemüseläden und Zollstationen, mein Vater erzählt von Burgen und dem Reichtum des Landes und erklärt mir den Kulturknick kurz vor Bozen, wo die Gebäude ganz plötzlich andere Formen annehmen und die Kirchtürme spitzkegelig in den Himmel ragen. Meine Eltern hatten südlich von Bozen ein kleines Ferienhäuschen kaufen wollen, was am Ende nicht klappte, weil das Grundstück inmitten eines Landschaftsschutzgebietes lag. Aber diese ersten italienischen Ferien, der erste Flirt, der erste Kuss von einem echten Italiener, blieben unvergesslich.«

Bis zu den Mathildenbergen rund um Canossa, auf einen der schönsten Punkte im reggianischen Apennin, in ihr kleines Dorf, sind es noch viele Jahre. Und unzählige Kilometer auf der Brennerautobahn! Jutta kann sich nicht erinnern, ob der Canossagang Heinrichs des IV. im Jahr 1077 Thema im Geschichtsunterricht war. Die Geschichte hat sie viel später nachgelesen, mit wachsender Faszination; eine wahre Abenteuerstory, ausgestattet mit allem, was ein gutes Drehbuch braucht, weiß sie zu erzählen. Zumal die eigentliche Heldin eine Frau ist – Mathilde von Tuszien, eine der mächtigsten und talentiertesten Frauen ihrer Zeit. Herrscherin über die Toskana, Mantua, Parma, Reggio, Piazenza, Ferrara, Modena und einen Teil von Umbrien, gerechte Regentin und meisterhafte Diplomatin, die im Investiturstrcit alles daransetzte, die hierarchischen Herrschaftspläne von Papst Gregor VII. verwirklichen zu helfen. »Sie krochen bald auf Händen und Füßen vorwärts, bald stützten sie sich auf die Schultern ihrer Führer; manchmal auch, wenn ihr Fuß auf dem glatten Boden ausglitt, fielen sie hin und rutschten ein ganzes Stück hinunter, schließlich gelangten sie doch unter großer Lebensgefahr in der Ebene an. Die Königin und die anderen Frauen ihres Gefolges setzten sie auf Rinderhäute, und (…) zogen sie darauf hinab«, zitiert sie aus einem Buch, das sie aus der Handtasche zieht, eine bildgewaltige Szene vom Canossagang.

Florenz. Wieder eine Premiere: Juttas erste Italienreise mit der ersten großen Liebe. Hand in Hand durch die belebten Gassen der Stadt schlendern, die Kuppel des Doms besteigen, die Fresken des Benozzo Gozzoli bewundern und beim Spaziergang über den Friedhof vom Touristenrummel vor den Uffizien ausspannen. »Wir beobachteten von unserem Zimmer aus die Taschendiebe, wir lagen in den Boboligärten in der Sonne, leisteten uns einen Espresso auf der Piazza della Repubblica und ergötzten uns am Anblick der schicken Florentiner. Aber eines spürten wir auch ganz deutlich, nämlich unsere Fremdheit in dieser Stadt: die fremde Sprache, die fremde Lebensart, die Einsicht, nur ein Krümelchen dessen zu sehen und zu verstehen, was Florenz zu bieten hat. Italien musste man sich schon ein bisschen erarbeiten – dies war nur ein Appetithappen.«

Eine Spritztour an den Gardasee. Zypressen, die sich sanft im Abendwind wiegen. Sonnenaufgang hinter dem Monte Baldo. Tote Frösche in der Fischhandlung, die sonnenwarmen Steinblöcke in der Arena von Verona im Mondschein, das Zirpen der Grillen, ein spätsommerliches Gewitter über dem See, das Bronzetor von San Zeno und die Heiterkeit und Leichtigkeit des Lebens. Ein anderer Mann, und mit ihm eine neue Italienfacette. »Wissensdurstig wie ich, künstlerisch und kulturhistorisch interessiert, unsere schönsten Tage verbrachten wir, wenn er aquarellierend am Ufer saß und ich historische Romane aus der Renaissance las. Wir inszenierten romantische Italienreisen wie in vergangenen Jahrhunderten, ließen das Auto in der Garage und bereisten das Land mit dem Zug und dem Schiff. Wir strolchten über verlassene Friedhöfe und erfreuten uns an einem einfachen Glas Primitivo, während wir davon träumten, wie wohl das Leben hinter den Fassaden der Palazzi aussah.«

Als ihr die deutsche Vertretung eines erfolgreichen italienischen Modelabels angeboten wird, wähnt sie sich am Ziel ihrer Träume. Leben und Arbeiten mit dem Schönsten aus beiden Welten. Jutta fühlt sich vom Schicksal begünstigt. Mit überbordender Begeisterung stürzt sie sich in ihre neue Aufgabe, wird zur Pendlerin aus Passion. Eros Ramazotti wird ihr ständiger Begleiter auf all ihren Reisen in den Süden. Sie erlebt, dass auch in Hochphasen des Lebens nicht alles Gold ist, was glänzt. »Niemand sagte mir, dass ich meinen Vertrag von einem Anwalt prüfen lassen sollte. Ich hatte wohl von der Schlitzohrigkeit der Südländer sprechen hören, wollte aber nichts darauf geben. Es dauerte eine Weile, bis ich das altrömische Gesetz ›verbum volat, scriptum manet‹ auch für meine persönlichen Beziehungen zur italienischen Geschäftswelt verwandte. Und die italienischen Männer – die waren auch so ein Thema für sich. Nicht selten verwöhnte Mamasöhnchen, flatterhaft und dauerflirtend, zudem oberflächlich … Meine Realität stellte so manches Klischee in den

Schatten. Aber wozu sind Erfahrungen im Leben schließlich da? Dazu, dass man sie selber macht.« Der Job erweist sich als Nagelprobe im Durchhalten. Jutta findet sich in einem Arbeitsumfeld wieder, das kaum Zugeständnisse macht, jeder bekämpft jeden, und sie als die Deutsche bleibt im Intrigen- und Ränkespiel häufig im Regen stehen. »Wo ich heitere Kreativität vermutet hatte, fand ich verstockte Bürokraten, wo ich neue Ansätze aufzeigte, wurde ich auf Altbewährtes verwiesen. Wenn ich Kritik übte, wurde ich zur persona non grata.«

Sie fühlt sich ausgebremst. Versucht, die harte Landung im Paradies mit Charme aufzufangen, um jeden Preis professionell zu bleiben und sich auf die positiven Aspekte zu konzentrieren. Millimeter für Millimeter erkämpft sie sich Respekt und behauptet sich als Frau in einer von Männern dominierten Arbeitswelt.

»Wenn ich nach einem unerfreulichen Arbeitstag in eine Bar ging, erwachte wieder Leben in mir, da waren die Enttäuschungen schnell vergessen, und die Liebe zu diesem Land und seinen Menschen kehrte sofort zurück. Hier waren alle charmant und neugierig und anerkennend, wie mutig es war, als deutsche Frau einfach in eine italienische Bar zu gehen und ein Bier zu bestellen. Da wurde mit mir angestoßen, gelacht und gescherzt, ich bekam Essenseinladungen, wurde mit Komplimenten überhäuft. Unter ganz normalen Menschen, fernab von dem, was Arbeit und Geldverdienen hieß, fand ich die Lebensfreude und Heiterkeit wieder, die ich dem Land immer zugeschrieben hatte.«

Sie erinnert sich nicht mehr, wann und warum genau in ihr der Wunsch aufkam, in Italien Eigentum zu erwerben. Es muss irgendwann in dieser Zeit gewesen sein, selbst in größten Frustphasen im Job wohnte ihr Herz immer im Süden.

»Vermutlich wollte ich mich noch enger mit dem Land verbinden, das mich schon immer so angezogen hatte. Über mich selbst erstaunt, machte ich mich auf die Suche nach einer geeigneten Immobilie. Zu Hause, in und um München, wäre mir nie in den Sinn gekommen, in meinen eigenen Wänden zu leben. In Italien wurde der Wunsch so mächtig, dass ich auch meine Familie damit ansteckte ...«

Sie nutzt jede freie Minute, um den Appennino Reggiano zu erkunden. Fährt stundenlang kurvige, enge Straßen durch eine Berglandschaft, deren Vegetation fast noch deutsch anmutet, die aber dennoch fremdländisch ist, findet es reizvoll, dass viele der Burgen und Ruinen Berührungspunkte mit der deutschen Geschichte haben. Auf einer dieser Fahrten findet sie in einem kleinen Bergstädtchen ein Hinweisschild, das auf ein mittelalterliches Dörflein verweist. Instinktiv folgt sie dem Wegweiser. Als sie oben auf der Bergkuppe ankommt und auf eine Ansammlung alter Steinhäuser trifft, die wie von einer unsichtbaren Mauer umschlossen daliegen, ist ihre Neugier geweckt. Verlassen liegt das Dörflein da, versunken in eine Art Dornröschenschlaf. »Ich schlenderte die Straße entlang, die an einem Hof endet, der leicht erhöht in die Landschaft blickt. Dort setzte ich mich auf ein Steinmäuerchen, schloss die Augen und genoss die Sonne und die sommerlichen Geräusche um mich herum. Von Ferne vernahm ich ein Glockenspiel, und ich spürte förmlich, wie etwas in mir Wurzeln trieb, die sich in dieser Mauer verankerten.«

Der verlassene Borgo wird zum Lieblingsziel ihrer Ausflüge. Wann immer sich Zeit findet, kehrt Jutta dorthin zurück, sitzt eine Weile auf der Mauer, liest, schreibt, träumt vor sich hin. Mal schlüpft sie in einen offenen Stadl und findet dort einen krummen Melkschemel. Unter staubtrockenem Heu taucht das alte Ortsschild auf. Wie viele Jahre mag das Leben hier schon stillstehen, fragt sie sich. In einem kleinen Stall riecht es noch nach den Kaninchen, die einmal hier untergebracht waren. Die wenigen Häuser jedoch sind fest verschlossen und gestatten keinen Blick nach drinnen. Auf einem ihrer Streifzüge begegnet ihr ein alter Mann, der freundlich grüßt. Er habe sie schon häufiger beobachtet und sich gefragt, was sie dort oben in der Einöde machte. Jutta offenbart dem Alten ihre Faszination für den idyllischen Ort. »Es dauerte nicht lange, und wir beide saßen bei einer Flasche Lambrusco vor seinem Haus. Italo hieß der Mann, er stammte aus dem Dorf. Wann er geboren wurde? Er konnte es so genau nicht sagen. Achtzig Jahre, vielleicht auch ein paar mehr, hat er hier oben gelebt, er kannte nichts anderes und war der Einzige aus seiner Familie, der noch am Leben war.«

Kinder habe er keine, verheiratet sei er nie gewesen. Er würde sich freuen, wenn sie ihn öfter mal besuchen käme, sagt er. Jutta verspricht wiederzukommen. Mit ein paar Flaschen bayerischem Bier, einem Stück Parmesan und Schinken macht sie sich bald darauf wieder auf in die Berge. In der museumsreifen Küche veranstalten die beiden ein spontanes Picknick. Jutta kann kaum fassen, unter welchen Bedingungen der Mann hier oben lebt, ohne Herd, Kühlschrank oder sonstiges modernes Gerät. Ein offener und total verrußter Kamin dient als Kochstelle, der winzige Geschirrschrank hängt über einem steinernen Ausguss und enthält je zwei Gläser, zwei Tassen und zwei Teller. Am Tisch stehen zwei Stühle, in einer dem Fenster abgewandten Ecke entdeckt sie eine Campingliege, eine müde Funzel beleuchtet den Raum. An den grob verputzten Wänden klebt die Patina von Jahrzehnten.

»Es machte mich sprachlos, wie selbstverständlich der Mann sein Leben lebte, wie authentisch und echt alles daran war. Alle Künstlichkeit meines Joballtags, alles Belastende jener ruhelosen Tage – in der ranzigen alten Küche fiel es nach und nach von mir ab. Es flößte mir Riesenrespekt ein, wie er sich ohne jedes Statussymbol, ohne großen Besitz und sonstige gesellschaftliche Insignien seine Würde bewahrte. Er war nie in der Schule gewesen und musste sich Mühe geben, nicht in seinen Bergdialekt zu verfallen.«

Italo erzählt ihr in aller Ruhe die Geschichte des Dorfes, das 680 erstmals urkundlich erwähnt wurde, gegründet von Königin Kunigunde, später fester Bestandteil des Herrschaftsgebietes von Canossa. Der alte Mann hat seine ganz eigene Version des Canossagangs und der Rolle Mathildes, die seiner Auffassung nach »ganz sicher nicht nur Vermittlerin zwischen den beiden Männern war, wäre doch zu trist, wenn sich zwischen den Protagonisten nicht auch romantisch ein bisschen was abgespielt hätte!« Geschichte sei nun mal menschlich. Ein andermal erzählt er ihr die jüngere Geschichte des Dorfes. Vor dem Krieg hätten mehr als siebzig Menschen dort oben gelebt, alle intensiv verschwägert und ebenso heftig untereinander zerstritten. Und dass er froh sei, dass in den Sechzigern alle weggezogen seien, weil seither Ruhe und Frieden herrschten im Dorf.

»Das Bier schmeckte ihm vorzüglich!«, erinnert sich Jutta. »In kürzester Zeit hatte er sich drei davon einverleibt und verschwand in den Stall. Noch nicht mal eine Toilette gab es hier oben.« Nebenbei erfährt sie, dass der Borgo Schauplatz eines Blutbades wurde, die Deutschen – Crucchi genannt – hätten in der Gegend furchtbar gewütet. Italo führt sie zu einer kleinen Gedenkstätte etwas außerhalb des Dorfes, die an die von den Deutschen Ermordeten erinnern soll. Am 23. Dezember 1944, einen Tag vor Weihnachten, wurden dort tapfere Freiheitskämpfer von deutschen Soldaten erschossen. Es folgt eine Liste mit zwölf Namen und Geburtsdaten. Italo fragt sie, ob ihr an den Namen nichts auffalle. Nur ein Mann sei aus dem Dorf gewesen, und zwar der, der den gleichen Namen trug wie er: Azzimondi. Alle anderen stammten aus dem Süden Italiens, Männer, die sich als Partisanen ausgaben, in Wahrheit jedoch die »Gunst« der Stunde nutzten, die drangsalierten Bauern zu erpressen. Gemäß den Kriegsgesetzen gab es eine Vergeltungsregelung, die besagte, dass für jeden getöteten deutschen Soldaten eine festgelegte Anzahl feindlicher Männer sterben müsse. Also stellten die vermeintlichen Freiheitskämpfer die Dorfbewohner vor die Wahl, entweder die geforderten Erpressungsgelder zu bezahlen oder Opfer einer Vergeltung zu werden. Italo erinnert sich sehr genau, wie diese Leute auch in seinem Dorf auftauchten und ihr böses Spiel zu spielen suchten. Nachdem die Bewohner das Ansinnen abgelehnt hatten, erschossen sie einen deutschen Offizier. Die Deutschen hatten das Spiel aber durchschaut, zündeten das Dorf an und verjagten alle aus ihren Häusern. Dabei hatte ein Junge etwas vergessen, rannte zurück und wurde wegen Befehlsverweigerung sofort erschossen. Daher der heimische Name auf der Gedenktafel. Die Partisanen wurden ebenfalls sofort getötet. Die Bewohner konnten den Brand löschen und waren froh, die Erpresser losgeworden zu sein.

Über alles und jeden aus dem Dorf weiß Italo eine Geschichte zu erzählen, nicht jeder kommt gut dabei weg. Über eine seiner Schwestern etwa, die ein Verhältnis mit dem Pfarrer aus dem Nachbardorf hatte und schwanger wurde. Sie habe sich im Brunnen hinterm Haus ertränkt, um die Schande von der Familie abzuwenden. Merkwürdig, wie kühl der Alte davon berichtet, denkt Jutta sich, so ohne Mitgefühl, derselbe Mann, der seine Katze so liebevoll streichelt und zu jedem Kraut auf der Wiese ein passendes Rezept kennt. Monate später, Jutta ist mit einem Immobilienmakler auf Häuser-suche im Dorf, findet sie Italos Türe weit offen. Am Haken daneben hängt sein Brotsack. Kühler Wind fegt durch die groben Fugen. Italo ist gestorben.

Sie verwirklicht sich ihren Traum und kauft das Haus mit der Mauer, auf der sie so viele entspannte Stunden ver-brachte. Die Eltern aus Würzburg erwerben das Anwesen nebenan. An die Zeit unmittelbar danach erinnert sie sich mit Schrecken. »Die Renovierungsarbeiten zogen sich wahn-sinnig in die Länge. Und sie führten uns wieder mit ganz an-deren Italienern zusammen, mit den gefürchteten Beamten auf der einen und den noch gefürchteteren, da absolut unzu-verlässigen Handwerkern auf der anderen Seite.«

Und sie lernt noch eine Menge mehr dazu. Als der Dach-stuhl der Eltern endlich steht, veranstaltet Jutta eine Art Mini-Oktoberfest – die Wies'n kennt selbst im Apennin jeder und schwärmt davon. Mit Schrecken denkt sie daran zurück. »Von der Bierbank über die Würschtl bis zur Blasmusik und dem Obatzden war alles original. Die Tische mit Rauten-muster waren eingedeckt, die Maßkrüge standen bereit. Ein-geladen hatten wir unsere Nachbarn, die Handwerker, eine kleine Auswahl meiner Arbeitskollegen und Freunde. Eine überschaubare Gästeschar, mit denen wir einen gemütlichen Abend verbringen und ihnen ein bisschen zeigen wollten, wie man in unserer bayerischen Heimat feiert.

Der Kulturtransfer ging für unseren Geschmack erst mal in die Hose: Die Holzkohle glühte, das Büfett war perfekt bestückt, doch zur vereinbarten Stunde war noch nicht ein Gast zugegen. Meine Mutter raufte sich die Haare, mein Va-ter stach das erste Fass an, dazu spielte Blasmusik. Plötzlich waren alle auf einmal da. Der eine brachte die Schwester mit, der andere seine gesamte Familie, so eine ›festa della birra‹

wollte man sich doch nicht entgehen lassen. Offenbar hatte es sich im gesamten Landkreis herumgesprochen, dass es hier und heute Freibier gab. Der Hof füllte sich mit lärmenden Italienern, die alle Bier und Wurstel haben wollten, wir kannten die wenigsten von ihnen persönlich. Binnen kürzester Zeit war alles Essbare verschwunden, und auf dem Büfett blieb nur der Obatzde zurück, den man offenbar nicht hatte identifizieren können ...«

Der Maurer mochte die bayerische Musik nicht und legt eine CD mit italienischem »ballo liscio« ein, erzählt sie weiter, die Gesellschaft beginnt zu tanzen, dass der Boden bebt, und man fürchtet, dass der neue Dachstuhl gleich wieder einstürzt. Die Mutter hat sich im Haus versteckt, der Vater schenkt großzügig Obstler aus und schließt neue Freundschaften. So schnell, wie unsere Gäste alle auf einmal eingetroffen sind, verschwinden sie fast vollzählig wieder. Zurück bleibt eine verdutzte Familie, die über den Abend räsoniert und gar nicht fassen kann, dass es für unsere Gäste ein unvergesslich schönes Fest war. »Mich sprechen heute, mehr als zehn Jahre danach, noch wildfremde Menschen auf der Straße an, wann wir denn das nächste ›festa della birra‹ veranstalten würden!« Wenige Tage nach dem denkwürdigen Spektakel erscheint der lokale Fernsehsender und will eine Reportage über die Eltern machen. Juttas Vater trägt zufällig seine Krachledernen – die Zuschauer sind begeistert. »Wir Deutschen im Dorf werden zur lokalen Attraktion, Schulklassen kommen, um den Gemüsegarten meiner Mutter zu bewundern, wo Zwiebeln und Lauch in exakten Reihen stehen; Gäste aus der deutschen Partnergemeinde werden zu uns geführt, damit sie sehen, wie fein es sich hier oben im Apennin leben lässt.

Wie viele Jahre wir damit verbracht haben, auf Handwerker zu warten, die morgen mit der Arbeit beginnen wollten, dann aber nie erschienen, kann ich nicht sagen. Gottlob hat der Bürgermeister uns ins Herz geschlossen und dafür gesorgt, dass die Baugenehmigungen immer wieder verlängert wurden. Eine neue Straße, die einer mittelalterlichen Pflasterung nachempfunden ist, hat er uns auch beschert, was leider zur Folge hatte, dass die umliegenden Gemeinden neidisch wurden. Das gehört dazu, damit lernt man zu leben. Als letzte Flucht bleibt uns immer zu sagen, dass wir leider nicht verstanden haben, worum es geht.

Euphorie, Ernüchterung und am Schluss das Happy End. Heute lebt ein Teil meiner Familie in ebendiesem kleinen Bergdorf in der Nähe von Canossa. Dort haben wir uns mit viel Engagement und mit beträchtlichen Investitionen eine italienische Heimat geschaffen, die wir nicht mehr missen möchten. Mein Leben, aber auch das Leben meiner Familie und meiner engsten Freunde hat sich durch meine Leidenschaft für dieses Land und seine Leute ganz neu sortiert. Wir streben nicht nach Schmuck oder Klamotten oder dicken Autos, wir freuen uns, angeregte Winterabende am offenen Kamin zu verbringen und im Sommer den Nachtigallen und Zikaden zu lauschen, wenn es daheim in München dauerregnet. Wir haben auf historischem Boden eine kleine Enklave geschaffen, wie sie vielleicht auch anderen vorschwebt, die ihr Leben lang die Sehnsucht nach dem Land im Süden mit sich herumgetragen haben.

Für mich jedenfalls habe ich einen Kreis in meinem Leben geschlossen, habe eine Bestimmung erfüllt, die ich unendlich genießen kann und die mir immer wieder vor Augen führt, dass man zwar mitunter hart kämpfen muss für die Dinge, die einem etwas bedeuten im Leben. Dass man aber die errungenen Siege lange auskosten kann.«

Marinda

»Ich glaube, dass meine Seele
woanders hingehört.«

Quarterlife-Crisis – oder einfach nur unzufrieden? Die Holländerin Marinda kündigt ihren Job und macht sich auf den Weg nach Südamerika, um ihrer wahren Bestimmung auf die Spur zu kommen. Beim Trekking in Bolivien sieht sie ihre Zukunft plötzlich ganz klar vor sich. Warum am Ende doch alles ganz anders kommt und ihr Leben eine einzige große Reise bleibt, erzählt sie hier.

Was ist nur mit mir los? Ich werde noch verrückt. Das habe ich mir anders vorgestellt, ich bin doch kein Baby mehr! Warum lasse ich mich von ihm so behandeln, mir all diese Dinge an den Kopf werfen, warum gehe ich innerlich an die Decke und tue nach außen, als ob nichts wäre? So war ich doch früher nicht. Normalerweise bin ich stark, unabhängig, selbstbewusst. Aber bei ihm setzt alles aus. Ein Mann? Ja, ein Mann, wenn auch nicht mein Mann oder Freund oder Partner, sondern mein Boss. Ich habe einen wunderbaren Beruf – aber mein Chef ist ein Vollidiot. Okay, ich habe Karriere gemacht, fürs Fernsehen gearbeitet, im Ausland gelebt, es kommt vor, dass ich morgens in New York aufstehe und abends in Paris ins Bett gehe. Ich bin, wie man so schön sagt, unendlich flexibel. Und ich arbeite für eine der coolsten Marken der Welt, eine internationale Luxus-Automarke – gleichermaßen Interesse wie persönliche Passion. Treffe die interessantesten Menschen, besuche die schönsten Plätze, wohne in den schicksten Hotels, die man sich vorstellen kann. Klingt alles wunderbar. Wäre da nicht dieser Trottel von Boss. Er überschattet das alles, und ich frage mich mit schöner Regelmäßigkeit, warum ich mir das antue. Was ist diese tolle Karriere wert, wenn sie ein seelisches Wrack aus mir macht?

Heute telefonierte ich länger mit diesem Kollegen, den ich immer mal wieder auf Geschäftsreisen treffe. Er ist Journalist, ein netter Mann, wir haben auch über das Berufliche hinaus einen guten Draht zueinander. Am Telefon plaudern wir über dies und das, und dann erzählt er, dass er seinen Job an den Nagel hängt und ein Sabbatical nimmt: Ein ganzes Jahr lang will er nicht arbeiten, im Moment schmiedet er gerade Reisepläne. Ich sage ihm, dass ich seinen Mut bewundere und selbst eine Riesenangst hätte, meine Stelle so mir nichts, dir nichts aufzugeben, ohne zu wissen, was danach kommt. Doch als ich auflege, weiß ich plötzlich, was ich tun muss. Nach Monaten des Hin- und Herüberlegens, nach tausend Zweifeln, habe ich meinen nächsten Schritt im Leben ganz klar vor Augen: Ich will keinen anderen Job. Ich brauche einfach mal eine Auszeit – ich will für eine Weile frei sein. Ich will nach Südamerika.

Mein Gott, ich habe es wirklich getan. Habe mein Geld zusammengekratzt, mein Apartment vermietet und meinem Boss Auf Wiedersehen gesagt. Die nächsten sechs Monate werde ich nicht arbeiten. Was für ein Segen. Du wirst dich noch ganz schön umgucken, was dir alles fehlt, sagen Freunde. Du kannst doch gar nicht loslassen, du Arbeitstier.

Perfektionistin, die du bist, hart und selbstgerecht. Ehe du richtig entspannst, bist du wieder zu Hause in Holland. So also schätzen mich meine Freunde ein – das allein hätte mich schon vor langer Zeit stutzig machen müssen. Aber wir werden ja sehen. Ich freue mich darauf herauszufinden, was diese Reise mit mir macht, und bin jetzt schon wahnsinnig stolz auf mich, dass ich sie überhaupt antrete.

Erst mal geht es um ganz Grundlegendes: die richtige Ausrüstung. Globetrotting für Anfänger. Und die große Frage: Wohin mit all den Sachen? Südamerika ist riesig groß, hat x verschiedene Klimazonen, für die man Warmes, Luftiges, Regenabweisendes, Windfestes, einfach alles braucht. Und ich habe nur diesen einen Rucksack, der längst randvoll ist mit Survivalutensilien, von deren Existenz ich vorher nicht mal etwas ahnte, und Outdoorklamotten, die ich wohl nie ernsthaft tragen werde. High Heels und Designerkleidchen bleiben also im Schrank, das macht vieles leichter. Die klobigen Wanderstiefel und ein paar bequeme Freizeithosen, die man zu jeder Gelegenheit tragen kann, müssen dagegen noch irgendwo reingestopft werden. Und eine Fleecejacke! Mit so was Unförmigem wäre ich früher nicht mal im Traum verreist ...

Ich bin so müde. Jetzt, wo ich mich entschieden habe, merke ich erst, wie sehr mein Leben an die Konstitution ging. Wie es einen nach und nach kaputt macht, eine Rolle zu spielen. Außerdem habe ich es satt, einfach immer und überall auf Abruf zu sein. Mein Leben hat sich um Arbeit gedreht, seit ich alt genug war zu jobben. Für mich gab es keine Alternative: Was ich mache, mache ich exzessiv. So habe ich auch dies übertrieben, schon im Studium. Andere hatten einen Nebenjob, um sich ein bisschen Geld dazuzuverdienen, ich habe mehr oder weniger ein ganzes Restaurant geleitet, parallel zu meinen Vorlesungen und Seminaren, und habe hinter der Theke weit mehr Stunden verbracht als an der Uni. Ein paar Mal bin ich für mehrere Monate ins Ausland gegangen, Madrid, Deutschland, was immer sich anbot und interessant klang, ich sprang auf. Ich dachte, das wäre unabdingbar für meinen Lebenslauf. Ohne viel Rücksicht auf meinen Freund. Irrsinn, zu erwarten, dass unsere Liebe diesem Stress standhalten würde; letztendlich haben wir kapituliert, das geht wohl auf mein Konto.

Dann dieser Job in England, ein toller Karriereschritt. Wie besessen war ich, zu reisen, im Ausland zu leben, internationale Erfahrungen zu machen – heute noch immer, wenn auch nicht mehr ganz so exzessiv. Ich glaube, dass meine Seele woanders hingehört, ich weiß nur noch nicht, wohin. Man merkt mir nicht an, dass ich zwischen den Stühlen klemme. Meine Freunde, meine Familie, sie alle bewundern mich für das, was ich erreicht habe. Stark und unabhängig bin ich für sie, ein Fels in der Brandung, den so schnell nichts umhaut. Eine Frau, die ständig und überall nach neuen Herausforderungen sucht und niemals Hilfe braucht, weil sie alles allein schafft. Irgendwie traurig. Denn ich bin nur müde, schrecklich müde. All das Reisen, das ständige Unterwegssein, brachte mich weder mir selbst noch irgendeinem Ziel im Leben einen Millimeter näher. Sich dies einzugestehen macht noch mal umso müder. Reisen allein ist es nicht, was dich weiterbringt. Dazu gehört mehr. Ich bin noch lange nicht die Person, die ich gerne sein möchte.

Ich will nicht mehr stark sein. Ich will nicht mehr, dass mein Job die Hauptrolle in meinem Leben spielt. Meine Identität ist so untrennbar mit ihm verbunden, ich definiere mich durch ihn und mit ihm. Was, wenn ich ohne all das, irgendwo ganz allein in Südamerika, völlig verloren bin?

Rio de Janeiro. Endlich! Im Bus von São Paulo saß ich neben einer Brasilianerin, die mich auf der stundenlangen Fahrt über das Leben in Brasilien aufklärte, den feinen Unterschied zwischen Paulistas und die Cariocas (São Paulo- und Rio-Bewohner) etwa, und die Gefahren, die in Rio lauern (sie wurde sieben Mal ausgeraubt); über die brasilianischen Männer, die nach ein paar Minuten Small Talk gern gleich anfangen zu küssen, die sich mit Sex aber durchaus länger Zeit ließen, und die siffigen Hotels, die man alle paar Kilometer am Straßenrand findet, keine Puffs, wie man denken möchte, sondern die einzige Möglichkeit für junge brasilianische Paare, die meist noch bei ihren Eltern wohnen, für ein paar Stunden ungestört zusammenzusein.

Wenn man hineinrollt nach Rio, sieht man erst einmal nur Slums. So weit das Auge reicht, riesig groß, unübersichtlich und brandgefährlich.

Nach einer kleinen Ewigkeit passieren wir eine dicke rote Linie, eine Art Trennungsstrich zwischen den Slums und der Stadt, wie meine Nachbarin erklärt. Mein Herz pocht wie wild, so aufgeregt bin ich, denn hier wird meine Reise beginnen. Alles, was jetzt kommt, ist meins, nur meins. Ich entscheide, wann ich wohin gehe, wie lange ich wo bleibe, was ich will und wie ich es will. Große Freiheit. Ich kann sechs Monate lang an einem einzigen Strand bleiben oder jeden Tag ein kleines Stückchen weiter reisen. Oder irgendwohin fliegen und mit dem Boot weiterreisen. Niemand wird mir reinreden. Ich will meinem Herzen folgen. Richtig neugierig bin ich, wen ich kennenlernen werde auf dieser Reise, was ich wohl erlebe und wie ich mich fühle bei dem großen Experiment.

Ich wache auf. Sonnenschein. Nach der langen, strapaziösen Anreise kann ich nun endlich starten. Erst mal ein

Strandspaziergang, ohne Termine, ohne To-do-Listen, ohne Verpflichtungen: keine Kontoauszüge holen, keine Klamotten in die Reinigung bringen, nicht noch schnell tanken oder einkaufen oderoderoder. Ganz langsam spaziere ich, Schritt für Schritt. Mein Kopf fühlt sich leicht an, mein Gemüt unbeschwert. Wie herrlich es ist, in dieser Minute am anderen Ende des Globus zu sein und so viel Zeit vor sich zu haben. Ich muss aufpassen, dass ich keinen Sonnenbrand kriege. Und ich habe Hunger. Aber das sind auch schon die einzigen Sorgen, die mich gerade umtreiben.

Rio, wunderschönes Rio de Janeiro. Ich liebe es. Mit einer Travellerin, die ich in der Jugendherberge kennengelernt habe, streife ich durch vorabendliche Idylle im Santa-Teresa-Viertel. Wir essen unter Brasilianern und teilen uns eine große Flasche Bier, wie das die Locals tun. Allenthalben Gelächter, von überallher Musik, völlig egal, dass es draußen plötzlich regnet, denn hier in diesem Lokal sind wir sicher und trocken und sitzen bequem. Dieser Abend, dieser Moment umfängt mich wie eine kuschelig warme Decke, in die man sich auf dem heimischen Sofa einmummelt, wenn es draußen kalt und unwirtlich ist. Am liebsten möchte ich ewig bleiben. Als es wieder aufklart, eisen wir uns los, um zu Fuß noch ein bisschen die Nachbarschaft zu erkunden. Der Grat zwischen Arm und Reich, Trauer und Glückseligkeit, Liebe und Hass ist schmal in dieser Gegend. In einem Augenblick fühlst du dich völlig sicher, und ein, zwei Hausecken weiter möchtest du dich am liebsten selbst wegzaubern, so beklemmend fühlt es sich plötzlich an. Das ist Rio. Grandios und malerisch und gleichzeitig schauderhaft und abstoßend. Und vor allen Dingen niemals so, wie es auf den ersten Blick scheint.

Wie das Leben. Du denkst, du hast es im Griff und kennst dich damit aus. Aber in Wirklichkeit stehst du ständig vor neuen Herausforderungen, die neue Lösungsansätze erfordern. Du musst dich fortbewegen, dich weiterentwickeln, dazulernen. Nur so eignest du dir das Instrumentarium an, das zum Überleben in dieser modernen, sich ständig verändernden Welt nötig ist. Am wichtigsten ist die Erkenntnis, dass du, nur du allein für dich und dein Glück verantwortlich bist. Erwarte nicht von anderen, dass sie dich glücklich machen. Nur du selbst kannst die Balance für dein Leben finden, deine individuellen Prioritäten setzen und das Beste daraus machen. Dabei kann dir niemand helfen. Das war mir nie zuvor so klar wie hier.

Ich sehne mich nach Entspannung, nach ein bisschen Relaxzeit an Traumstränden, von denen es hier unzählige gibt. Man setzt sich einfach in eines dieser windigen Boote und landet mit ein bisschen Glück irgendwo, wo es schön ist. Ich bin mit dem Mädchen aus der Jugendherberge unterwegs, ein junger Schweizer hat sich zu uns gesellt. Wie gut mir das tut, so ohne Umschweife Menschen kennenzulernen. Nicht, dass ich mich je schwer damit tat, ich hatte auch keine Angst vorm Alleinsein unterwegs. Ich bin sogar, ehrlich gesagt, ganz gern mal allein für mich. Aber es überrascht mich doch, wie ungezwungen und leicht man mit »fellow travellers« Kontakt knüpft. Erstaunlich, wie viele Leute allein reisen. Du denkst, du bist die große Abenteurerin, dabei ist das, was du tust, hier überhaupt nichts Besonderes.

Wir teilen uns zu dritt ein Zimmer in einem der schäbigen Stundenhotels an der Straße. Ich gewöhne mich langsam an Kakerlaken, Wanzen und muffigen Geruch und frage mich insgeheim, wann ich mich das erste Mal nach einem eigenen sauberen Zimmer mit frischen Laken, duftenden Handtüchern und Platz nur für mich sehnen werde. Im Moment komme ich mit diesem Lebensstil noch wunderbar klar.

Regenzeit in Brasilien. Nach drei Tagen Dauerregen kann auch die schönste Insel zur Vorhölle werden. Mein Innerstes scharrt mit den Hufen, ich muss weg. Vielleicht ist es woanders trockener, nasser kann es jedenfalls nicht mehr werden. Ich mache mich auf nach Paraty, eine kleine koloniale Stadt mit vielen bezaubernden Galerien, die erstaunlich gut sortiert sind. Kein Touristennepp, sondern veritable Kunst. Ein Bild gefällt mir besonders, ich will es unbedingt haben. Es wird ein Riesenloch in mein Reisebudget reißen, aber egal, ich will doch schließlich tun und lassen, worauf ich Lust habe. Wenn ich irgendwann kein Geld mehr habe, fliege ich eben früher wieder nach Hause, was soll's? Ich beschließe dennoch, eine Nacht darüber zu schlafen … und lande am nächsten Tag, beim Morgenspaziergang am Hafen, prompt in der Werkstatt des Künstlers, von dem »mein« Bild stammt. Es gibt keine Zufälle, ich soll das Kunstwerk wohl haben. Irgendwie werde ich es schon nach Hause transportieren können. Der Künstler verspricht, es sicher zu verpacken und mir zu schicken.

Wie herrlich sich das Reisen anfühlt! Ständig ändere ich meine Pläne. Die große Freiheit macht mit mir, was sie will. Am Busbahnhof von São Paulo trenne ich mich nach zwei gemeinsamen Wochen von meiner Reisebegleitung, wir wollen beide in entgegengesetzte Richtungen weiter.

Ist irgendwie traurig, Adieu zu sagen, aber so war es abgemacht, sicher sehen wir uns wieder, irgendwo, irgendwann. Eigentlich wollte ich schnurstracks ein Busticket kaufen, um weiter in den Süden des Landes zu fahren, aber die Faszination Brasilien hat mich noch nicht so wirklich gepackt. Der Regen macht mich krank, und mein Portugiesisch ist noch immer keinen Deut besser als vor ein paar Wochen. Ich beschließe, dass dieses Land eine eigene Reise wert ist, aber davor will ich Brasilianisch lernen, das macht es bedeutend einfacher. Also nicht zum Schalter, kein Busticket, sondern in ein Internetcafé, und kurz darauf zum Flughafen – nach Montevideo, Uruguay.

Wenn du irgendwas im Leben ändern willst, musst du es loslassen. Genau das tue ich im Moment, jeden Tag, jede Stunde, jede Minute. Ich lasse los, denke so wenig wie möglich an zu Hause, an den Job, an meine Familie, meine Vergangenheit und meine Zukunft. Ich möchte nur hier sein, mich frei fühlen, ungebunden sein. Und es ist schön zu sehen, dass mir das gelingt und dass es viel einfacher ist, als ich dachte. Ich brauche die ganzen Selbstbewusstseinskrücken wie schicke Klamotten, ein tolles Auto, einen coolen Job nicht, um zufrieden zu sein. Mir fällt ein Stein vom Herzen.

Uruguay ist ein hübsches kleines Land und Montevideo lässig, entspannt und atemberaubend schön. Ich genieße ein Steak, das beste, das ich je auf dem Teller hatte. Anschließend parliere ich mit einem alten Kapitän am Hafen ein paar Worte Spanisch, das erste Mal seit Langem. Mir gefällt die dezent europäische Atmosphäre, und ich beschließe, ein paar Tage zu bleiben, bevor ich nach Colonia weiterreisen will. Schon verrückt, ich bin erst ein paar Wochen unterwegs, und es fühlt sich so an, als hätte ich nie was anderes getan, als ziellos herumzureisen. Ich denke nicht an den Job, den ich stehen und liegen ließ. Es ist mir egal, ob meine Untermieterin meine Wohnung gut behandelt, und meine Familie und Freunde vermisse ich auch noch nicht übermäßig. Dies ist eine andere Welt, faszinierend für sich selbst, ich will voll und ganz hier sein. Und mich mit jeder Pore auf mein nächstes großes Ziel, Buenos Aires, freuen! Langsam, aber sicher nähere ich mich der Metropole, die ich bislang nur aus Erzählungen,

Büchern, Filmen und aus der Musik kenne. Ich bin wahnsinnig gespannt darauf!

Das, wovon man sich allzu viel verspricht, endet meist in einer Enttäuschung. Dagegen können Dinge, von denen man sich nichts erwartet, richtig positiv überraschen – eine simple Erfahrung im Leben, die sich immer wieder bestätigt hat. Ich war mir sicher, dass mich Buenos Aires umgehend in seinen Bann schlagen würde. Doch das Gegenteil ist der Fall. Ich bin zunächst nicht weiter beeindruckt. Die Straßen sind pottdreckig, die Menschen wirken irgendwie abweisend, und weil Weihnachten ist, hat alles tagelang geschlossen. Ich langweile mich zu Tode. Und lerne dabei eine weitere Regel des Reisens: Wenn etwas nicht so ist wie geplant und du dich dann locker machst und nichts erzwingst, passiert etwas Unvorhergesehenes, das alles wieder zurechtrückt – und im Handumdrehen strahlst du wieder. Zwei Jungs kommen ins Hotel, wir mögen einander auf Anhieb, bleiben ein paar Tage zusammen und erkunden Buenos Aires, trinken, essen, lachen und feiern zu dritt.

Liebe auf den ersten Blick ist vielleicht wirklich eine Illusion. Liebe auf den zweiten Blick dagegen gibt es definitiv: Ich verliebe mich in Buenos Aires.

Danach geht mein Abenteuer erst richtig los. Ich will weiter nach Patagonien. Natur, Natur und immer wieder Natur, grenzenlos und bezaubernd schön, jedenfalls nach allem, was ich davon gesehen und gelesen habe. Eine echte Herausforderung für mich als Großstadtpflanze. Die Landschaft ist wild und ursprünglich, überall hohe Berge und wilde Gletscher, hier werde ich definitiv meine Wanderschuhe und die Fleecejacke brauchen. Zum ersten Mal bin ich froh über meinen Perfektionismus. Und so finde ich mich wandernd im Angesicht des Fitz Roy wieder; die Gegend ist so schön, dass mir fast der Atem stockt. Ich habe eine gute Wegstrecke vor mir, die Sonne kommt langsam raus, und es ist wunderbar still um mich herum. Vor Wochen habe ich die Niederlande verlassen; was habe ich nicht alles gesehen und erlebt in der Zwischenzeit! Ich hatte viel Spaß mit mir selbst und mit anderen und habe nur ganz wenig an daheim gedacht, vieles sogar für eine Weile fast vergessen.

Jetzt plötzlich, mitten im Nirgendwo, trifft es mich wie der Blitz. Wo oder wann habe ich mich verloren? Wann habe ich meine Identität aufgegeben und angefangen, eine Rolle zu spielen? Wie konnte es so weit kommen? Was lastet da alles auf meiner Seele und lähmt mich, sodass ich nicht weiter kann? Muss ich all diese Fragen erst lösen, ehe es weitergeht? Oder genügt es, einfach einen Schritt zur Seite zu treten? Wird das ausreichen, um den Blick nach vorn wieder zu eröffnen? Oder muss ich komplett durch, durch dieses Tal? Ich beschließe, nach vorn zu gucken. Ich will dieses Abenteuer genießen, mich entspannen und frei fühlen, mich nicht sorgen, sondern leben. Also weiter.

Drei Wochen bleibe ich in der Einsamkeit der Berge, unternehme täglich ausgedehnte Wanderungen und genieße, wie mein Kopf von Tag zu Tag freier wird. Die körperliche Anstrengung (was auf der Karte sechs Stunden sind, werden für mich meist mindestens neun, weil ich mich immer wieder verlaufe) tut ihr Übriges. Ich genieße es, meine Grenzen auszuloten, in jeder Beziehung. Und so erreiche ich langsam, aber sicher den südlichsten Platz der Erde, Ushuaia.

Genug Natur. Zeit für Abwechslung. Ich will wieder Stadt, ich will Sonne, ich brauche Wärme – und andere Schuhe! So komme ich nach Santiago de Chile. Ich bin zurück unter den Lebenden. Aber Normalität heißt hier in der City gleich auch Bettler, Kriminalität, Smog. Ich muss wieder auf meine Tasche achten, das bin ich nicht mehr gewohnt. Aber die Stadt inspiriert mich und weckt mich erneut auf, meine Seele war durchs Dauerbaumeln schon fast ein bisschen ins Trudeln geraten. Dieser Energiekick tut mir gut. Ich bin neugierig auf die Menschen, die hier leben und die ich kennenlernen werde. Ganz ungeduldig bin ich, wieder in der Zivilisation zu sein!

Ich bin im Reisemodus. Die Ruhe der Anfangszeit hat einer wachsenden Ungeduld Platz gemacht, ich kann es gar nicht abwarten, mehr zu erleben. Alles, was ich bisher gesehen habe, insbesondere die Städte, ist mir immer noch viel zu europäisch. Zwar gibt es hier unglaublich viel Armut, die Sprache ist komplett unverständlich für mich, und mit meiner Heimat Holland hat das alles nicht viel zu tun. Aber ich sehne mich fast nach einem Ort, wo das Reisen beschwerlicher ist, die Menschen nicht mehr wie Europäer aussehen. Ich werde immer mutiger, will wissen, ob ich auch in unwegsamerem Gebiet klarkomme, ob ich wirklich Reisende, keine Langzeiturlauberin bin.

Ich verlasse Chile ganz früh am folgenden Morgen für einen organisierten Dreitagetrip nach Bolivien. Seen, Berge, Natur pur verspricht das Programm. Kaum überfahren wir die Grenze, verändert sich die Szenerie komplett. Eine winzige Holzhütte dient als Grenzposten, daneben gammelt ein alter Bus vor sich hin, der in den Fünfzigerjahren hier liegen geblieben sein muss. Toiletten gibt es nicht; es sieht so aus, als würde in den nächsten drei Tagen die Natur zu meiner besten Freundin. Wir, eine kleine Gruppe von Globetrottern aus allen Ecken der Erde, sitzen in einem heruntergekommenen Jeep, den ein nörgeliger Fahrer laut fluchend durch die schönsten Landschaften manövriert. Der erste von drei Tagen endet an einem rot schimmernden See, über dem Flamingos ihre Abendrunde drehen. Lamas stehen am Ufer und grasen, die

Stille ringsum ist überwältigend. Wir übernachten in einer simplen Steinhütte ohne Heizung oder fließendes Wasser, mit Einbruch der Dunkelheit wird es bitterkalt. Bevor ich mich bibbernd in meinen Schlafsack packe, trete ich noch mal vor die Tür. Der Sternenhimmel über uns ist so groß und mächtig und intensiv, wie ich noch nirgendwo einen gesehen habe. Mir ist kalt, ich bin durchnässt, und ich habe Hunger. Aber ich bin wahnsinnig glücklich, hier zu sein. Nie habe ich mich innerlich so friedlich gefühlt.

Am dritten Tag erreichen wir Uyuni. Der kleine Ort ist eine andere Welt, überall Staub und Dreck, kein fließendes Wasser im Hotel, ein kleiner Junge serviert das Frühstück in einem Laden, der gleichzeitig Ticketoffice, Zeitungskiosk und der einzige Platz weit und breit ist, an dem man Lebensnotwendigstes kaufen kann. Von dort aus will ich weiter nach Potosi, in einem alten Bus, der mit fast doppelt so vielen Passagieren startet wie zulässig und an jedem Stop hält, um noch weitere einzulassen. Es stinkt erbärmlich, die Straßen sind von tiefen Löchern übersät. Irgendwann macht es laut Peng, und wir bleiben liegen. Ich frage mich ernsthaft, ob ich überhaupt je an mein Ziel komme – und gleichzeitig genieße ich diesen Moment außerordentlich. Ich fühle mich stark und sicher, weil ich mit einer Situation wie dieser, die manch anderen in den Wahnsinn treiben würde, gut umgehen kann, und mag es sogar, nicht zu wissen, was in der nächsten Minute passiert. Ich genieße es zu improvisieren.

Potosi ist berühmt für zweierlei: die schönen Kolonialbauten mit Unesco-Siegel und die Silberminen, die Hunderte von Kindern beschäftigen und deren rückständige Arbeitsmethoden Hauptgrund für die Männersterblichkeit unter vierzig Jahren sind. Die Minen gelten als Touristenattraktion, nicht, weil sie so schön anzusehen sind, sondern weil man erlebt haben muss, unter welch unwürdigen Bedingungen die Menschen dort arbeiten, Bedingungen, die die Armen immer ärmer und die Reichen immer reicher machen. Zum Heulen ist mir zumute nach einer Besichtigungstour, ich fühle mich so elend, dass ich einem kleinen, zur Halsabschneiderin erzogenen Mädchen, das am Ausgang Steine verkauft, eine ganze Ladung von dem Zeug zu Wucherpreisen abnehme.

Ich richte mich für eine Weile in Sucre ein, einer kleinen Stadt im Landesinneren Boliviens. Dort will ich an meinem Spanisch arbeiten, richtig intensiv, Stunden nehmen, vier am Tag, fünfmal die Woche. Mehr zufällig stolpere ich über die kleine, heimelige Sprachenschule mit sympathischen Lehrern, individuellem Service und der freundlichsten Art, die man sich vorstellen kann. Gern ist man mir bei der Wohnungssuche behilflich, ich komme in einer Familie unter, die aus Mutter, Sohn, Haushälterin, einer Katze und zwei räudigen Hunden besteht. Zwei Wochen will ich hier bleiben. David ist mein »Privatlehrer«, es gibt derzeit keine anderen Schüler. Er studierte Geschichte und Infomationstechnologie und machte eine Ausbildung als Französischlehrer obendrauf. In den Niederlanden hätte er mit seinem Background gute Karrierechancen. In Bolivien gibt er Leuten wie mir Spanischunterricht und jobbt nachts in einem Callcenter. Damit gehört er noch zu den Privilegierten, er verdient überdurchschnittlich. Dennoch will mir nicht in den Kopf, dass ihm das ausreicht. Da, wo ich herkomme, bekommt man, wenn man jahrelang studiert hat, einen entsprechenden Job, mit ein bisschen Glück kann man sogar wählen. Aber David scheint happy zu sein wie es ist.

Ich genieße die Gleichförmigkeit meiner Tage, eine wunderbare Abwechslung zum unsteten Reiseleben, gern gewöhne ich mich an den simplen Tagesablauf, der nur dem einen Ziel dient: mein Spanisch zu verbessern und mich zu entspannen. Morgens gehe ich zur Schule, mittags esse ich irgendwo eine Kleinigkeit, nach dem Kaffee geht es an die Hausaufgaben und danach auf den Markt, Obst und Gemüse kaufen. Handeln lernen! Weil sie einer Gringa für dieselben Tomaten gern doppelt so viel Geld abknöpfen wie allen anderen. Abends ein Schnack mit Lourdes, meiner Vermieterin. Oder ins Kino. Stress, Druck – was war das noch gleich? Ich habe es fast vergessen.

Ich lerne viel über Bolivien in diesen Tagen, über die Probleme, die die Menschen dort haben, und wie viel Stärke es erfordert, sich trotz aller Widrigkeiten ein lebenswertes Leben einzurichten. Wir Europäer sind so privilegiert und wissen es oft gar nicht richtig zu schätzen. Ich bin dankbar dafür, dass ich dies alles erleben darf, eine andere Sichtweise auf die Dinge entwickele und meine Haltung entsprechend anpassen kann. Das ist das wirkliche Privileg.

Hausaufgaben: Ich soll auf Spanisch einen kleinen Essay schreiben, warum ich mich auf den Weg gemacht habe und wo ich irgendwann, in ferner Zukunft, landen möchte. Ich fange damit an zu beschreiben, wie müde ich war, meinem Job solche Priorität einzuräumen, und dass ich nicht wusste, wo das alles hinführen sollte. Ich formuliere, dass ich mir erhoffe, auf dieser Reise den Schlüssel zu meiner Zukunft zu finden. Da fällt mir auf, wie das alles auf David wirken muss. Wie arrogant und verwöhnt und selbstgefällig. Er erlebt mich hier, in den Taschen genügend Geld für Monate unterwegs, mit einem reichen Leben voller Möglichkeiten vor mir, das mir nichts als ein paar essenzielle Entscheidungen abverlangt. Kann ich ihm klarmachen, dass genau das das Problem ist, ohne ihn vor den Kopf zu stoßen? Dass zu viele Wahlmöglichkeiten das Leben nicht zwangsläufig besser und auf keinen Fall einfacher machen? Ich darf ihm nicht die Wahrheit sagen, unsensibel wäre das, zynisch geradezu. Was bin ich nur für eine undankbare und verwöhnte Zicke! Ich weiß nicht mehr, was an meinem Leben je kompliziert gewesen sein soll.

Und doch ist es kompliziert. Wenn du weit weg bist von allem, ist es easy.

Sobald du nicht mehr jeden Tag ins Büro musst, sieht plötzlich alles ganz anders aus. Dieses System korrumpiert dich, ohne dass du es merkst, geschweige denn willst. Morgens rennst du ins Büro und machst den lieben langen Tag das, was dein Chef von dir verlangt. Der wiederum macht nur das, was sein Chef entscheidet. Eine Kette von ausgetretenen Pfaden, die wir wie die Lemminge entlangmarschieren. Ich wundere mich, dass ich mich so lange angepasst, das Spiel so lange mitgespielt habe. Vielleicht weil mir echter Ehrgeiz letztlich abgeht. Perfektionismus in dem, was ich tue, ja, aber Managementambitionen hatte ich nie, dazu hätte ich strategischer vorgehen, meine Karriere besser planen müssen. Ich war nie gut darin, meine Erfolge an die große Glocke zu hängen, Trommeln gehört nicht zu meinen Stärken. Lange Zeit fühlte ich mich sehr wohl auf einem Level, wo ich weitgehend selbstständig frei schalten und walten konnte, aber das funktioniert vermutlich nur bis zu einem gewissen Punkt. In meinem letzten Job wurde mir meine Zurückhaltung zum Verhängnis, ich hätte zielstrebiger an meiner Karriere feilen müssen, um weiterzukommen. Im Grunde müsste ich meinem Boss dankbar sein, denn ohne den Leidensdruck hätte ich die radikale Entscheidung, alles zu kappen und auf Reisen zu gehen, wohl nie getroffen. Ohne die ständige Auseinandersetzung mit ihm, die Reibereien und Machtkämpfe, wäre mir wohl so bald nicht aufgefallen, dass ich die Kontrolle über mich verliere. Ich wusste nicht, woran es lag, ich merkte nur, dass ich immer unsicherer und frustrierter wurde, wie mein Selbstvertrauen zusehends schwand, und es brauchte einige Zeit, zu erkennen, dass das Problem nicht allein bei mir lag. Ich konnte nur gehen, um wieder klarzusehen. Perfektionistin, die ich nun mal bin, wollte ich nicht aufgeben, ihm nicht kampflos das Feld überlassen, je mehr Gegenwind kam, desto intensiver blieb ich am Ball, um es allen, besonders ihm, recht zu machen. Ich hatte von Anfang an keine Chance – und verlor mich selbst auf der Suche. Langsam beginne ich zu erkennen, dass ich Entscheidungen treffen muss, wie ich mein Leben leben will. Wer nicht Nein sagen kann, kann auch niemals wirklich Ja sagen. Das will ich beherzigen. Aber ein bisschen Zeit darf ich mir noch lassen.

Manchmal frage ich mich, ob wir im Westen vielleicht zu viele Optionen haben, zu viele Alternativen, nahezu unbegrenzte Auswahlmöglichkeiten in jeder Beziehung? Vielleicht erlebe ich gerade auch genau das, was man Quarterlife-Crisis nennt. Menschen wie ich, Anfang, Mitte dreißig, gut ausgebildet, mit internationalem Background und bemerkenswerter beruflicher Laufbahn, die plötzlich nicht mehr weiterwissen, sich nicht entscheiden können, welchen Schritt sie als Nächstes gehen wollen, weil alle Weggabelungen etwas Gutes, Schönes, Aufregendes verheißen. Suche ich mir ein neues Jobabenteuer oder was Stabiles? Will ich eine Familie gründen, Kinder kriegen? Wenn ja, wie viele und wann und vor allem mit wem? Irgendwie sind da, wo ich herkomme, um die dreißig alle Singles und damit alle an demselben Punkt, in den Städten noch mehr als auf dem Land. Niemand findet mehr den einen passenden Partner fürs Leben, man sucht auch gar nicht wirklich, denn vielleicht läuft einem ja im nächsten Moment ein viel besserer über den Weg – und vielleicht ist mir diese Person dann nur im Weg auf meiner Reise ins große Glück? All diese Fragen, all diese Entscheidungen. Sollen wir dankbar sein, dass wir die große Wahl haben? Oder sollten wir diese Tatsache verfluchen? Wenn man Menschen wie David trifft, realisiert man erst, wie gut man es hat, weil man wirklich »nur« wählen und dann das Beste aus der Entscheidung machen muss. Wir sollten uns nicht beschweren, sondern in Ruhe nachdenken, was wir wirklich wollen im Leben, und dann entscheiden. Make it happen! So habe ich es vor. Weil ich es kann! Jetzt und dank Südamerika noch besser als je zuvor.

Ich erreiche La Paz, die höchstgelegene Hauptstadt der Welt, und ich bin entsprechend außer Atem. Eine Freundin aus Holland schließt sich mir für gut zwei Wochen an. Ich bin ganz aufgeregt, als ich sie am Flughafen abhole. Großes, herzliches Wiedersehen. Und während ich an den folgenden Tagen beobachte, wie fremd und irritierend das alles für sie ist, die Menschen, die Gegend, der Lebensstil, merke ich, dass ich mich verändert habe. Ich bin daran gewöhnt, dass Armut und Reichtum nebeneinander existieren, auch schon mal ineinander übergehen, sich in einem bunten Chaos aus Farben und Lärm verlieren. Vielleicht ist es nur eine Illusion, aber allein fühlte ich mich irgendwie zugehörig. Mit ihr zusammen komme ich mir wie eine Fremde vor, auch wenn ich nach sechs Wochen in Bolivien viele Eigenheiten angenommen habe, braun gebrannt bin, ohne je in der Sonne zu liegen, und mich in normalen Alltagsdingen reibungslos verständigen kann. Wie sehr mich das irritiert, zeigt mir, dass ich mich verliebt habe in das alles hier. In das Leben, die Hoffnungen, die Probleme der Menschen. Ich will gar nicht wieder weg. Und doch reisen wir nun zu zweit weiter nach Peru, ich habe es ihr versprochen. Und auch die Trauer des Abschieds gehört zum Reisen.

Heute habe ich erfahren, dass es meinem Vater nicht gut geht. Wenn er nicht augenblicklich am Herzen operiert wird, wird er vielleicht nicht mehr lange leben. Ich hatte so etwas befürchtet, das Herz war immer seine Schwachstelle, irgendwie habe ich auch damit gerechnet, dass sich sein Zustand ausgerechnet jetzt, wo ich so weit weg bin, verschlimmern würde. Die Wahrscheinlichkeit, dass bei der OP alles gut läuft, ist größer als die Gefahr, dass etwas schiefgeht. Trotzdem mache ich mir Sorgen. Und erstmals seit meiner Abreise denke ich, dass ich jetzt, in diesem Moment, lieber bei meiner Familie wäre. Sie brauchen mich doch, ich könnte sie stützen, dies ist das erste Mal, dass ich wirklich Heimweh habe. Ich wünschte, ich könnte spontan hinfliegen, eine Weile dort sein und mich dann wieder zurückbeamen – um weiterzureisen.

Peru und Bolivien ähneln sich sehr und sind doch völlig unterschiedlich. Auch in Peru trifft man auf wunderschöne Landschaften und freundliche, offene Menschen, aber im Vergleich zu Bolivien fehlt mir hier etwas. Vielleicht das, was man die Seele eines Landes nennt. Bolivien ist noch purer, unverfälschter, ehrlicher. Zwei Wochen lang will ich wandern, gern auch mal wieder an Menschen andocken, die nicht nur ein, zwei Tage an meiner Seite sind. Seltsam, ich sehne mich fast nach ein bisschen Gruppendynamik. Das habe ich auf dieser Reise immer wieder erlebt: Mal zieht es dich in die Einsamkeit, du willst nur für dich sein, niemanden um dich haben, dann suchst du das andere Extrem, Menschen, Vertrautheit, Austausch. Das mit meiner Freundin war irgendwo dazwischen: Es hat Spaß gemacht, mit ihr zu reisen, wir haben einander gutgetan und inspiriert. Aber als ich sie am Flughafen in Lima absetze und wieder in mein Hostel zurückmarschiere, fällt mir auf, dass wir in den vergangenen zwei Wochen niemanden kennengelernt haben. Ich freue mich richtig darauf, mich wieder allein auf den Weg zu machen. Mich daran zu gewöhnen, war erst gar nicht so einfach. Aber wenn du erst mal weißt, wie es geht, dir selbst vertraust und darauf, dass du niemals wirklich alleine bist, klappt es fast von selbst.

Das Soloreisen verlangt dir eine ganze Menge ab, aber es gibt dir auch unheimlich viel zurück! Man findet sich immer wieder in Situationen, an Orten, mit Menschen, auf die man unter normalen Umständen niemals gestoßen wäre. Klar gab es Momente, wo ich allein war oder eine Erfahrung, ein aufregendes Erlebnis lieber mit einem Freund geteilt hätte. Aber die eigentliche Herausforderung ist, durch solche Zwischentiefs hindurchzugehen und seine Ängste zu überwinden. Mit sich selbst klarzukommen, wenigstens ein paar Monate lang. Es gibt keine bessere Schule fürs Leben.

Die Operation meines Vaters rückt näher – und ich bin zwölf Flugstunden entfernt. Ich liebe meine Eltern, und ich habe mich nie bewusst damit beschäftigt, dass ihnen eines Tages wirklich etwas Schlimmeres zustoßen könnte. Und ich hasse den Gedanken, dass ich nun nicht dort bin und sie unterstützen, ihnen den Rücken stärken kann. Aber nein. Ich werde nicht zurückgehen. Ich werde hier geduldig abwarten. Warum sollte der Eingriff schiefgehen? Ich beschließe, optimistisch zu sein. Und doch werde ich erst wieder ganz da sein, wenn für meinen Vater alles überstanden ist.

Ich bin die ganze Nacht hellwach, während er operiert wird. Aufgrund der Hitze hat es mich in den Norden Perus verschlagen, tagsüber klettern die Temperaturen gut und gerne auf 45 Grad. Im Grunde tollstes Urlaubswetter, aber ich bin mit den Gedanken zu Hause. Morgens um acht endlich der ersehnte Anruf. Alles ist gut verlaufen, meinem Vater geht es den Umständen entsprechend – aber gut. Ich bin so erleichtert, dass ich spontan anfange zu weinen.

Monate ist es her, dass ich mich von Amsterdam auf den Weg gemacht habe. Irgendwann habe ich aufgehört, die Tage zu zählen, Buch zu führen, Listen zu machen mit dem, was schon war, und mit dem, was noch kommt. Ein bisschen Müdigkeit ist aufgekommen in den letzten Tagen, ich habe keine rechte Lust mehr darauf, laufend neue Leute kennenzulernen, zu packen, wieder auszupacken, täglich einen neuen Schlafplatz zu suchen und ständig mit dem Bus unterwegs zu sein. Schluss mit der ziellosen Umherreiserei. Ich brauche wieder Zivilisation. Ich buche mir einen Flug nach Buenos Aires, zurück in die Stadt, die niemals schläft, dorthin, wo ich mich vor wenigen Wochen nach den ersten Startschwierigkeiten umso wohler gefühlt habe. Nirgends sonst, denke ich, könnte ich besser wieder das Leben unter Menschen üben. Nirgends sonst könnte man eine solche Reise würdevoller beenden. Hier will ich mich wieder an Alltag gewöhnen, auch wenn sich der Alltag hier noch mal deutlich von dem in Holland unterscheidet. Zweieinhalb Wochen habe ich noch, ehe es wieder zurück in die Niederlande geht. Zweieinhalb Wochen, um die Vorzüge der Millionenmetropole zu genießen, schön essen zu gehen, ein bisschen zu shoppen, und nachts auszugehen. Aber auch zweieinhalb Wochen, um die letzten Monate vor meinem inneren Auge Revue passieren zu lassen und auszuloten, wohin sie mich gebracht haben. Zweieinhalb Wochen, um über meine Zukunft nachzudenken. Hat mir die Reise gebracht, was ich mir erhofft hatte?

Was hatte ich mir eigentlich erhofft? Ich habe nie erwartet, dass dieser Trip all meine Fragen beantworten würde. Vielleicht hoffte ich, dass ich insgesamt etwas ruhiger würde. Ich wollte mich selbst wiederfinden, die Frau, die ich jahrelang gut kannte und ganz gern mochte und die nach und nach immer seltsamer wurde. Ich hoffte, dass ich unterwegs lernen würde, besser und vernünftiger mit Verpflichtungen umzugehen, herausfinden würde, wie eine Balance aus Arbeit und Privatleben aussehen könnte. Oder ob ich weitermachen wollte wie bisher.

Das große Südamerika-Abenteuer ist vorbei. Seit ein paar Monaten bin ich zurück in Holland. Fast wäre ich wieder in dem Hamsterrad gelandet, aus dem ich mit wehenden Fahnen geflüchtet war. Ich musste mir einen neuen Job suchen, aus Gewohnheit habe ich nach den Sternen gegriffen: die besten Karriereaussichten, das höchste Gehalt. Allerdings: Diesmal hatte ich mehr Glück. Der neue Job gibt mir bedeutend mehr Freiheit als der, den ich seinerzeit verließ. Und ich mache davon Gebrauch, auch das ist neu. Überstunden gibt es nur noch, wenn es gar nicht anders geht, und ich versuche heute mehr denn je, Arbeit Arbeit und Privates privat sein zu lassen – eine gesunde Grenze zu ziehen und mich nicht komplett aufzuarbeiten.

Balance im Leben hängt mit Entscheidungen zusammen. Mit Prioritäten, die du dir selbst setzt, mit eindeutigem Für und Wider. Dass ich heute ausgeglichener und stabiler bin als je zuvor, hat damit zu tun. Nicht mit dem einen perfekten Job oder dem einen idealen Partner. Meine Prioritäten sind heute andere. Es geht mir gut, ich weiß, dass ich eines Tages beruflich einen anderen Weg einschlagen werde, und ich brauchte diese Reise, um innerlich Frieden und Ruhe zu finden. Erst dann kann man sich wieder nach neuen Abenteuern umsehen. Und es gibt doch noch so viel zu entdecken! Die Reise geht weiter, ganz egal, wo ich bin. Ich bin überzeugt, es wird eine Fortsetzung geben. Der Trip ist unendlich. Vielleicht habe ich ein neues Kapitel angefangen? Der Unterschied zum vorherigen ist, dass die Hauptperson erwachsener, souveräner geworden ist. Sich nicht länger ausschließlich über ihren Job definiert, sondern heute eine ungefähre Ahnung davon hat, wer sie ist und wohin sie will.

Heike

»Man kann die Wellen nicht anhalten.
Aber man kann lernen, darauf zu surfen.«

Vier Wochen Schweigen in den
Schweizer Bergen. Ohne Bücher,
Fernsehen, Radio, nicht mal Tagebuch. Da wird nicht nur das Essen
zur Grenzerfahrung, sagt Heike,
die es jederzeit wieder tun würde.
Das allein spricht für sich.

»Bleib doch«, hatte Lo-
thar mir am Flughafen
von Kathmandu ins
Ohr geflüstert, »bleib
doch, lass den Flug ver-
fallen. Pfeif auf das
Geld.« Ich hatte nicht wirklich ernsthaft über diese Möglichkeit nachgedacht. Zu kostbar und zu einmalig war die Gelegenheit, für einen ganzen Monat auf ein Meditationsretreat
zu fahren. Vier Wochen schweigen und Meditation üben –
sicher kein Erholungsurlaub, aber wann würde ich mir je
wieder so viel Zeit dafür nehmen, wenn nicht in diesem
halbjährigen Sabbatical? Seit dreieinhalb Monaten waren
Lothar und ich schon gemeinsam unterwegs – Mongolei,
Thailand, Indien, Nepal – und jetzt, Ende Oktober, sollte
ich in die Schweiz fliegen, um in Beatenberg, einem Meditationszentrum bei Interlaken, an einem vierwöchigen Schwei-
gekurs teilzunehmen.

Die Rückkehr nach Deutschland war ein Schock. Ich
verbrachte ein paar Tage in der Wohnung einer Freundin in
München, um warme Sachen einzupacken. Unendlich grau
schien mir die Stadt, leblos, steril nach dem wilden Durch-

einander in Nepal und Indien, den quirligen Straßen, wo einem das Leben ganz unverstellt ins Gesicht starrte – wo das Blut von geschlachteten Tieren den Rinnstein entlangfloss und Kinder Papierdrachen hinterherrannten, wo die unzähligen hinduistischen und buddhistischen Schreine täglich mit rotem Pigment und goldgelben Blumen neu geschmückt wurden, wo Elend und Freude, Gestank und Anbetung nebeneinander Platz hatten.

Natürlich war es leicht, dieser chaotischen Lebendigkeit hinterherzutrauern, jetzt, wo ich nicht mehr drinsteckte. Mittendrin waren das Gewühl der vielen Menschen, der Schmutz, die Fremdheit oft genug schwer auszuhalten gewesen. Doch jetzt zerrte die Sehnsucht an meinem Herzen.

Woche 1

Bleib doch, hatte Lothar gesagt, bleib doch. Warum habe ich nicht auf ihn gehört? Bereits am zweiten Tag in Beatenberg bin ich verzweifelt. Himmel, wer ist nur auf diese furchtbare Idee gekommen hierherzufahren? Ich könnte jetzt mit meinem Liebsten irgendwo am Strand liegen, wir könnten uns gerade über eine Karte beugen, um zu entscheiden, ob wir als Nächstes nach Birma oder doch lieber nach Laos fahren wollen, und Neuseeland soll doch auch so schön sein – und was tue ich? Ich sitze freiwillig jeden Tag stundenlang mit Rückenschmerzen auf meinem Meditationskissen, spreche mit niemandem, darf weder lesen noch schreiben, geschweige denn Musik hören, und spüre vor allem Unzufriedenheit und Langeweile. Vier Wochen ohne Abwechslung, abgesehen von einer kurzen Mittagspause zum Spazierengehen keine äußerliche Ablenkung – nicht auszuhalten!

Frustriert folge ich dem ewig gleichen Tagesablauf. Fünf Uhr dreißig Aufstehen, eine halbe Stunde Qi Gong, eine Dreiviertelstunde Meditation, dann Frühstück. Bis abends halb elf dann immer Meditation im Sitzen und im Gehen im Wechsel, unterbrochen nur von den Mahlzeiten und einer kurzen Arbeitsperiode, wo die fünfzig Retreatteilnehmer beim Gemüseschneiden, Putzen und anderen Haushaltsaufgaben zusammenhelfen, um den Betrieb am Laufen zu halten. Wo ist die innere Freude, die ich sonst so häufig beim Meditieren erlebt hatte, das Gefühl von Fülle und Weite aus meinen früheren Retreaterfahrungen?

Wie ein trotziges Kind komme ich mir oft vor, das seinen Lolli hergegeben hat, weil man ihm versprochen hat, es bekomme dafür etwas anderes, ganz Tolles. Okay, ächze ich innerlich genervt, nun hab ich also auf einen weiteren Monat Asien verzichtet – und wofür? Wo ist denn nun diese wunderbare tiefe innere Erfahrung?

Natürlich gibt es auch in diesen ersten Tagen Momente der Helle und Leichtigkeit. Fred und Akincano, die beiden Leiter des Retreats, unterstützen uns täglich mit Anleitungen und Vorträgen. »Es geht hier nicht darum, irgendwas Bestimmtes hinzukriegen, einen bestimmten Geistes- oder Herzenszustand«, betont Fred wieder und wieder in seinem charmanten Schweizer Akzent. »Meditation heißt, genau mit dem zu sein, wie es gerade ist. Sich neugierig, gelassen und interessiert auf den gegenwärtigen Moment einzulassen – und nicht zu versuchen, ihn anders hinzukriegen, als er ist.«

Besonders lieb ist mir die letzte Meditationssitzung vor dem Abendessen. Oft kommt es mir vor, als ob etwas Weiches, Zartes in der Luft liege in diesen Momenten am späten Nachmittag, wenn die Sonne untergeht. Manchmal öffne ich die Augen, um den goldenen Buddha, der am Kopfende der dämmerigen Halle steht, im Kerzenschein leuchten zu sehen. Mein Atem fließt leicht und gleichmäßig, es gibt nichts anderes zu tun, als hier zu sitzen.

Während der Geist gewohnt ist, immer wieder in neue Gedankenschleifen und Geschichten abzudriften, dient der Atem als Anker, um im Hier und Jetzt zu bleiben: einatmen und dem Einatem folgen von seinem Beginn zu seinem Ende. Die Pause wahrnehmen, die von selbst entsteht, und dann den Ausatem – wo ist er im Körper spürbar, was empfinde ich in diesem Moment dabei? Natürlich gibt es immer wieder den nächsten Gedanken, der ablenkt. Manchmal dauert es nur ein paar Sekunden, bis ins Bewusstsein dringt, dass meine Aufmerksamkeit gerade vom Atem hin zum Gedankenstrom gewechselt ist. Manchmal finde ich mich plötzlich auf dem Kissen wieder und stelle fest, dass ich die letzten drei, fünf oder sogar zehn Minuten gar nicht anwesend war – körperlich vielleicht schon, geistig jedoch damit beschäftigt, den nächsten Tag zu planen oder ein längst vergangenes Streitgespräch zum zwanzigsten Mal aufleben zu lassen. Die Rückkehr zum Atem ist dann oft eine unendliche Erleichterung: Ahhh, das ist längst vorbei. Mein Geist kehrt zwar aus Gewohnheit dorthin zurück, doch jetzt, in diesem Moment, kann ich frei sein davon. Ich bin weder meine schmerzhaften Gedanken noch meine schmerzhaften Gefühle. Wenn ich merke, dass ich darin gefangen bin, kann ich sie loslassen, und in dem Augenblick bin ich frei.

Doch diese Freiheit genieße ich in diesen Tagen nur für seltene Momente. Zu laut ist die Stimme in meinem Kopf, die es anders haben will, als es ist. Die mir ausmalt, was ich alles versäume aufgrund meiner dummen Entscheidung hierherzufahren. Die mir erst von Asien vorsäuselt und mir anschließend eins überzieht, weil ich stattdessen hier bin.

Manchmal träume ich mich auf dem Kissen einfach weg, um sie nicht länger hören zu müssen.

Unser dritter Abend in Ulanbataar, der mongolischen Hauptstadt, unser dritter Abend der Reise, der lang ersehnten, aufgeregt erwarteten, manchmal mit Erwartungen überfrachteten Reise. Lothar und ich sind wirklich hier, angekommen in der Mongolei, dem Land des blauen Himmels und endloser Weite, dem Land, in dem es keine Zäune gibt, dafür aber mehr Pferde als Menschen. Beim Abendessen hat uns eine Frau von ihren Erlebnissen erzählt, vor ein paar Stunden ist sie von einer ganz ähnlichen Tour zurückgekommen, wie sie uns eben bevorsteht – mit den kleinen, drahtigen mongolischen Pferden durch die weiten innerasiatischen Grassteppen galoppieren, im Schlamm steckengebliebene Jeeps bei der Flussüberquerung, Abenteuer! Wunderbar aufgedreht packe ich Lothar auf dem Rückweg zu unserem Hotel an beiden Händen, lachend wie Kinder drehen wir uns über den riesigen Sukbatur Square, den überdimensionierten Präsentierplatz von Ulanbataar, umrahmt von den heruntergekommenen Prachtbauten, die von der einstmaligen sozialistischen Periode der Mongolei erzählen. Die hünenhafte Statue von Dschingis Khan lächelt milde auf uns herab. Wir sind hier, alles scheint möglich.

Verführerisch ist es, in die wunderbaren Erinnerungen der Reise einzutauchen, in den unglaublichen Reichtum der letzten Monate, in die Farben und Gerüche, die Landschaften und Bilder. Doch bei aller aufsteigenden Freude merke ich auch, dass mein Geist versucht, mich abzulenken von dem, wo ich gerade bin. Und das führt nicht nur dazu, dass ich nichts von meiner Umgebung mitbekomme – die Erinnerungen verstärken auch meine Unzufriedenheit. So grün und weit wie in der Mongolei sollte es doch jetzt sein, so majestätisch wie im Himalaja! So könnte es sein, wenn ich mich nicht für dieses idiotische Retreat angemeldet hätte, beschwert sich die Stimme in meinem Kopf. Schöner soll es sein, aufregender, bunter – auf jeden Fall anders!

Interessant. Dass es anders sein sollte, als es ist – war diese Forderung nicht immer genau die Stelle gewesen, an der ich während der letzten Monate so häufig mit Lothar zusammengerauscht war? Wie oft hatte er auf der Reise damit gehadert, dass Dinge nicht so liefen wie abgesprochen, dass man sich nicht auf die Ankündigungen der Tourveranstalter verlassen konnte, dass die mongolischen *horsemen* ein anderes Pferd mitbrachten, wo er doch ausdrücklich um das braune gebeten hatte, mit dem er am Tag vorher so gut zurechtgekommen war, dass es im Hotel kein warmes Wasser gab, obwohl man uns das versprochen hatte. Meine Güte, hatte ich innerlich oft gestöhnt, warum macht dir das so viel aus, so ist es nun mal, das ist eben Asien! Natürlich hätte ich lieber heiß geduscht als kalt, aber nach all den Tagen, die wir im Zelt geschlafen hatten, war doch auch eine kalte Dusche Luxus – fließend Wasser, das einfach auf Befehl aus der Wand herauskommt! Was nützte es, damit zu hadern, dass es kein heißes Wasser gab, davon wurde es auch nicht wärmer. Doch tue ich jetzt hier in der Schweiz nicht genau das Gleiche? Ich will es anders haben, als es ist.

Manchmal gelingt es mir, mit Freundlichkeit auf die Situation zu schauen. Das macht alles leichter. Nach Monaten intensiver Erfahrungen, die in Asien auf mich eingeprasselt waren, ist der plötzliche Kontrast zu dieser kompletten Beschneidung aller Außenreize und dem totalen Zurückgeworfensein auf das eigene Innenleben fast brutal. Kein Wunder, dass mein System einige Zeit braucht, um sich umzustellen, und dass meine Gefühle dabei Achterbahn fahren.

Das Schweigen selbst fällt mir nicht schwer. Das war bei den etlichen, jedoch kürzeren Retreats, die ich in den vergangenen Jahren besucht habe, nie ein Problem gewesen und ist es auch jetzt nicht. Angenehm ist die Ruhe, ich bin gerne still und für mich; entlastend ist es, beim Essen keinen Small Talk veranstalten zu müssen, nie zu schauen, ob ich möglichst mit sympathischen Sitznachbarn an einem Tisch lande, mit denen ich mich unterhalten mag. Mich ganz auf das Essen zu konzentrieren. Wie fühlt sich das kühle Metall der Gabel an den Lippen an? Der erste Schluck heißen Tees oder kühlen Wassers, der die Kehle hinunterrinnt und im Magen plötzlich einen kleinen, angenehmen Wärme- oder Frischeschauer verursacht. Die leuchtenden Farben auf dem Teller, die unendlichen Nuancen von Geschmack und Textur; meine Zunge, die sich beim Kauen wie ein kleines Tier von einer Stelle in der Mundhöhle zur anderen bewegt, um das Essen zu verteilen.

Was mir eher fehlt als freundliche Plauderei ist echter Austausch, ist die Verbindung, die bei einem offenen und herzlichen Gespräch entsteht. Umso wertvoller sind die wöchentlich zweimal fünfzehn Minuten, die für ein Gespräch mit einem der beiden Lehrer zur Verfügung stehen. Ich erzähle Fred von dem nagenden Gefühl der Unzufriedenheit, das mich plagt, von dem ständigen Wunsch, anderswo zu sein, als ich bin. Deutlich kann ich sehen, wie meine Erwartungshaltung (»Ein Meditationsretreat hat gleichbedeutend zu sein mit innerem Frieden«) genau dieser ersehnten inneren Gelassenheit entgegensteht. Auch wenn es Momente von Ruhe, von Weite und Freude gibt, ist mein innerer Antreiber nicht zufrieden. Er findet, es sei ja nicht zu viel verlangt, wenn ich schon auf Asien verzichtet habe, dass es dann hier in Beatenberg nicht nur gelegentlich hell und weit in mir ist, sondern viel öfter, ja, was heißt öfter – immer! Wenn ich mit ein bisschen Perspektive draufschaue, ist es fast zum Lachen, doch schnell ist mir auch zum Weinen zumute. Mein betrogenes kleines Kind mit dem Lolli meldet sich wieder: »Ihr habt mir schließlich versprochen, dass es hier schön sein würde!«

Fred erzählt mir von Weggefährten, anderen Meditationslehrern, die er kennt, die schon Jahrzehnte auf dem spirituellen Weg sind, die Momente, manchmal Stunden, sogar Tage von meditativer Versenkung kennen, Erfahrungen machen von einem inneren Glück und Entzücken, das über jede Möglichkeit sprachlicher Beschreibung hinausgeht. Doch irgendwann, so sagt er, gehen auch diese Erfahrungen vorbei. Nichts bleibt, wie es ist. Auch diese Menschen kommen zurück in den Alltag, und auch sie müssen zurechtkommen mit Schwierigkeiten und Frustration. Wie sehr wünschen wir uns, einmal anzukommen an diesem Ort, wo sich alle Schwierigkeiten für immer und ewig auflösen, wo es kein Leid und keine Probleme mehr gibt, wo wir nicht von unseren ständig wechselnden Gefühlen, von Freude und Traurigkeit, Zufriedenheit und Unzufriedenheit, hin und her geworfen werden. Doch damit zu hadern wird die Tatsache nicht ändern, dass sich alles im Leben ständig wandelt. Fred grinst freundlich. »Das Einzige, was man tun kann, ist Frieden schließen mit dem ganzen Zeug.«

Woche 2

Ich stehe in der kleinen Dorfschneiderei in Naggar und sehe hinaus auf die Straße. Hier, in den sachte ansteigenden Bergen von Himachal Pradesh, sind die Temperaturen angenehm. Der zarte Nieselregen, der gerade eingesetzt hat, stört weder die meckernde Ziege, die vor dem Holzhaus gegenüber angebunden ist, noch die lachenden indischen Kinder in ihren Schuluniformen, die mich beim Vorüberlaufen neugierig beäugen. Westler sieht man hier eher selten, und wenn, dann besuchen sie den alten Maharadschapalast oben im Dorf. Hierher, in die Seitenstraßen, verirren sie sich fast nie. Vor einer Woche habe ich in Manali einen wunderschönen fließenden Stoff gekauft, silbergrau mit feinen Stickereien, um mir einen Salwaar Kamiz nähen zu lassen: ein langes, geschlitztes Oberteil, das über der Hose getragen wird, mit einem passenden Schal dazu. Während die meisten Männer in Indien westlich orientierte Kleidung anhaben, sieht man die Frauen noch immer überwiegend in schillernden Saris – oder eben im Salwaar Kamiz. Heute soll meiner fertig sein. Natürlich erkennt mich der Schneider gleich und sucht Hose und Oberteil aus den anderen fertigen Stücken heraus, die über die ganze Breite seines einfachen Ladens fein säuberlich an einer Stange hängen.

Er fragt mich etwas. Ich spreche kein Hindi, er kein Englisch; ich nehme an, er möchte wissen, ob mir das Ergebnis gefällt. Ich nicke begeistert, wunderschön sieht das Kleid aus, und bei den vielen Maßen, die er vorgestern an mir genommen hat, nehme ich an, es wird schon passen. Jedenfalls gibt es hier nichts, was sich als Umkleidekabine benutzen ließe, und der Schneider macht wahrlich den Eindruck, als verstünde er sein Handwerk. Im Vergleich zum Stoff, der mich etwa zwanzig Euro gekostet hat, ist seine Näharbeit fast obszön günstig, umgerechnet einen Euro fünfzig nimmt er für die aufwendig gefältelte Pumphose und das fein eingefasste, maßgeschneiderte Oberteil. Ich strecke die Hände aus, um den Stoff entgegenzunehmen, doch er schüttelt leise den

Kopf. Hinter sich greifend, hebt er ein schweres, gusseisernes Bügeleisen herüber auf die Theke, auf der er vorher das lange Oberteil ausgebreitet hat.

Und dann beginnt er zu bügeln – mit einer Ruhe und Sorgfalt, als gebe es in diesem Moment nichts Wichtigeres auf der Welt. Die nächsten Minuten sind wie verzaubert. Meine Augen folgen den langen, gleichmäßigen Bahnen, in denen der Schneider das Bügeleisen über den Stoff bewegt; an den dumpfen Geräuschen beim Aufkommen lässt sich erahnen, wie schwer es sein muss. Manchmal stellt er es zur Seite, um mit seinen schmalen, sehnigen Fingern eine Falte auszustreichen, dann bügelt er bedächtig weiter. Noch immer fällt der Niesel in samtigen Tröpfchen, und die Zeit steht still.

Oft kommt mir diese Erinnerung während der letzten Tage in den Sinn. Die erste Woche Retreat liegt hinter mir, mittlerweile bin ich wirklich angekommen, nur noch selten kämpfe ich mit dem Hiersein. Das Bild des bügelnden Schneiders aus Naggar berührt mich immer wieder. Ein Anblick reiner Achtsamkeit: mit ganzer Hingabe bei dem zu sein, was es in diesem Moment zu tun gibt. Der Schneider bemühte sich nicht, einer ausländischen Touristin einen besonderen Service zu bieten, er tat einfach das, was gerade anstand: eine hundertfach, vielleicht tausendfach ausgeführte Tätigkeit. Doch die Aufmerksamkeit, die er hineinlegte, ließ aus dem, was hätte Routine sein können, einen Akt werden, der mir fast wie ein Gebet erschien – ein Gebet, das von der Heiligkeit aller Dinge erzählt. Entweder ist alles ein Wunder, soll Albert Einstein einmal gesagt haben, oder gar nichts.

Diese Haltung einzuüben, dafür bin ich hierhergekommen: mit dieser Haltung morgens aufzustehen, mir Essen auf den Teller zu schöpfen, eine Tasse Tee zu trinken, auf dem Meditationskissen zu sitzen. Mit dieser Haltung einzu-atmen, zu spüren, wie die Luft die Innenseite meiner Nasen-löcher streift, wie sie sanft und kühl meinen Rachen hinab-streichelt, wie sie meine Brust dehnt und meine Bauchdecke hebt, alle Zellen meines Körpers mit Energie versorgt. Zu spüren, wie ich dafür nichts tun muss, das Atmen geschieht von selbst, ohne Anstrengung, und es verbindet mich durch den Austausch von Sauerstoff und Kohlendioxid mit allen Wesen dieser Erde, in einem fortwährenden Tanz von Einat-men und Ausatmen, der alles Leben erhält. Wieder schüttelt mich ein Schluchzen. Ich werde sterben, und alle Menschen, die ich liebe, werden sterben, jeder Einzelne. Das ist nichts Neues, natürlich, jeder von uns weiß, dass wir Menschen sterblich sind, wir nicken mit ernstem Gesicht und spre-chen von etwas anderem. Doch in den letzten Tagen spüre ich tief in meinem Körper und so intensiv wie nie zuvor, dass das mehr ist als ein Gedanke, dass es Wirklichkeit ist, dass es nichts gibt, was das verhindern kann. Entweder werde ich am Grab meiner geliebten Schwester stehen, oder sie wird an meinem stehen – es sei denn, wir sterben gemeinsam bei einem Flugzeugabsturz. Ich denke an Lothar, und mir wird klar, dass jemanden zu heiraten letztlich bedeutet: Ich will mein Leben mit dir teilen, und dafür bin ich bereit, den Schmerz in Kauf zu nehmen, wenn ich eines Tages an dei-nem Grab stehe.

Der Tod ist die Wirklichkeit unseres Lebens – wenn ich mir das eingestehe, was hat dann wirklich Priorität? Schmerz und Liebe überschwemmen mich in großen Wellen. Statt mich dagegen zu stemmen oder zu rationalisieren, lasse ich mich von der Strömung mitnehmen.

Der November ist ein oft unterschätzter Monat, hatte Annette zu mir gesagt, als wir noch vor ein paar Wochen außerhalb von Kathmandu auf der Terrasse eines tibetischen Klosters gestanden hatten. Ich hatte damit gehadert, dass das Retreat in Beatenberg ausgerechnet im November stattfand – das hieß, ausgerechnet zu dem Zeitpunkt nach Europa zurückzufliegen, wenn es dort besonders scheußlich war, während gerade in vielen asiatischen Ländern die angenehmsten Temperaturen anfingen.

Ich lächle, während ich an Annettes Worte zurückdenke. Wie recht sie behalten hat. Mit strahlendem Blau beschenkt uns der Himmel oft, und während über dem Thuner See unter uns der Nebel tanzt, geht der Blick vom Meditationszentrum häufig bis weit hinein in die gegenüberliegenden Bergketten. Ich bin froh, dass ich mich entschieden habe hierherzukommen. Natürlich hätte es auch in Asien viele Möglichkeiten gegeben, ein buddhistisches Retreat zu besuchen. Doch die asiatische Art zu lehren und Meditation zu vermitteln ist – nicht verwunderlich – auf die asiatische Kultur und Mentalität zugeschnitten, und wenn es auch unendlich vieles gibt, was wir von genau dieser Art lernen können, so hatte mich die zehntägige Stippvisite in dem Kloster bei Kathmandu noch einmal darin bestärkt, für ein langes Retreat lieber nach Europa zurückzukommen. Ich fühle mich bei Fred und Akincano mit all meinen inneren Aufs und Abs ungeheuer gut aufgehoben und bin froh, dass es mittlerweile so viele hervorragende Meditationslehrer und -lehrerinnen im Westen gibt, die die Lehre auf eine Weise weitergeben, wie sie mein westlich geprägter Geist gut annehmen kann.

Die ganze Nacht hindurch hat es geschneit. Jetzt bricht sich das Sonnenlicht in den gleißenden Schneekristallen, als liege die Welt voll mit unzähligen Brillanten. Es ist Zeit für die Gehmeditation – die Übung, die sonst auf dem Kissen stattfindet, wird übertragen ins Gehen: ganz mit der gegenwärtigen Erfahrung zu sein. Statt in Erinnerungen an bereits Vergangenes abzudriften oder in Pläne, Hoffnungen oder Befürchtungen eine Zukunft betreffend, die nichts weiter ist (und auch nie etwas anderes sein kann) als ein Gedankengebilde in unserem Kopf, übe ich immer wieder, mit all meiner Aufmerksamkeit bei diesem einen Schritt zu sein, der jetzt gerade geschieht: meine Fußsohlen spüren, die ausschwingende Bewegung meines Beines, die Art und Weise, wie sich mein ganzer Körper vorwärtsschiebt und wie eine millionenfach ausgeführte Bewegung, die üblicherweise völlig unbeachtet bleibt (sodass wir uns oft genug gar nicht erinnern können, wie wir eigentlich von A nach B gekommen sind), aus unendlich vielen Einzelbewegungen aufgebaut ist und wie viel Koordination dazu eigentlich gehört … Je nachdem, in welchem Zustand sich mein Geist gerade befindet, kann eine Gehmeditation eine himmlische oder eine grauenhafte Erfahrung sein – oder auch eine, die sich nichts sagend anfühlt und automatisch.

Wie so oft ist auch hier das Wie ausschlaggebend, nicht so sehr das, was ich tue. »Interesse«, erinnert uns Akincano, wenn er Anregungen gibt für die Gehmeditation, die den Vorteil hat, dass man sie anders als die formale Sitzmeditation auf dem Kissen überall und jederzeit ausführen kann. »Interesse, wenn du wirkliches Interesse aufbringst für das, was du tust, wird alles zu einer faszinierenden Erfahrung.« Heute fällt mir das leicht. Der glitzernde Schnee knirscht unter meinen Schritten, ich kann den sich ständig verändernden Untergrund durch meine Winterstiefel hindurch spüren, der frische Wind streicht über den kleinen Teil meines Gesichtes, der noch aus Schal und Mütze hervorschaut. Ein Feuerwerk an sinnlichen Eindrücken, während ich die fünfzehn Schritte hin und wieder zurück gehe, hin und wieder zurück, ohne irgendwo ankommen zu wollen, ohne etwas anderes zu tun als zu gehen, und ich bin ganz in meinem Körper, der sich herrlich lebendig anfühlt, ja, es gibt gar kein »Ich«, das etwas anderes wäre als mein Körper oder von ihm getrennt.

Mit einer Tasse Tee sitze ich im Speisesaal, um mich aufzuwärmen, die strumpfsockigen Füße auf die warme Heizung gestützt. In vertrauter Weise richtet sich meine Aufmerksamkeit wie von selbst auf meinen Atem. Das hier, dieser Atemzug, dieser Moment, das ist mein Leben. Ich bin nicht in einem falschen Film gelandet, und mein eigentliches Leben wird nicht irgendwann in der Zukunft beginnen, wenn ich endlich dieses oder jenes erreicht habe; das hier, dieser schlichte Moment, ist alles, was es gibt. Wenn ich ihn nicht bemerke, wenn ich ihn nicht ausfülle mit meiner Gegenwärtigkeit, wenn ich ihn nicht bewohne mit meinem Körper, wenn ich sein Geschenk nicht annehme, ist er unwiederbringlich dahin. Wie köstlich der Tee schmeckt. Wie kostbar, am Leben zu sein.

Woche 4

Ich taste nach meinem Wecker. Es ist sehr früh, der Weckgong wird erst in einer Dreiviertelstunde ertönen. Leise, um meine Zimmergenossin nicht zu stören, suche ich in der Dunkelheit meine Kleider zusammen. Nach mehr als zwanzig Tagen Retreat komme ich mittlerweile gut mit weniger Schlaf aus, ein häufiger Nebeneffekt intensiver Meditationspraxis. Oft ist das Liegenbleiben im warmen Bett zu verführerisch, doch heute bin ich hellwach.

Sachte drücke ich die Klinke der Meditationshalle nach unten. Ich bin nicht die Erste, die den Weg in die nachtstille Halle gefunden hat. Von einer einzigen Kerze erleuchtet, sehe ich drei andere Schemen, die sich bereits niedergelassen haben. Möglichst geräuscharm mache ich es mir auf meinem Kissen bequem. Auch im Sitzen ist die ständige Veränderbarkeit aller Erfahrungen immer wieder zu erleben. Von einer Minute auf die andere können Schmerzen kommen und gehen, intensive, pochende, zehrende Rücken- oder Knieschmerzen, die plötzlich aufschießen und oft ebenso plötzlich wieder verschwinden. Je hartnäckiger ich gegen sie ankämpfe, desto hartnäckiger bleiben sie meist.

Gerade ist das Sitzen leicht. Ich lege mir die weiche Decke um, die mir Lothar in Indien geschenkt hat, fühle mich umhüllt und geborgen. Ich schließe die Augen und lasse mich in meinem Innenraum nieder. Mit meinem Atem begleite ich den gedämpften Weckgong, der irgendwann aus der Ferne zu hören ist. Nur noch Atem geschieht. In der inneren Stille tauchen gelegentlich Gedanken wie kleine Wolken auf, die durch weiten Raum segeln, dann wird es wieder still. Konzentration und Gesammeltheit bedeuten keine Anstrengung mehr, nichts, wofür es etwas zu tun gebe, sie sind einfach da. Einmal produziert mein Geist den Hinweis, wie wunderbar friedlich es gerade sei und dass ich in eine solche innere Tiefe noch nie abgestiegen bin, und ich muss ein wenig lächeln über seine Kommentarfreude, dann lasse ich den Gedanken los wie einen Luftballon, der im Wind davonsegelt.

Mit einer Tasse Kaffee stehe ich auf der Terrasse. Die Morgenmeditation ist vorüber, und während die anderen schon zum Frühstück strömen, bin ich in die Kälte hinausgegangen, um den Sonnenaufgang zu sehen. Der wolkenlose Himmel ist von zarten Farben erfüllt, unmerklich geht ein Hauch von Rosa in helles Blau über. Die schneebedeckten Bergketten stehen wie ausgeschnitten vor dem Firmament, so scharf heben sich die Konturen vor dem Himmel ab. Ein Vogel beginnt zu singen, und mir schießen die Tränen in die Augen. Wie könnt ihr nur einfach zum Frühstücken gehen, denke ich erstaunt, während sich hier die Schönheit der Welt ausbreitet? Die Kälte trägt nur zu diesem Zauber bei, dankbar trinke ich einen Schluck Kaffee, der wunderbar heiß ist und stark. Hinter den höchsten östlichen Gipfeln wird es golden.

Staunen und Dankbarkeit tragen mich durch diesen Tag. Doch natürlich halten auch diese Gefühle nicht unveränderlich an. Wie eine Rose, die sich in ihrem eigenen Gleichmaß öffnet und schließt, so beobachte ich auch in mir einen Rhythmus von Weite und Kontraktion – allerdings etwas weniger gleichmäßig, und vorhersehbar ist daran vor allem, dass auf eine Öffnung wieder ein Rückzug folgen wird und darauf wieder eine Öffnung, jedoch nicht unbedingt, wann das sein wird. Die von äußeren Ablenkungen arme Umgebung hilft mir jedoch, aufmerksamer zu werden für die inneren Anzeichen, die durchaus vorhanden sind. Eindrücklich daran ist insbesondere meine innere Überzeugung, so, wie es sich jetzt gerade innerlich anfühlt, werde es immer bleiben: Wenn ich strahlender Laune bin, wie klein sehen da alle Probleme aus, ja, von welchen Problemen rede ich überhaupt? Ist doch gar keine Schwierigkeit, das Leben ist schön! Und zwar jetzt und immerdar! Schaue ich dagegen düster auf die Welt, ist alles anstrengend und unangenehm, und dieses Gefühl erscheint absolut real und unverrückbar – als hätte ich nicht das gleiche Spiel des Auf und Nieder schon endlose Male mitgemacht. Die Spielregeln ein Stück weit zu verstehen hilft. Nicht weil sich damit das Spiel beenden ließe. Man kann die Wellen nicht anhalten, heißt es, aber man kann lernen, darauf zu surfen. Auch wenn ich dabei immer wieder ins Wasser falle.

Ich sitze beim Abendessen. Die Karotten lassen sich am Gaumen zerdrücken, so weich sind sie, und ich merke, ich habe mir eben deshalb einen zweiten Teller Gemüsesuppe geholt, weil der süßliche Geschmack der Karotten etwas Tröstliches hat. Brauche ich denn etwas Tröstliches? Offenbar. Jetzt erst merke ich, wie traurig ich gerade bin. Ich ziehe den Reißverschluss meiner Strickjacke hoch. Mir ist kalt, ich bin traurig und fühle mich einsam. Ich sehne mich nach Lothar, nach meiner Schwester, einem vertrauten Gesicht, jemandem, der mich in den Arm nimmt. Okay, was war die Arbeitshypothese? Schwierige und leichte Gefühle kommen und gehen. Statt gegen die einen zu kämpfen und die anderen festhalten zu wollen, öffne dich beiden in dem Wissen, dass sie vergänglich sind.

Ich stelle den Suppenteller auf den Geschirrwagen und gehe auf mein Zimmer. Bis zum abendlichen Vortrag ist noch fast eine halbe Stunde Zeit. Ich lege mich aufs Bett und widerstehe der Versuchung, von den unangenehmen Empfindungen der Traurigkeit in meinem Körper abzurücken. Weder gehe ich in meinen Kopf, um mir eine Geschichte darüber zu erzählen, warum ich mich gerade so anlehnungsbedürftig fühle, noch lenke ich mich ab mit schönen Erinnerungen oder sehnsüchtigen Tagträumen über die Zeit nach dem Retreat, wenn Lothar und ich endlich wieder zusammen sind, um das Gefühl loszuwerden. Ich bleibe einfach genau da, wo ich bin – mit meiner Traurigkeit.

Raum, denke ich, gib ihr Raum. Nicht Raum in Gedanken, in Rechtfertigungen oder Erklärungen, warum sie da ist. Gib der Energie Raum in deinem Körper. Woher weiß ich überhaupt, dass ich traurig bin, wo spüre ich das? Meine Brust fühlt sich eng und hart an, die Kehle steif, der Kiefer angespannt, als würde ich etwas festhalten. Alleine das zu bemerken, führt zu einem tieferen Luftholen, ich merke, wie ich mich mit dem Ausatmen entspanne und ein bisschen mehr Gewicht abgebe. Während der nächsten paar Minuten spüre ich diese bestimmte Form von Energie, die ich gelernt habe, »traurig« zu nennen, in meinem Körper, fühle sie an Stellen, wo ich sie noch nie bemerkt habe, nehme wahr, wie sie sich bewegt und verändert, bis sie – ohne dass ich etwas dafür tun müsste – sich schließlich aufgelöst hat. Weil sie da sein kann, ohne dass ich versuche, sie zu verändern, kann sie gehen.

In einer Haltung der Meditation leben, sagt Akincano später während des Vortrags, heißt, mehr zu spüren, jedoch weniger davon nach außen schwappen zu lassen, sodass andere nicht darunter leiden. Alchemie kann geschehen, wenn die Gefäßwände stärker werden, damit wir alle Herzenszustände, auch die schwierigen, darin halten können.

Der vorletzte Tag des Retreats. Heute Nachmittag gibt es eine Übungsstunde – in Reden. Damit wir langsam und sachte wieder in »normale« Umgangsformen zurückfinden, haben die Retreatleiter einen sanften Übergang für uns vorbereitet. Für manche ist der ungewohnte Austausch leichter, für andere schwerer. Jemand tippt mir auf die Schulter: »Komm mal her, du«, sagt Claudia, meine Zimmergenossin, lachend und nimmt mich in den Arm. All die Zeit haben wir im selben Zimmer miteinander verbracht, außer einem kurzen geflüsterten Austausch darüber, wie sich die vereisten

Fensterläden schließen lassen, vier Wochen lang kein Wort miteinander geredet. Sympathie, Rücksichtnahme, all das braucht oft keine Worte. Wie leise jemand nachts beim Gang aufs Klo die Klinke herunterdrückt, sagt viel aus, und oft war mir, als konnte ich genau spüren, wenn Claudia in den letzten Wochen einen schlechten Tag hatte. Wir erzählen uns von unseren Erfahrungen im Retreat, Schwierigkeiten und Herausforderungen, Freuden und Glücksmomenten.

Schon ist die Zeit um. Wir lächeln uns noch einmal zu und kehren ins Schweigen zurück, das erst morgen Vormittag in einer gemeinsamen Abschlussrunde gänzlich aufgehoben wird.

Dankbarkeit erfüllt mich. Dankbarkeit für dieses Haus und all die Menschen, die hier arbeiten, in der Küche, im Büro, in der Organisation, die Lehrer, die uns 28 Tage begleitet haben, Dankbarkeit für all die Menschen, die um mich herum in einem großen Kreis sitzen, um das Retreat gemeinsam zu beenden, die bereit waren, sich auf dieses Abenteuer einzulassen. Wer mag, teilt ein wenig von seinen Erfahrungen mit. Ein Mann neben mir erzählt, er habe in der Meditation oft gleichsam wie mit seinem Boot hinausrudern wollen auf einen spiegelglatten See, um dort Frieden und Stille zu finden. »Doch statt der ersehnten inneren Ruhe bin ich immer wieder auf neue Ungetüme gestoßen, die aus dem Wasser auftauchten und versuchten, mein Boot zu entern.« Wir lachen gemeinsam. Viele von uns kennen ähnliche Erfahrungen. »In den ersten Tagen habe ich versucht, sie möglichst schnell wieder aus dem Boot rauszukriegen. Aber das funktionierte nicht. Ich musste einen Weg finden, wie es mit ihnen friedlich werden konnte auf dem See, nicht gegen sie.« Jaja, Fred, denke ich, da hilft nur, Frieden zu schließen mit dem ganzen Zeug.

Vor der Abreise ziehe ich das Bettzeug ab. Die vier Wochen, die mir zu Anfang so unendlich lang erschienen, plötzlich sind sie vorbei. Vieles kommt mir noch einmal in den Sinn, Schwieriges und Schönes, Freudentränen beim Sonnenaufgang und der unglaubliche Lachanfall auf dem Balkon, Einsamkeit und unendliches Aufgehobensein in etwas Größerem, manches, das mir zu zart oder zu kostbar ist, um es in Worte zu fassen, vieles, was sich gar nicht in Worte fassen lässt. So wie Worte auch nicht annähernd in der Lage sind, die Geschmacksexplosion wiederzugeben, wenn man in eine rote, reife Erdbeere beißt. Doch deshalb ist sie nicht weniger real.

Epilog

Wochen später. Lothar und ich stehen am Skilift an. Gestern hatten wir einen Traumtag, blauer Himmel und Pulverschnee, danach Sauna, gutes Essen und guter Sex. Und heute? Heute ist es anders. Ich bin genervt, es ist neblig, und der Schnee bläst mir ins Gesicht. Die beiden drängeligen holländischen Zehnjährigen neben mir gehen mir mit ihrer vorpubertären Albernheit tierisch auf die Nerven. Die Skihütte, auf der wir eigentlich zu Mittag essen wollten, ist geschlossen, und auf der Abfahrt zur nächsten Hütte ist es so windig, dass mir der Schnee schmerzhaft ins Gesicht schneidet. Natürlich ist die Hütte bei diesem Wetter total überfüllt. Erst müssen wir auf einen Platz warten, dann auf das Essen. Plötzlich merke ich, dass ich nicht nur aufgrund der äußeren Umstände genervt bin, sondern auch deshalb, weil ich innerlich einen Kommentar höre, der behauptet, ich solle nicht genervt sein. Das alles sollte mir weniger ausmachen, ich sollte gelassen, geduldig und verständnisvoll sein – so wie ich es ja oft bin in ähnlichen Situationen. Doch heute eben nicht.

Ah! Anspruch. Vorstellungen. Ideen.

Zu akzeptieren, wie es ist, meint ja nicht nur die äußere Situation. Es meint auch mich in dieser Situation. Und so bin ich gerade – genervt. Suzuki Roshi, einer der ersten Zenmeister, die im Westen lehrten, hat den Kern der buddhistischen Lehre einmal in drei schlichten Worten zusammengefasst: »Not always so.« Alles ist in ständiger Wandlung begriffen. Doch nicht nur die äußeren Bedingungen ändern sich unaufhörlich, sondern auch die inneren. Und gegen die Veränderungen im Inneren anzukämpfen bringt mindestens so viel Schmerzen hervor wie gegen die äußerlichen Veränderungen anzurennen. Daraus, dass es mir manchmal gelingt, auch in schwierigen Umständen fröhlich und gelassen zu bleiben, hat sich der Anspruch entwickelt, so solle ich immer sein. Der Vergleich zwischen möglicher Gelassenheit und meiner gegenwärtigen Genervtheit tut weh. Doch wie kann sich Genervtheit in diesem Moment in Gelassenheit verwandeln? Sicher nicht durch Anspruch und Schelte (es soll anders sein, als es ist; ich soll mich anders fühlen, als ich mich fühle), doch eher durch Gelassenheit der Genervtheit gegenüber. Die Situation ist letztlich dieselbe wie so oft in Beatenberg. Und ein Retreat ist ja nichts weiter als eine Übungsmöglichkeit unter besonders günstigen Bedingungen. »Früchte wachsen oft im Stillen und sind dann unvermutet irgendwann da«, hat mir Akincano kürzlich in einer Mail geschrieben. »Die Klarheit über ihren Werdensprozess ist zumeist eine des Nachhinein. Möge es Dir nicht an Geduld fehlen.«

Komm, kleine Genervtheit. Setz dich zu mir auf den Schoß, wir essen jetzt etwas.

Pia

Fluchtpunkt Südamerika. Wie ein Exmodel aus Hamburg über zahlreiche Umwege in der Provinz Argentiniens landete und warum sie dort ungleich glücklicher ist als zu Hause, schreibt sie ihrer besten Freundin in einem offenen Brief.

Liebe Marie,
gestern ist mir klar geworden, dass es vorbei ist. Kennst Du das Gefühl? Diesen Moment, in dem etwas sein Ende erreicht. Wenn die Erkenntnis allmählich Einzug hält und die Phantasie über das Ungewisse mit dem Abschied von allem Alten zu ringen beginnt. Seit gut einem Jahrzehnt fragst Du mich, wann ich endlich aufhören will. Heute ist es so weit, und Du sollst es als Erste erfahren.

Gestern war mir so klar wie nie: Die Welt, wie ich sie bisher kannte, wird sich ab heute ohne mich weiterdrehen. Im wahrsten Sinne des Wortes, denn gestern war mein letzter Dreh.

Mein Wecker klingelt um vier Uhr früh. Wegen der Kälte will mein Auto erst nicht anspringen. Es ist noch stockdunkel, und ich irre durch ein Gewerbegebiet auf der Suche nach dem Musterhaus, in dem gedreht werden soll. Die meisten kommen zu spät, wegen des Schnees. Der Regisseur ist jung, seichter Händedruck. Die Visagistin kenne ich von einem andern Dreh, ich weiß, sie wird wieder an meinen krausen

Haaren scheitern. Im unbeheizten Keller gegen fünf Uhr mache ich die ersten Anproben. Am liebsten würde ich zurück in mein warmes Bett kriechen. So weit alles wie immer.

Im Laufe des Tages fällt mir auf, dass ich weit und breit die Älteste bin. Einzelne im Team könnten gut und gerne meine Kinder sein. Nur die Kundenmannschaft, die hinter ihrem Schirm sitzt und alles über den Monitor verfolgt, kommt mir älter vor. Auch der Kameramann hat diesen verdammt frischen Ausdruck im Gesicht, und während er mich ins Bild setzt, will er wissen, wie alt ich bin. Als gäbe es nichts Interessanteres, worüber man sich unterhalten könnte. Zum Spaß mache ich mich ganze fünf Jahre jünger. Er zoomt mich ran und sagt: Dafür hast du dich aber echt gut gehalten.

Als sei ich mit einer Zeitmaschine auf diesem Set gelandet. Ich meine, ich habe Geschichte angehäuft, Erfahrungen gesammelt, Souveränität gewonnen. Ich fülle meinen Job ganz aus. Heute aber finde ich für mein Gefühl ganz andere Worte: Ich passe nicht mehr hierher. Es ist kein Geheimnis, dass in unserem Job in Sachen Alter immer geschwindelt wird, es wird geradezu vorausgesetzt. Alles ist ganz auf Erscheinung ausgelegt, und das geht so früh los, dass die Konturen zwischen dem realen Ich und dem Model-Ich zu verschwimmen drohen. Mitunter läuft man Gefahr, auf dem optimalen Arbeitsalter zu lange sitzenzubleiben. Die Zeit verstreicht, aber man selbst bleibt für einige Jahre 27 oder 33, je nachdem, was im Moment gerade gefragt ist oder was man sich gerade noch leisten kann. So werden wir von den Agenturen vermarktet. Im Laufe der Zeit vergrößert sich zunächst unbemerkt die Distanz zu einem selbst, was einen halbwegs gesunden Umgang mit dem eigenen Ich nahezu unmöglich macht.

Wenn ich nicht irre, hatten wir uns Anfang zwanzig geschworen, dass wir mit spätestens dreißig aufhören wollten.

Erinnerst Du Dich? Mit Champagner haben wir darauf angestoßen in Deiner winzigen Küche in der Rue du Bac. Und Du hast das auch eingehalten und Dir noch kurz vor der Dreißig ganz ohne Studium oder Ausbildung einen Job in der Modebranche geangelt. Hast natürlich nicht irgendwo angefangen, sondern bist gleich in die Couture eingestiegen. Nicht nur das: Du hast geheiratet und zwei Kinder bekommen, also all das erreicht, was Du Dir vorgenommen hast. Ich bin stolz auf Dich.

Obschon ich mir nicht einmal vorwerfen kann, es nicht ernsthaft genug versucht zu haben. Ich wollte das auch, dieses Idyll eines bürgerlichen, allseits anerkannten Lebens. Aber jeder Versuch in diese Richtung scheiterte grandios. Vielleicht weil es bedeutet hätte, vor mir und der Welt so zu tun, als hätte ich vorher nichts erlebt. Sollte ich nach allem, was war, nach allem, was ich erreicht und erlebt hatte, einfach wieder die Schulbank drücken?

Du weißt ja, dass mir Deutschland nie wirklich gefallen hat. Dauerhaft dort zu leben, geschweige denn glücklich zu werden, konnte ich mir nicht vorstellen. Nach der Schule konnte ich nicht weit genug weggehen von zu Hause, viel zu eng war das alles und spießig und langweilig. Von da an lebte ich quasi ununterbrochen auf zwei Kontinenten. Amerika! Da fing mein Leben im Grunde erst an. Nicht im Sinne von dem Land der unbegrenzten Freiheiten, Harley fahren und mit dämlichem Grinsen vor der Freiheitsstatue herumposen. Mein Anfang in New York war alles andere als leicht, dort Fuß zu fassen und Karriere zu machen entpuppte sich als einzige große Belastungsprobe. Die Stadt ist faszinierend, aber sie schenkt dir nichts, das merkte ich sehr schnell. Alles war mir eine Nummer zu gross, allein der Blick aus meinem Fenster überwältigte mich, ich musste erst Schritt für Schritt hineinwachsen in diese völlig neue Lebensrealität. Doch die Herausforderung reizte mich, ich wollte es schaffen, egal, was kam. Nach und nach traute ich mir immer mehr zu, und irgendwann machte es Klick. Plötzlich war klar, dass ich es mit dieser Welt aufnehmen konnte. Kurz darauf fand ich meine erste Agentur. So ging alles los ...

Ich muss Dir nicht erzählen, wie knallhart das Business in den USA ist. Selten, noch seltener als anderswo, bekommst du eine zweite Chance. Und die Konkurrenz, unglaublich schöne Frauen aus allen Teilen der Welt, ist total auf Zack. Niemand wartet auf eine große Brünette aus der deutschen Provinz, du läufst dir die Hacken ab in der Hoffnung auf einen Job, zahllose Castings, Tag für Tag. Aber wenn du es einmal schaffst, das große Los ziehst und alle anderen aus- stichst, dann belohnt dich die Stadt mit allem, was sie zu bie- ten hat, und du bekommst alles zurück, was du an Mühe, Schweiß und Nerven investiert hast. Für diese kleinen Glück- Hochs zwischendurch bleibst du am Ball, versuchst immer weiter zu kommen, nach oben zu klettern, kriegst bessere Jobs, verdienst mehr Geld, führst ein interessanteres Leben und im Idealfall genau das, das du dir immer erträumt hast. Irgendwann kannst du nicht mehr zurück, ob du willst oder nicht.

Ich wollte nie groß rauskommen, Du kennst mich gut ge- nug, um das zu wissen. Aber war es nicht großartig, mit An- fang zwanzig so leben zu können wie wir? Immer unterwegs, immer Geld in der Tasche, und rund um die Jobs entdeckte man heiter und leichtfüßig die Metropolen der Welt? Man blieb eine Weile, lebte in den Tag hinein und lernte nebenbei Sprache und Kultur kennen. Ohne Risiko, ohne Entbehrun- gen, sondern auf einem Level, das mehr als lebenswert war. Wenn ein anderer Beruf mir das gleiche Leben ermöglicht hätte, ich hätte nicht gezögert. Aber was hätte das sein können? Stargeiger, Spitzensportler, Popstar? Na eben.

Dann kam das Angebot, für ein halbes Jahr nach Asien zu gehen, just in einer Zeit, da sich meine Beziehung in einer schweren Krise befand. Mit wehenden Fahnen bin ich aufgebrochen, die Vorfreude auf das Unbekannte und vor allem das Gefühl, dass es endlich wieder losging, waren stärker als ich und alles andere. Chance auf Neuanfang. Reset! Ich konnte nicht widerstehen. Der einfachste Weg aus der Krise, dachte ich, genau besehen war es natürlich alles andere als das. Es gibt erwachsenere Wege, Probleme zu lösen, als das erstbeste Angebot anzunehmen und ans andere Ende der Welt zu flüchten.

Aber was das angeht, bin ich wohl grundsätzlich gefährdet. Kontinuität, in welcher Form auch immer, macht mir Angst, kontinuierliche Konflikte noch mehr. Wenn ich keine Lösung sehe, entziehe ich mich lieber, als mich der Situation zu stellen. Erst fühlt sich das an wie freischwimmen. Aber so leicht kommst du aus deinem Pool nicht raus. Ich nehme an, Du hättest Dich anders entschieden, Marie. Rückblickend muss ich zugeben, dass es einer der größten Fehler meines Lebens war, denn die Liebe blieb natürlich auf der Strecke; verrückt, etwas anderes zu glauben. Die verletzten Gefühle versickerten im Äther, irgendwo zwischen New York und Tokio. Aber es war so eine Riesenherausforderung gewesen, dass ich gar nicht daran dachte, die Sache könnte einen Haken haben. Ich sah nur das Licht am Ende des Tunnels, wollte nicht wahrhaben, dass ich dafür erst mal durch die Dunkelheit durchmusste.

Man sagt immer so dahin, dass einen Extremsituationen entscheidend prägen, und irgendwann, wenn man sich aus dem Schaukelstuhl zurückerinnert, verklärt sich dann alles.

So weit bin ich wohl noch nicht, ich weiß nur, dass mir in Asien nichts und niemand entgegenkam. Tag für Tag legten wir unzählige Kilometer unter und über der Erde zurück, zusammen mit Millionen anderen, die in einer nicht abreißenden Welle durch das öffentliche Transportsystem und die Straßen der Stadt gespült wurden. Irritierend neu für mich, mich unter so vielen Menschen zu bewegen und mich gleichzeitig so abgrundtief einsam zu fühlen. Überflüssig zu sagen, dass mir diese Welt in sechs Monaten völlig fremd blieb.

Die feuchte Hitze schnürte mir die Luft ab, der stickige Dunst der Millionenmetropole lag schwer auf mir. Ich versuchte, alles zu geben, bella figura zu machen, hatte ich doch viel zu viel aufs Spiel gesetzt, um jetzt mir nichts, dir nichts aufzugeben. Nach und nach begriff ich, dass ich keine Chance hatte, und es lag nicht an der Stadt. Der Job, das Reisen, das unstete Leben waren mehr an meine Substanz gegangen als gedacht. Ich spürte mich nicht mehr, funktionierte nur noch, fühlte mich seelenlos wie eine Maschine, die Stück für Stück zermalmt wird, Millimeter für Millimeter, bis am Ende nichts mehr von ihr übrig ist. Zweifellos hatte ich mir zu viel zugemutet in all den Jahren. Wie hatte ich mich nur so verausgaben können?! Richtig wütend war ich auf mich, was irgendwie guttat, weil es sich nach Leben anfühlte und Aktionismus und nicht nach Getriebenwerden und Fremdbestimmtheit und Passivität. Ich spürte meine Mitte wieder, zumindest hatte ich eine Ahnung davon, wo sie in etwa lag. Das sollte mir Kraft geben, die weiteren Monate in Asien zu überstehen.

Sieben Jahre Modelleben waren eindeutig genug, fand ich. Es gab doch so viel Erbaulicheres, Wichtigeres, Bedeutenderes im Leben. Ich hatte einen Plan: Alle um mich herum studierten: Freunde, Bekannte, irgendwie alle jungen Leute. Ich wollte nur noch sein wie sie, einfach leben, mich weiterbilden, meinen Geist füttern und dem Jetset den Rücken kehren. Mit ebenso viel Verve, wie ich mich nach Asien aufgemacht hatte, tauchte ich also ins Universitätsleben ein. Ich hatte die besten Vorsätze! Doch für eine neue Richtung im Leben reichte der Impuls offenbar nicht aus. Vier Jahre lang quälte ich mich; ich schloss mein Studium ab, probierte mich in unterschiedlichsten Berufsbildern. Und fand es förmlich niederschmetternd mit anzusehen, dass mich das alles nicht weiterbrachte. Ich kam nicht voran, trat bestenfalls auf der Stelle. Statt zu gewinnen, wenn auch nur an Lebenserfahrung, verlor ich zusehends, vor allen Dingen an Selbstvertrauen. Ich hatte mich getäuscht, war kurz davor zu resignieren. Kannte ich mich wirklich so schlecht?

Du weißt, wie sehr ich Deinen stoischen, pragmatischen Ansatz bewundere, Marie. Heute machst Du Karriere bei Chanel, und ich finde, Du bist dort richtig. Ich hätte das nie geschafft, vermutlich auch nicht gewollt. An Interessen mangelte es nicht, begeistern konnte ich mich spontan für alles Mögliche. Aber eine eindeutige Begabung, etwas, worauf ich hätte aufbauen können, hatte sich bisher nicht aufgedrängt. Was für ein Glück, im Nachhinein betrachtet, dass ich durch Zufall in diesen Beruf hineinrutschte und mir als Model meinen Lebensunterhalt verdienen konnte. Ich weiß nicht, was sonst aus mir geworden wäre.

Die letzten Tage habe ich viel nachgedacht über Menschen, die prägend waren für meinen Weg. Kritische Stimmen. Einige, die mich forderten, wenige, die mich unterstützten. Vielleicht hätte ich ein bisschen genauer hinhören sollen, als es darum ging, wie man würdevoll erwachsen wird? Ich nehme fast an, dass ich nie wirklich erwachsen werden wollte.

Unterschätzt werden wir ohnehin. Natürlich reicht es nicht aus, schön zu sein und seinen Körper in Form zu halten. Model zu werden, zu sein und zu bleiben verlangt dir phasenweise das Äußerste ab. Erinnerst Du Dich noch an den Tag, als Du damals, nach der Show in Paris, alles hingeschmissen hast? Du hattest es satt, von allen Seiten angegafft zu werden, konntest die kritischen Blicke nicht mehr ertragen, für Dich war das Maß voll. Jede von uns war wohl wenigstens einmal an dem Punkt, wo sie sich wie ein wandelnder Kleiderständer fühlte, weil sie von jedermann so behandelt wurde. Meist steckt man das nonchalant weg, es gibt ja auch noch eine andere Seite, eine Glamourseite, die fühlt sich bedeutend sexyer an. Wir Models als Projektionsflächen für Perfektion und Erotik, für Eleganz, Erfolg und Leichtigkeit. Wer ist nicht gerne mal Vorbild? Idealfrau? Ein bisschen Star?

Denkst Du noch manchmal an unser gemeinsames Jahr? Ich weiß noch genau, wie wir einander auf diesem Casting in Barcelona begegneten. Irgendwie war das Sympathie auf den ersten Blick. Ich hab die nächstbeste Chance wahrgenommen und bin zu Dir nach Paris gekommen, gut ein halbes Jahr später kamst Du zu mir nach Hamburg. Blutjung waren wir, neugierig und voller Energie, wir wollten alles sehen, alles erfahren, nichts auslassen. Klar haben wir auch über Zukunft geredet, das hat uns beide sehr beschäftigt, man konnte ja nicht ewig modeln. Dass ich noch fünfzehn Jahre in dem Geschäft bleiben würde, hätte ich nicht gedacht. Mit dreißig wollten wir spätestens aufgehört haben, aber das schien noch Lichtjahre entfernt. Manchmal frage ich mich, wann und wo mir die Leichtigkeit von damals abhanden gekommen ist, die sorglose Unbeschwertheit, die man nur jedem wünschen möchte, den man gern hat, weil es kaum etwas Schöneres gibt.

Ich war noch viele Male in Amerika, aber das Gefühl der Befreiung, das mich bei meiner ersten großen Reise so unmittelbar in Bann zog, stellte sich nie wieder ein. Es geht wohl selten auf, Orte wieder aufzusuchen, an denen man mal glücklich war. Orte, an denen man zur richtigen Zeit die Richtige war.

Die traurige Regel ist wohl, dass man mehr Dinge findet, die einen nicht länger mit dem Ort verbinden, als umgekehrt. Die Suche nach dem »ersten Mal« wird zur verzweifelten Bestimmungsmission, je älter du wirst, desto aussichtsloser das Unterfangen. Aus Pragmatismus beugt man sich den Gegebenheiten, und immer öfter siegt die Vernunft über Nostalgie und Neugier. Also tief durchatmen, ein paar Mal schlucken und einsehen, dass Amerika für mich nicht mehr funktionierte.

Sesshaft zu werden schien mir allerdings auch keine allzu reizvolle Alternative. Es hatte immer mal wieder Gelegenheiten gegeben, Möglichkeiten vielleicht sogar, meist in Verbindung mit einer Liebesgeschichte. Hoffnungsvolle Ansätze waren da, irgendwie wollte es am Ende nur nie wirklich klappen. Für feste Partnerschaft und womöglich Familie gab es idealere Typen als mich mit meinem Job. Ich konnte keinen Alltag leben mit jemandem, der in einen normalen Tagesablauf integriert ist.

Mein ganzes Sein war auf Stand-by, jeder Tag folgte einem anderen Rhythmus. Und über allem wachte die Agentur, deine Mutter, deine Schwester, deine Freundin und liebste Feindin. Sie sagt dir, wann du aufstehen musst, wo es langgeht für dich, wo dein Ziel ist. Dass du heute Nachtdreh hast, morgen deinen Text für ein Videocasting lernen musst und am übernächsten Tag zum Friseur. Abends Koffer packen für fünf Tage Fotoreise auf Fuerteventura. Castings, Agenturtermine, Portfolioarbeit, keine Zeit für Gewohnheiten. Wenn man auf Menschen trifft, die ähnlich leben, ist es einfacher. Da kann man Verständnis voraussetzen, jedenfalls kommt man nicht so leicht in Erklärungsnot, weil der andere dieselben Probleme hat. Diese Form der Kumpanei kann sehr lustfördernd sein für eine Weile, das Problem ist nur, sich überhaupt zu sehen. »Bist du in zweieinhalb Monaten in Paris? Ich habe zwei Nächte.« – »Okay, treffen wir uns dort.« Langes Begehren, kurze Liebesnacht, Abschied, Sehnsucht, Wiedersehen, irgendwo, für einen gemeinsamen Moment, das Taxi zum Flughafen wartet schon, dann geht das Leben wieder weiter – ohne den anderen.

Es kam der Tag, da schaffte ich diese provisorischen Liebhaber ab. Sie verdeutlichten einmal mehr die Leere, die sich in mir aufgetan hatte. Das Wechselbad der Affären machte mich kaputt, ich musste raus, an einen neuen Ort. Nur wohin? Griechenland? Zu heiß. USA? Zu viele Erinnerungen. Paris? Die falsche Saison für mich. Nach Asien oder Südafrika wollte ich auch nicht mehr. Barcelona? Gute Idee.

Meine Hamburger Agentur schickte mein Buch an die Partneragentur in Barcelona, es dauerte nicht lange, dann kam grünes Licht aus Spanien. Erleichtert und voller Vorfreude packte ich meine Koffer. Ich hatte nur gute Erinnerungen an diese Stadt! Abgesehen davon, dass die Wege relativ kurz sind und sich so alle Termine mühelos erledigen lassen, konnte man in der Mittagszeit entspannt auf einem der vielen freien Plätze herumdösen, außergewöhnliche Architektur genießen und sich den kleinen Dingen des täglichen Lebens überlassen, das angenehm und unkompliziert ist.

Unvergesslich: Eine Fünf-Tage-Buchung für einen französischen Katalog, eine Handvoll Models mit blonden Langhaarperücken. So schipperten wir den ganzen Tag durch den

Hafen, im Schlepptau das zweite Boot mit der Produktion an Bord: zum Umziehen und für die Maske kletterten wir in einer Tour von Deck zu Deck, Barcelona unscharf im Hintergrund. Am Ende der Woche konnte keine von uns mehr Wasser sehen. Aber von der Gage konnten wir alle eine Weile leben.

Ich hatte vor, mir eine kurze Pause zu gönnen, ging viel spazieren, belegte einen Sprachkurs und sah mir Kunst an. Auf einer Vernissage lernte ich einen amerikanischen Maler kennen, der seit einer Weile in Barcelona lebte. Mir gefiel seine Arbeit, und er lud mich in sein Atelier ein. Wir hatten spontan einen guten Draht zueinander und sahen uns in den folgenden Wochen öfter, meist in Verbindung mit einer Ausstellung oder dem Besuch eines Museums oder eines interessanten Orts in der Stadt. Zwischen uns lag eine ganze Generation; als Künstler ziemlich erfolgreich, war er ein spannender, doch unergründlicher Mensch. Selten habe ich mich irgendwo so wohlgefühlt wie in seiner Gegenwart. Er ließ mich teilhaben an seinem Arbeitsprozess und inspirierte meine Gedankenwelt. Mir war, als wäre er, nicht ich, die Muse, ein unglaubliches Gefühl für mich. Zwei Wochen nach unserem ersten Treffen zog ich in sein Atelier.

Die folgenden vier Monate passten wie ein Maßanzug. Mir schien, als hätte ich ein Zuhause gefunden, in dem ich mich völlig entfalten konnte, wir brachten gegenseitig das Beste in uns hervor. Es gab nichts, was ich hätte ändern wollen; jeder einzelne Tag war ein Geschenk. Ich war glücklich.

Dann, aus dem Nichts, ging ein Riss durch diese Welt. Er hatte sich am Abend mit Freunden getroffen und war nicht nach Hause gekommen. Ich wartete die ganze Nacht, gegen Mittag tauchte er auf, sah völlig mitgenommen aus, hatte offensichtlich einen Kater. Am nächsten Tag redeten wir. Er sei wieder schwach geworden, der Alkohol, die ständige Angst, mich zu verlieren, er traute unserem Glück nicht. Zu oft habe er das schon erlebt, er wolle nicht mehr lieben, nicht so. Nie hatte ich ihn so aufgelöst erlebt. Es gelang mir nicht, ihn umzustimmen, ihn von der Aufrichtigkeit meiner Gefühle, von meiner Zufriedenheit, dem Glück, das er in mir auslöste, zu überzeugen. Am Ende passierte das, was er befürchtet hatte: Ich verließ ihn.

Zurück in Hamburg, haderte ich mit dem Leben. Woran sollte ich mich halten? Wie mich je wieder jemandem öffnen? Mir graute vor dem, was kam, dazu kannte ich diese Phasen zu gut – und alles, was damit zusammenhing. Ich fühlte mich verloren und allein, vermutlich wäre es ein Leichtes gewesen, einen neuen Marktplatz zu bestimmen, wo es sich für die nächsten Monate gut arbeiten und das Vergangene vergessen ließ. Aber noch eine Fluchtreise? Ich entschloss mich für die harte Tour, saß meine Krise aus und rang nach Antworten. Ich wollte ergründen, weshalb diese Liebesgeschichte gescheitert war, wo sie doch so hoffnungsvoll begonnen hatte.

Dabei stößt du zwangsläufig auf grundsätzliche Fragen des Lebens. Ein unangenehmer Moment, geradezu bitter, mir einzugestehen, dass mich die meisten meiner Reisen eher von mir weggeführt hatten. Zu reisen, Länder zu wechseln und immer in Bewegung zu sein fühlt sich zwar danach an, bringt aber nicht notwendigerweise auch persönliche Veränderung. Innere Veränderung im Sinne von Weiterentwicklung und Wachstum kommt woanders her. Peace of mind stellt sich nicht ein, wenn das System ständig in Bewegung ist und niemals zur Ruhe kommt. Zum ersten Mal im Leben dachte ich ernsthaft darüber nach, die Bremse zu ziehen. Wurzeln zu schlagen wäre zu kühn gewesen; die Vorstellung, länger an einem Ort zu bleiben, kam mir noch immer wie eine Drohung vor. Aber ich ließ mich überreden, mich ein bisschen einzurichten in meiner Wohnung, die ein Freund einmal als Cockpit bezeichnet hatte. Nur das Nötigste; keine Behaglichkeit entstehen lassen. Freunde kamen und halfen, berieten, shoppten, schleppten, installierten, malten Bilder, schossen Fotos. Am Ende wohnte ich sehr viel schöner. Aber ich lebte noch lange nicht dort. Irgendwas in mir sträubte sich, Anker zu werfen. Auch eine neue Verliebtheit brachte mich nicht weiter. Zu seicht, das Gefühl reichte hinten und vorne nicht. Ich konnte nicht länger aufschieben, herauszufinden, was mein echtes Anliegen war im Leben. Wo wollte ich hin, als ich klein war? Welches waren meine Ziele, als ich fast erwachsen war? Wer wollte ich sein, was ausfüllen? Wünsche, Hoffnungen, Sehnsüchte, Träume, das alles verschwamm vor meinen Augen.

Du kennst das gut. Hast Dich jahrelang selbst rund um die Uhr beschützen und fernsteuern lassen von einer Agentur. Für die bist du die Karte mit den Fotos, den Maßen und dem Namen drauf, die verbucht, bepreist, in alle Welt verschickt wird. Du denkst, du triffst Entscheidungen, weil du immer wieder Angebote annimmst. Aber das ist eine Illusion, denn die Wahl, die du triffst, ist keine Entscheidung für das, was du gerne tun möchtest oder für das, wonach du dich fühlst. Es ist die Wahl zwischen Alternativen, die jemand anderer für dich ausgesucht hat. In Wahrheit entscheidest du nichts. Geradezu gemeingefährlich ist das, denn der Vollzug einer inneren Entscheidung geht dir entweder mit der Zeit verloren, oder du kommst niemals dazu, es zu erlernen. Ich stellte mit Schrecken fest, dass ich außerhalb des Radius meiner fremdbestimmten Modelexistenz nicht in der Lage war, Entscheidungen für mich zu treffen, die weiter reichten, als es die Organisation meiner selbst – einer privaten Reise, einer

Steuererklärung oder einer Geldanlage – erforderte. Meine innersten Bedürfnisse waren in den letzten Jahren nie zu Wort gekommen.

In diesem Job hast du keine inneren Bedürfnisse zu haben – auch so eine Erkenntnis, die sich in diesen Tagen und Wochen einstellte.

Irgendwann spürte ich diese Leerstelle sogar körperlich. Ich litt zunehmend unter Rückenbeschwerden, manchmal so heftig, dass ich Mühe hatte, mich aufrecht zu halten, fast so, als verlöre ich mein Rückgrat. Wie fühlte es sich an, seinen Impulsen zu folgen? Das zu tun, was einen ausfüllte? Ich muss es vergessen haben, irgendwo unterwegs. Erfahrene Agenten, die angeblich wussten, was richtig für mich war, kümmerten sich darum, nahmen mir das Grobe aus der Hand und feilten mich, mein Aussehen und Leben nach ihrem Wunschbild – ganz nach der eigentlichen Bedeutung des Wortes »to model«, »nachbilden«. Wir alle sollten so werden, wie Wasser sich seinen Weg sucht, das war die Prämisse. Was für eine Vorstellung! Doch ich bin selbst schuld, dass das Eigene darüber verschütt ging.

Na ja, zum Glück nicht ganz, Marie, sonst wäre dies das Ende meines Briefs. Vorübergehend hieß der Plan, zur Ruhe kommen. Vorerst keine großen Reisen. Ein Programm zur Selbstdisziplinierung. Mich wie früher mit blindem Aktionismus abzulenken, wäre ein Leichtes gewesen; ich aber wollte mich testen, wie lange ich es häuslich aushalte. Es passte ins Bild, dass ich zunehmend in der alten Heimat wieder Fuß fasste. Erlaubt waren jedoch kleine, nette Kurzreisen zu Freunden, die gerade hochzeiteten oder urlaubten oder auf unbestimmte Zeit an interessanten Orten arbeiteten oder lebten – wie eine Freundin von mir etwa, die auf Dreharbeiten in Island war. Ich schloss mich ihrem Filmteam für ein paar Tage an und erlebte dort die wohl schönste Natur, die ich in meinem Leben je gesehen hatte. Absichtslos ließ ich diese unberührte Schönheit auf mich wirken und fand zunehmend Spaß am Fotografieren, sonst ließ ich mich treiben. Nebenbei lernte ich einen wunderbaren Menschen kennen, den ich am liebsten wie ein kostbares Schmuckstück in Samt eingewickelt und an einen sicheren Ort gebracht hätte. Es war wunderschön und beinahe ein bisschen unheimlich zu spüren, wie viel Nähe wir in der kurzen Zeit zwischen einander herstellten und wie ein fast unbekannter Mann mir so vieles zu geben bereit war, dass ich allmählich wieder die Sehnsucht spürte, mich zu öffnen. Vermutlich hätte sich mehr zwischen uns entwickeln können, ich habe es bewusst nicht abgewartet und mich wieder auf den Weg gemacht. Das Letzte, was ich wollte, war, leichtsinnig etwas loszutreten, was ich fortzuführen nicht in der Lage gewesen wäre. Ich hätte nichts als verbrannte Erde hinterlassen, dafür war mir dieser Mensch zu kostbar. Der Abschied fiel schwer, aber es war eine klare Entscheidung. Tief in mir drin war ich stolz auf mich, nicht wieder dem alten Muster zu folgen und blindlings in undurchsichtiges Gewässer zu fahren.

Es folgte ein arbeitsreicher Monat. Ich war viel unterwegs, im Zug, im Flieger, mit Verspätungen, Verzögerungen, Warterei. Am Horizont zeichnete sich ein Zwischenziel ab, das mir den Stress erleichterte: Ischia.

Eine Bekannte war vor einiger Zeit dorthin ausgewandert. Ich kannte sie noch nicht lange, aber wir mochten uns auf Anhieb, und eines Tages lud sie mich ein, sie besuchen zu kommen. Sie war Anfang fünfzig, Bildhauerin und auf dem besten Wege, ihr Leben zu ändern. Von einer Erbschaft hatte sie sich ein kleines Haus gebaut, und seitdem arbeitete und lebte sie auf der Insel im Golf von Neapel, die Sprache hatte sie sich im Laufe der Zeit selbst beigebracht. Nach Deutschland reiste sie nur, wenn es unbedingt nötig war, um Kunden zu treffen oder Ware zu liefern. Mich faszinierte ihre Arbeit mit dem Stein, ich war begeistert von ihrer Kunstfertigkeit. Sie freute sich über Gesellschaft, anregende Gespräche über Gott und die Welt, die etwas Abwechslung in ihren süditalienischen Alltag brachten, wir waren tagaus, tagein zusammen. Ich lernte derweil, worauf es bei ihrem Handwerk ankam. Einzelne Arbeitsschritte, Techniken, Kunstgriffe, eine eigene, völlig neue Welt, die sich da für mich auftat.

Irgendwann stellte sie mir einen Steinblock vor die Nase. Genug Theorie, mach dich an die Arbeit. Eine Feuertaufe für mich. Die Angst vor dem Irreversiblen! Was weg ist, ist weg. Ich muss auf den Punkt entscheiden, meine große Spezialität. Ich weiß noch, wie ich mich dem Experiment zitternd stellte, das Erlebnis war so intensiv, dass es mich von Stund an nicht mehr losließ. Ischia wurde ein Wendepunkt für mich und mein Leben. Die Bildhauerei bot mir die Chance, genau das aufzufüllen, was fehlte. Und irgendwie, ich weiß nicht wie, schloss sich ein Kreis. Zurück zu Hause, deckte ich mich mit Büchern ein und vertiefte mich in die sinnliche Welt der Bildhauerei. Geschichte, Künstler, Technik, immer neue Fragen, die nach Antworten drängten. Ich war wie infiziert, wollte alles wissen. Wie lange diese Begeisterung wohl anhalten würde?

In den darauf folgenden Monaten besuchte ich zwei Kurse; nebenbei verbrachte ich so viel Zeit, wie ich erübrigen konnte, in der Werkstatt eines Holzbildhauers, der in meiner Nachbarschaft arbeitete. Mit wachsendem Vergnügen ruinierte ich mir die manikürten Hände, selten hatte mir etwas so viel Spaß gemacht. Was hatte ich für ein Glück, mir diesen

Luxus erlauben zu dürfen, ohne den Modeljob wäre so eine Extravaganz niemals drin gewesen. Ich nahm einfach für eine Weile weniger Jobs an und hatte so mehr Zeit für meine neue Leidenschaft, ohne den Gürtel schmerzhaft enger schnallen zu müssen. Mittlerweile war ich recht vertraut mit dem Schaffen und Leben von Constantin Brâncuși, Hans Arp, Naum Gabo und Fritz Koenig, um Dir nur jene Abstrakten zu nennen, die mich spontan am meisten berührten.

Üblicherweise wäre ich spätestens in dieser Phase ausgestiegen. Ich hatte schon für so vieles eine gewisse Anfangseuphorie aufgebracht, doch der Impuls hatte nie ausgereicht, um mehr daraus zu machen. Diesmal wollte ich dranbleiben, das alles fühlte sich so richtig und passend für mich an. Doch nach einer Reihe von Enttäuschungen traute ich mir selbst nicht mehr über den Weg. Ich war ein bisschen ratlos. Wie vorgehen, um die wahrhaftige Veränderung zu erkennen? Ich war nie der Typ, der auf Zeichen aus dem Universum wartete. Freunde befragen bot sich auch nicht an, die waren im Laufe der Jahre am Ende ihres Lateins angelangt. Sollte ich mir selbst ein Ultimatum setzen? Mir wurde einmal mehr klar, dass sich die großen Lebensentscheidungen nicht delegieren ließen. Ich belegte weitere Kurse und fertigte erste eigene Objekte an, mit denen ich zufrieden war. Eines Abends zeigte ich sie einem befreundeten Fotografen, und ich beschloss, mit ihm eine Mappe anzufertigen, um meine Entwicklung zu dokumentieren. Endlich ein Plan, eine Strategie, eine Vision! Und das Schönste: Ich war in Bewegung, nur diesmal kam ich ganz ohne Flugticket aus. Richtig spannend fand ich es, mir mit Mitte, Ende dreißig dabei zuzusehen, wie ich täglich etwas Neues dazulernte und mich innerlich weiterentwickelte. Meine Objekte wurden besser, ich wurde besser, ich spürte die Kraft der Veränderung.

Marie, ich wünsche Dir, dass Du auch solche Momente erlebst! Momente, in denen noch mal alles loszugehen scheint. Du fühlst dich phantastisch – wie neu verliebt, nur bleiben die Schmetterlinge ein Weilchen länger. Und die Gefühle sind tiefer und unmittelbarer, weil es nur dich und dein Innerstes angeht. Ich arbeitete kontinuierlich weiter und beobachtete nicht ohne Stolz, wie sich meine Mappe füllte. Man müsste dem Ganzen eine Richtung geben, dachte ich irgendwann, und an einem ganz mutigen Tag ging ich zur Kunstakademie, um mir die nötigen Unterlagen zur Bewerbung abzuholen. Ich hatte nichts zu verlieren. Zwei Monate lang arbeitete ich wie fieberhaft auf den Abgabetermin hin. In der Zwischenzeit hatte ich eine Handvoll Berater um mich geschart, die mir mit Tatkraft und Erfahrung zur Seite standen. Möglicherweise hatte nicht jeder von ihnen ein ausnahmslos fachliches oder auch nur freundschaftliches Interesse, aber darum konnte ich mich nicht auch noch kümmern. Ich fing gerade an, mich zu mögen, hatte Spaß an dem, was ich mit eigenen Händen schuf. Ich wurde nicht länger in eine vorgefertigte Form gepresst, sondern ich modellierte selbst. Ein Erweckungserlebnis. Vielleicht hast Du so was schon gespürt, zur richtigen Zeit am richtigen Ort zu sein und wie unter einem warmen Wasserfall einen Schub an Lebensenergie zu kriegen, der Dich schwindlig macht. Ein wahrer Rausch war das!

Die Akademie stand für so vieles: Abschied von meinem alten Beruf. Endlich ankommen nach einer nicht enden wollenden Suche. Sinnliche und geistvolle Beschäftigung. Und nicht zuletzt auch formale Anerkennung. Letzteres einzugestehen fällt mir nicht leicht, aber ganz und gar davon unabhängig machen kann ich mich auch nicht: Ich wollte ausgesucht werden und gewollt sein, als Künstlerin ebenso wie als

Mensch. Ich schaffte es unter die ersten fünfzig in die Vorauswahl, bei durchschnittlich tausend Bewerbungen pro Semester kein schlechtes Ergebnis. Das gab mir Hoffnung. Auch in der folgenden und letzten Runde blieb ich dabei. Das bekannte Zittern, ganz nah dran zu sein.

Wie viele Jobs haben wir nicht bekommen, Marie? Wie viele, bei denen wir uns todsicher waren? Und wie viele haben wir doch bekommen? Einige, von denen wir es am wenigsten erwartet hätten. Und davon ebenfalls einige, für die wir uns geradezu unpassend hielten, oder auch jene, die uns einfach ganz ohne unser Zutun ins Haus flatterten. Jobs, um die wir uns nicht die Bohne bemüht hatten. Das Leben trägt sich zu, und am Ende unterliegt all unser Bemühen nach einem wahrhaftigeren Sein und das Streben nach Glück nichts als einer einzigen gigantischen Wahrscheinlichkeitsrechnung. Es hätte klappen können. Und doch wurde ich abgelehnt.

Gescheitert an einer Institution, das Gefühl kannte ich zu gut. Nicht Menschen, Aufgaben, Maßstäbe dirigierten mein weiteres Fortkommen, sondern eine Behörde. Heute drängt sich mir die abschließende Erkenntnis auf, dass ich nicht aus dem Holz geschnitzt bin, um in dieser Art Betrieb weiterzukommen. Im Grunde hatte ich das immer schon gespürt, und doch hatte ich den Fehler begangen, daraus eine existenzielle Infragestellung abzuleiten.

Die übliche Selbstsabotage blieb aus, ich war mir dankbar, das hätte ich nicht auch noch gepackt. Die Akademie war mein allerletzter Versuch gewesen, meinen Weg beglaubigen zu lassen. Nun musste es eben für alle Zeit anders gehen. So, wie es bisher auch schon gegangen war. Der Schlag ins Gesicht war nichts anderes als eine Aufforderung, endlich nicht mehr auf Legitimation von außen zu hoffen. Ich war alt genug, reif genug, konnte mein Leben leben und auch so viele Fehler machen, wie ich wollte. Niemand musste mir sein Plazet dafür geben. Erleichternd die Erkenntnis, dass mir auch ohne die Aufnahme an der Schule niemand die Zeit auf Ischia nehmen konnte und damit all das, was ich in der wohl kreativsten Periode meines Lebens entdeckt, gelernt und hergestellt hatte. Ich mietete eine kleine Werkstatt in einem Hinterhof in der Nachbarschaft und arbeitete weiter als Model. Insgesamt fühlte ich mich entspannter, so entspannt, wie man nur sein kann, wenn man vieles verloren hat und sich völlig neu justiert. Dass ich dies dank meines Modeljobs auf der Basis materieller Sicherheit tun konnte, war ein Segen. Ich atmete innerlich durch, fast stellte sich so etwas wie Ausgeglichenheit ein, was mir eine kraftvolle Ausstrahlung verlieh und wieder neue Jobs brachte. Ein Jahr lang lief das so. Ich versuchte nur, besser zu werden, nichts weiter. Ohne einen Gedanken daran, je etwas zu verkaufen. Zum Träumen bin ich zu pragmatisch veranlagt, wie Du weißt, ich sah mich auch in meinen Träumen nicht »klopfen«, wie es meine Freunde nannten. Selbst wenn ich immer mal wieder ein selbst gefertigtes Kunststück an den Mann brachte, mit dem Geld konnte ich nicht einmal meine Kosten decken. Schwierig aufzuhören, selbst wenn man etwas gefunden hat, was einen ausfüllt. Ich bin sicher, Du verstehst, was ich meine. Ich konnte mir schlichtweg nicht erlauben, meinen Brotberuf an den Nagel zu hängen, zumal es für mich besser lief als je, da sich eine weitere Arbeitsperspektive abzeichnete, von der ausgerechnet ich profitierte: Die Werbung begann sich an der kaufkräftigen Zielgruppe 35 plus zu orientieren, die sogenannten Best Ager waren im Kommen. Altersmäßig sei ich da noch ganz am Anfang, frohlockte mein Agent, fast erleichterter als ich, mich bis auf Weiteres gut gebucht und in

Lohn und Brot zu sehen. Es sah also ganz so aus, als könnte ich noch mindestens eine Dekade lang gut arbeiten.

Guter Dinge flog ich nach Lissabon. Eine Freundin heiratete dort und bescherte der kompletten Hochzeitsgesellschaft ein verlängertes Portugal-Wochenende. Sonne tanken, feiern, unbekanntes Terrain auf mich wirken lassen, das kam gerade recht. Doch dann regnete es in der Stadt in Strömen, als die Gäste nach und nach eintrudelten. Viel Zeit zu reden, sich kennenzulernen und zu trinken, alle erdenklichen Gespräche in den unterschiedlichsten Sprachen schwirrten durch das Hotel, während jeder darauf wartete, dass der Sturm sich legte und man ein wenig durch die Stadt spazieren konnte. Am Hochzeitstag schüttete es ebenfalls, was bedeutete, dass man sich nun ernsthaft darauf verlegte, die eben erst angeknüpften Kontakte zu vertiefen, um sich bei Laune zu halten.

So lernte ich Jacopo kennen. Drei Wochen später holte er mich vom Flughafen Buenos Aires ab. Anderthalb Stunden außerhalb der Stadt verwaltete er die Ländereien seiner Familie, die unter anderem eine Pferdezucht umfassten. Die Landschaft war sehr intensiv, die Menschen waren von einer aufrichtigen Herzlichkeit und ich fühlte mich umgehend wohl dort. Nach einer Woche musste ich wegen eines Jobs vorzeitig nach Hamburg zurück. Ich wollte nicht; mir war klar, das sollte der Anfang vom Ende sein. Meine Zeit in Deutschland war abgelaufen, meine Zeit alleine ebenfalls. Ich fing an zu packen. Dieses Mal Kartons.

Seitdem lebe ich hier, in einem kleinen Ort in Argentinien, im Kontakt mit der Natur und mit den Pferden, um die ich mich kümmere. Ich bin jetzt Ausländerin. Zwar war ich das schon öfter kurzzeitig, aber nun bleibt es zweifellos mein Status. In vielerlei Hinsicht musste ich mich erst neu erfinden und in hiesige Lebensrealitäten hineinwachsen. Den

Nachbarskindern einmal in der Woche Deutschunterricht zu geben ist noch das Vertrauteste von allem. Einiges ist mir allerdings auch ganz leichtgefallen. Die täglichen Herausforderungen sind geblieben. Die Bewegung, die früher durch das Reisen entstand, ist heute durch die veränderten Lebensumstände zu einer inneren geworden. Hier habe ich ein Zuhause gefunden, das mich hält, einen Ort, der mir ermöglicht, mich ganz zu entfalten. Ob ich für immer bleibe? Wenn ich das wüsste, Marie.

Ich umarme Dich.

Deine Pia

Ulrike

»Dieser Friede hier im Bayerischen
Wald hat mich von Anfang an
fasziniert.«

Wenn du allein klarkommst, kommst du überallhin. Für Ulrike eröffnete sich nur zwei Autostunden von ihrer alten Heimat eine neue Welt.
Trennung, Krankheit, Lebensturbulenzen – in
einem kleinen Ort in Niederbayern – fand die
Unternehmerin aus München den Platz, an
dem ihr Herz endlich zur Ruhe kam.

Ich sitze in meinem Büro und blicke aus dem Fenster. Auf
dem Grundstück gegenüber sehe ich zwei Pferde miteinander spielen, ungestüm und kraftvoll. Wohlige Ruhe durch-
flutet mich, Zufriedenheit, die mir bekannt vorkommt wie
ein guter Freund aus Kinderzeiten, Jahrzehnte nicht gesehen
und doch nie vergessen. Glück? Ich bin achtsam mit dem
Begriff. Ein Teil von mir will dem Frieden noch nicht trauen.
Mit einer Reise fing alles an. Andere würden den knapp
200-Kilometer-Hopser von München nach Niederbayern
noch nicht mal als solche bezeichnen. Für mich war es ein
Riesenschritt, mein gewohntes Umfeld, meine Familie und
meine Freunde zu verlassen und in die Provinz zu ziehen,
eine Aktion, die ich mir selbst nie zugetraut hätte. Gekommen, um zu bleiben, mit einer Endgültigkeit, die mich nicht
ängstigt, nicht mehr. An die Entscheidung zurückdenken

heißt auch Monate später noch, über mich selbst staunen. Niederbayern, was um Gottes willen willst du da? Liebe, ich ziehe mit Mitte vierzig aus Liebe um! Fast so etwas wie ein spät verwirklichter Teenagertraum, wenn das nicht alles so herrlich real und erwachsen wäre …

Turbulente Jahre liegen hinter mir, Jahre der Veränderungen und der Suche. Ich bin dankbar, dass ich unterwegs manches Signal erhalten habe, mich neu zu justieren und meine Spur zu finden, meine eigene Wahrheit zu ergründen zwischen all dem, was einem die Umwelt so an schönem Schein vorgaukelt. Nun bin ich hier und ich würde morgen alles wieder genau so machen. Denselben Weg wieder gehen, durch all die Irrungen und Wirrungen hindurch, auch wenn ich anfangs keinen Schimmer hatte, wo er hinführte. Dazu fallen mir zwei Gedanken von Paulo Coelho ein, die ich mir irgendwann mal auf Kärtchen notiert habe und in meinem Filofax wie einen kleinen Schatz hüte. Wenn ich allein klarkomme, komme ich überallhin, heißt es da. Und: Nur dem, der den Mut hat zu gehen, offenbart sich der Weg. Gänsehautsätze für mich.

Visionen. Daran hat es mir nie gemangelt. Auch nicht an ihrer Umsetzung. Als Mutter von zwei Söhnen und Unternehmerin weiß ich, dass ich mit meinen eigenen Vorstellungen mein Leben kreieren kann. Mein Beruf spielte immer eine große Rolle für mein Selbstwertgefühl, wenn auch in verschiedenen Lebens- und Karrierephasen auf unterschiedliche Art und Weise. Aber Menschen zu coachen und in die Positionen zu bringen, in denen sie ihre Stärken zum Ausdruck bringen können, ist die große, beflügelnde Idee, die sich durch mein Leben zieht. Die Idee, die für mich weit über die Personalberatungsfirma hinausgeht, die ich vor Jahren mit meinem damaligen Lebenspartner gründete und die wir heute noch gemeinsam betreiben, wenn auch inzwischen mit anders verteilten Rollen und neuen Schwerpunkten. Als wir anfingen, ging es uns darum, eine Dienstleistung anzubieten, bei der Menschen Menschen bleiben und nicht zu Nummern werden. Ein großes Abenteuer, diese Selbstständigkeit von null auf hundert, zumal in einer Partnerschaft. Alles wollten wir anders, alles menschlicher, persönlicher, individueller gestalten. Nicht nur das beauftragende Unternehmen, auch die Kandidaten sollten dezidiert Kunden sein, nahezu revolutionär war das, zu der Zeit allemal und noch dazu im traditionellen München. Die Beratungsfirma wurde zu einem Experimentierfeld, das uns nachhaltig faszinierte und uns als Paar wohl auch über viele Jahre zusammenschweißte. Eine aufregende Phase! Ich erinnere mich noch gut daran, wie wir regelmäßig die Zeit vergaßen, idealistisch, wie wir waren, in den ersten Monaten. Nicht selten saßen wir bis Mitternacht an unserem Schreibtisch, in unsere Ideen vertieft. Nicht weiter schlimm, wir waren im Flow, ein Rädchen griff ins andere. Das Konzept ging auf. Es dauerte nicht lange, und wir expandierten, allen Unkenrufen zum Trotz. Partner und Komplizen und Liebende, wir fühlten uns unglaublich wohl in dieser Konstellation. Bis heute bin ich der Meinung, dass es kaum etwas Kraftvolleres gibt als ein Paar, das gemeinsam eine Vision verfolgt. Wir hatten die gleiche, für lange Zeit. Wir diskutierten, entwickelten immer neue Ideen, ergänzten einander vortrefflich. Und wir hatten eine Familie, zwei gesunde Söhne von sechs und zehn Jahren; alles perfekt, so weit. Mit dem Erfolg kam der Luxus, kamen neue Freunde, kam neue Gesellschaft, Münchner Gesellschaft, viel Glitzer und Schein, Leichtigkeit, Oberflächlichkeit.

Ich kann nicht mehr genau sagen, wann und wo ich meine eigene Spur verloren habe, vermutlich in der Zeit, wo die alltäglichen Aufgaben schwerer fielen und nach den kraftvollen

Aufbruchjahren Erschöpfung einkehrte. Lust machte Routine Platz, Personalfragen, Organisation und interne Abläufe absorbierten mich, offenbar der Preis des Wachstums, irgendwann gab es kaum noch etwas zwischen meinem Mann und mir als den Job und immer wieder den Job. Seltene Urlaube waren die einzigen Auszeiten, die wir uns gönnten. Der Luxus, der Titel, der nach außen sichtbare Erfolg – das alles wuchs uns über den Kopf. Vielleicht hätten wir irgendwann die Notbremse ziehen sollen. Mit Sicherheit wäre da vieles anders gelaufen, möglicherweise hätten wir die Talfahrt stoppen können, bis zu einem gewissen Punkt. Aber wenn du mittendrin steckst in einem Gefüge aus festen Strukturen, aus Pflichtgefühl und Verantwortungsbewusstsein, Macht der Gewohnheit und Angst vor Veränderung, änderst du nicht mir nichts, dir nichts von heute auf morgen alles. Im Blindflug füllst du weiter deine Rolle aus, ohne je ernsthaft darüber nachzudenken, wie es dir eigentlich dabei geht. Und wenn du merkst, dass du dich verflogen hast, ist es zu spät, umzukehren. So habe ich es erlebt.

Nimm dich nicht so wichtig, Augen zu und durch. Geht schon wieder vorbei. Was sagt man sich nicht alles, wenn man innerlich sprachlos ist. Obwohl ich spürte, wie ich emotional austrocknete, belog ich mich heiter weiter, eine Meisterin im Selbstbetrug, die sich im Spiegel selbst kaum noch erkannte. Du kannst nicht einfach ausbrechen, was sollen alle anderen denken, die Kinder, die Eltern, unsere Freunde? Du hast schließlich auch einen Ruf zu verlieren. Ich war doch gut versorgt, war Chefin, Geschäftsführerin, machte Karriere – wo wollte ich starten, wo am Ende landen? Sollte ich alles aufgeben, was wir uns erarbeitet hatten, für eine Ahnung, die viel zu diffus war, um mit jemandem darüber zu sprechen? Geschweige denn an der Umsetzung zu arbeiten?

Völlig unerwartet geriet mein Glaubenssystem ins Wanken. Einer unserer beiden Söhne erkrankte schwer. Wir alle wurden vollkommen überrascht von der Nachricht, so etwas kündigt sich nicht an. Ein Anruf nur, und von einem Moment auf den anderen schwebte das Thema Tod durch unsere Räume wie ein grauer Nebel. Ein Gemisch aus Wut, Verzweiflung und Hilflosigkeit kochte in mir, diffus und breiig und zähfließend lähmend, warum, warum er, warum wir. Diese Frage quälte mich jeden Tag, jede Stunde, sprach- und bewegungslos stand ich da und wusste nicht vor noch zurück. Ich war es gewohnt, die Dinge in die Hand zu nehmen, zu steuern und zu beeinflussen, aber hier stieß ich an meine Grenze. Als Mutter zerreißt es dir das Herz zu spüren, dass deine Tatkraft und dein starker Wille bedeutungslos sind angesichts dieser Kräfte. Den Tod kann man nicht manipulieren, er lässt sich auch nicht auf Deals ein. Ich konnte nichts tun als zusehen. Und beten. Ich lernte, wir alle lernten, was Demut heißt.

Alles war anders mit einem Mal. Die ständige Präsenz von Krankheit und Tod hob mein Leben aus den gewohnten Angeln und stellte mein Wertesystem komplett auf den Kopf. Arbeit, Geschäft, Geld, Gesellschaft – wie banal das plötzlich alles war. Ich war völlig überfordert von der Situation, ärgerte mich über mich selbst, dass ich für alles und jeden zu ungeduldig war. Für nichts und niemanden hatte ich ein Ohr in dieser Zeit. Die alltäglichen Probleme meiner Mitarbeiter kamen mir lächerlich vor, richtig wütend konnte ich werden auf sie und die Zeit, die mit ihren Nichtigkeiten verstrich. Die Ahnung von Trennung machte mich zu einer anderen, ich kannte mich selbst nicht mehr wieder und mochte mein neues, zynisches Ich nicht. Eine Sackgasse, aus der es keinen Ausweg gab, außer den Weg zurück, um von irgendwo unterwegs eine neue Straße einzuschlagen. Die Entscheidung ließ sich nicht vertagen: Ich musste einen neuen Sinn für mein Tun finden.

Einen Wirbelsturm hört man auch nicht kommen, es ist alles so ruhig und friedlich zuvor, ein Sommertag, den man nichts ahnend mit Alltäglichkeiten verbringt, Einkaufen oder Vorbereiten einer Grillparty, die Sonne scheint und alles ist wie immer. Man ist so beschäftigt, dass man die dunklen Wolken, die sich am Horizont auftürmen, gar nicht bemerkt. Plötzlich fegt es die Blätter über die Straßen, Türen knallen, und innerhalb von Sekunden ergießt sich der Himmel in dicken, fetten Regentropfen. Es geht alles rasend schnell, man steht nur sprachlos da, voller Entsetzen. Was du auch anpackst und festhalten willst, verzweifelt und ängstlich, es wird dir aus der Hand gerissen. Chaos total.

So fühlten sich die ersten Monate an. Ärzte aufsuchen, Therapeuten finden, Gespräche führen, im Netz und in Büchern und überall, wo sich etwas fand, recherchieren. Wieder einen neuen Arzt ausprobieren, wieder ein kleiner Hoffnungsschimmer, dann erneute Hoffnungslosigkeit. Wir hingen, am Rande des Chaos, wurden einfach mitgerissen, fühlten uns klein, unglaublich klein und unbedeutend. Ganz schwindelig wird mir heute noch, wenn ich nur daran denke. Es kostete mich so viel Kraft, dem Sturm zu trotzen, mich ihm entgegenzustellen und stehen zu bleiben, nicht weggepustet zu werden, dass ich über lange Zeit nicht fähig war, einen eigenen klaren Gedanken zu fassen. Die einzige Chance, zu überleben, war, in die eigene Mitte zu gehen. Kämpfen. Lösungen finden. Oder auch nur Hoffnung schöpfen. Ich weiß nicht, wie viele Ärzte ich aufgesucht habe. Immer in dem Glauben, etwas zu finden, und wenn ich die halbe Welt umsegeln müsste. Die Methoden wechselten nach Tagesform.

Irgendwann ergab ich mich den Fakten, notgedrungen. Ich gab die Suche nach Heilung auf und lernte zu akzeptieren. Alles, was mir blieb, war, meine eigene Wahrheit zu finden.

Meditation. Ich weiß nicht mehr, woher die Idee kam, in ein Kloster zu gehen. Vielleicht wünschte ich mir ein bisschen Sinn hinter alledem. Vielleicht, so meine Hoffnung, konnten ein paar Tage im Kloster die Pforte zu mir wieder öffnen. Im Schutz der jahrhundertealten Mauern, getragen von erfahrenen Therapeuten, habe ich mich erstmals seit der Diagnose, möglicherweise überhaupt zum allerersten Mal in meinem Leben, fallen lassen. Da waren sie plötzlich, wurden größer und hoben ab ins Freie wie Heliumluftballons, Gefühle, die ich monatelang zugedeckt hatte mit meinem blinden Aktionismus. Ich ließ alles hochkommen, ungerichtet, erwartungsfrei, und guckte es mir an. Wut. Unfassbare Wut, warum ausgerechnet uns so was passieren musste. Dann die Traurigkeit, die Angst, und vor allem Unsicherheit auf dem Weg, die Situation, die Krankheit, zu akzeptieren. Man kann sich auf Schmerz nicht vorbereiten, aber er verliert ein bisschen den Schrecken, wenn man ihn sich analytisch betrachtet, ein paar Mal probehalber durch ihn hindurchgeht und ihn dann als solchen annimmt. Es kam mir fast so vor, als würden wir ein respektvolles Verhältnis zueinander entwickeln, der Schmerz und ich. Tu du mir nichts, dann tu ich dir auch nichts. Friedliche Koexistenz.

Es gab auch andere Momente. Frustration, heftig und massiv, so massiv, dass ich stundenlang weinte. Ich empfand es als Befreiung. Endlich durften Tränen fließen, im Alltag war nie Platz dafür gewesen. Es war wie ein innerliches Aufbäumen und Sich-Ergeben gleichzeitig. Über die Meditation fand ich auch zum Glauben, zum Gebet zurück, wie zufällig, es war gar nicht meine Absicht gewesen. Zum ersten Mal seit vielen Jahren betete ich wieder, alles in allem eine unglaublich intensive Erfahrung. Aufgewühlt machte ich mich wieder auf den Heimweg, die aufgebrochenen Gefühle im Gepäck. Ich wusste noch nicht, wohin damit im Alltag. Aber ich wusste, dass ich mehr über Meditation und Spiritualität erfahren wollte, dass dies meine Spur war, ein Weg, den ich gehen konnte.

Ein kleines Erweckungserlebnis. Wie gut es tat, eine Beschäftigung zu haben, mich einzuarbeiten in ein für mich völlig neues Thema, ein bisschen Ablenkung steckte sicher auch dahinter. Meditation war zu dem Zeitpunkt noch nicht sonderlich weit verbreitet. Wenn ich irgendjemandem von meiner neuen Leidenschaft erzählte, stieß ich immer wieder auf Spott. Ich spürte, wie hinter meinem Rücken darüber getuschelt wurde, man belächelte mich. Bist du jetzt einer Sekte beigetreten? Diese Frage habe ich auch im engeren Freundeskreis mehr als einmal gehört. Wenn ich erklärte, was ich beim Meditieren tat, nämlich einfach nur dasitzen und still sein, freiwillig, kam Kopfschütteln. Nichts tun. Das geht doch nicht!

All das konnte mich nicht abbringen von meinem Weg, dabei konnte ich gar nicht ahnen, wie gut mir diese neue Praxis eines Tages wirklich noch tun würde. Ich stand ganz am Anfang, und doch glaubte ich einen Schlüssel dafür gefunden zu haben, wie ich belastende Gedanken, Sorgen und damit verbundene Emotionen beruhigen konnte. Ich trainierte, so man regelmäßiges Meditieren denn als Training bezeichnen kann. Bekam Praxis darin, in die absolute Stille zu gehen und nur noch bei mir und mit mir und in mir zu sein. Irgendwann hörte das innerliche Kämpfen tatsächlich auf. Ich konnte akzeptieren, dass Krankheit zu unserem Leben gehörte. Ein friedliches Gefühl.

Meditation ist Wahrnehmen des Seins, unserer inneren

Wahrheit, einer Wahrheit, die weit tiefer geht, als der Verstand je folgen könnte. Ich fand sie in der Natur. Immer öfter suchte ich ungestörte Plätze auf, um in Ruhe mit mir in Kontakt zu kommen. In der Abgeschiedenheit durften meine Gedanken kommen und gehen, der Alltagslärm beruhigte sich, immer mehr nahm ich mich wieder wahr. Zunehmend spürte ich, dass ich irgendwie falsch war in diesem meinem Leben. Meine innere Wahrheit, lange, zu lange aus dem Blickfeld, war zu einem diffusen Mischmasch geworden, ich spürte so etwas wie Sehnsucht nach einem Ziel, nach einer Vision, wie ich sie über Jahre ganz klar vor Augen gehabt hatte. Mit Menschen arbeiten, Menschen durch schwierige Lebensphasen begleiten, meine eigenen Erfahrungen weitergeben. Das wollte ich weiterhin. Aber das Projektgeschäft, große Aufträge für namhafte Firmen, mit vorwiegend Administration, damit wollte ich aufhören. Irgendwie passte das nicht mehr zu mir, ich spürte, dass ich näher ranmusste an die Menschen, mit denen ich zu tun hatte. Ich musste, ich wollte mich mehr und intensiver einfühlen, nur in einem Job, in dem ich das durfte, konnte ich wirklich gut sein.

Es folgten Monate mit verschiedensten Ausbildungen und Coachings zur persönlichen Entwicklung des Menschen. Selfness, ein Trendbegriff in den späten Neunzigern, war nur eine davon. Kurzum: Ich war auf der Suche, ganz praktisch und hemdsärmlig, auf einem Pfad, der Spiritualität hieß. Ich erinnere mich noch gut an den Ausspruch eines meiner Lehrer aus dieser Zeit: »Wenn du jetzt nach dem Seminar nach Hause fährst, denke dran, dass deine Familie nicht auf Seminar war …« Ich war so voller Energie und Tatendrang, dass ich tatsächlich dachte, ich könnte sie alle mitnehmen: meine Familie, meine Freunde, vor allem meinen Mann. Ein riesiger Irrtum, wie sich herausstellte.

Mein Partner und ich spürten hingegen immer mehr, wie weit wir uns voneinander entfernt hatten, wie unterschiedlich unsere Vorstellungen vom Leben waren. Wir hatten früher stundenlang über unsere Pläne diskutiert und Träume kreiert; plötzlich versandeten unsere Gespräche in gegenseitigem Unverständnis bis Ablehnung. Er ein erfolgreicher Unternehmer, ich auf der Spur der Psychologie und Spiritualität – das klassische Klischee, fast zum Schmunzeln. Aber die Risse ließen sich nicht kitten, Humor und Leichtigkeit waren uns über die Ereignisse der vergangenen Jahre verloren gegangen, die Kluft zwischen uns wurde immer größer. Ohne darüber zu sprechen, gingen wir fortan getrennte Wege. Er ging auf Reisen und nahm vermehrt Geschäftsessen wahr, ich suchte mir Freunde, mit denen ich über mir wichtige Themen diskutieren konnte. Von ihm fühlte ich mich nicht mehr angenommen, geschweige denn verstanden. Geliebte Rituale, wie zum Beispiel ausgiebige Gespräche beim Essen, wurden anstrengend. Uns ging förmlich der Gesprächsstoff aus. Ich konnte über meine Erfahrungen nicht reden, aber anstehende Entscheidungen wie etwa ein Autokauf interessierten mich auch nicht mehr. Immer häufiger redeten wir aneinander vorbei, die Stimmung wurde frostig. Für die Kinder damals ein unzumutbarer Zustand. Aber das gemeinsame Bild von uns hatte sich aufgelöst, und wir schafften es nicht, ein neues zu kreieren, das war nicht mehr zu leugnen. Alles beim Alten lassen, wieder einsortieren, sich anpassen und mit dem gewohnten Leben arrangieren? Das hatte ich schon oft praktiziert, wenngleich dies ein echter Tiefpunkt war. Ein Teil von mir blieb dennoch standhaft konservativ: Hier bist du sicher. Was willst du als alleinerziehende Mutter schon auf die Beine stellen? Das schaffst du nie! Wirst sehen, es wird schon alles wieder. Und doch war da so was wie ein innerer Sog, eine Kraft, die sich aus der Herzgegend immer wieder Laut verschaffte und mich an die Suche nach meiner Wahrheit erinnerte. Ich wünschte mir doch nicht zu viel: eine Partnerschaft, in der man sich auf gleicher Höhe in die Augen sieht und so annimmt, wie man ist; nur so konnte ich über Gedanken und Gefühle reden. Mit meinem Mann aber wurde ich förmlich sprachlos.

Wir brachen beide aus. Suchten jeder auf seine Art Kontakt zu anderen Menschen. Ich fand wunderbare Freunde für diesen Austausch, erfuhr Nähe und Vertrautheit, konnte wieder frei sprechen und für andere offen sein. Ich fühlte mich mit mir selbst wieder wohler. Unsere Zeit war abgelaufen, so schmerzlich das war, wir hatten einander über viele Jahre gefördert und gestützt und unser Bestmöglichstes gegeben. Ich packte mein Leben neu an, im festen Vorsatz, meiner Intuition zu vertrauen, in einer Partnerbeziehung ebenso wie im Beruf. Das Leben ist zu kurz, um nur zu funktionieren, nur noch seinem Verantwortungsbewusstsein zu folgen und die eigenen Bedürfnisse zu ignorieren, sagte ich mir. Ich packte meine Sachen und zog mit unserem jüngeren Sohn und unserem Hund in eine kleine Wohnung. Ein seltsames Gefühl, nach über zwanzig Jahren Ehe loszumarschieren und sich Apartments anzugucken. Jetzt war es offiziell: Ich bin ohne Mann, ohne festen Partner. Single. Auch beruflich orientierte ich mich nach und nach um. Ich half noch in der Personalberatung, nahm zudem aber auch Tätigkeiten auf Tagesbasis an. Mit Geduld und Glück begegneten mir zur richtigen Zeit immer wieder Menschen, mit denen sich etwas Neues ergab. Höhepunkt in einer Reihe von Weiterbildungen war die Prüfung zur Heilpraktikerin für Psychotherapie – eine der vielen fruchtbaren Erfahrungen aus dieser Zeit und insgesamt ein großer Gewinn für mein Leben, während ich am anderen

Ende viel loslassen musste. Türen fielen zu, andere öffneten sich, und mit der Präzision eines Uhrwerks wurde ich aufgefangen, immer wieder, als spielte das Schicksal Kindermädchen. Ich erschuf mich neu, wie Phönix aus der Asche, selten hatte ich mich so kraftvoll erlebt. Zweifel schob ich weg, auch darin kann man so was wie Routine gewinnen. Optimismus und Zuversicht sollten mich leiten, wenn da sonst noch was war, guckte ich einfach nicht hin. Ich war auf dem Weg, das allein zählte. Wohin die Reise ging, würde sich schon zeigen, wenn die Zeit reif war. Allein kann man so einen Kraftakt kaum schaffen, ich hatte zum Glück gute Berater, wie Paul, meinen Mentor und einen der wichtigsten Wegbegleiter in dieser Zeit. Geduldiger Zuhörer und inspirierender Gesprächspartner war er mir über all die Jahre, ein Mensch, der sich kritisch mit mir und meinen Ideen auseinandersetzte und mich stützte, egal, was war. Du schaffst das, du bist gut. Leg los! Seinen Tonfall habe ich wie ein Mantra im Ohr. Er und ich sind lebender Beweis dafür, dass der Glaube in die Fähigkeit eines Menschen Berge versetzen kann. Diese Erfahrung habe ich mit in meine Beratung genommen. Bestätigung und Anerkennung sind wie Motoren für das verborgene Potenzial eines Menschen.

Ich lernte umzudenken, anzunehmen – Hilfe, Ratschläge, Gefallen. Alles, was aus dem Außen kam, brachte mich ein kleines Stückchen weiter. Viel Halt und Kraft fand ich bei meiner Familie, auch wenn es mir dort ungleich schwerer fiel, zu nehmen statt zu geben – niemand kannte mich in dieser Rolle, ich selbst am wenigsten. Bis dato war ich daran gewöhnt, zu agieren, zu geben, zu versorgen, zu unterstützen. Jetzt war ich die Schwache, die Verletzliche, die Kraftlose, darin mussten sich alle Beteiligten erst einfinden. Ich bin dankbar dafür, dass sie mich nicht mit Zuwendung überfrachteten, sondern mir meinen Raum und mein Tempo ließen. Am allerwichtigsten über all die Kinoeinladungen und Essen hinaus war die Botschaft: Du bist nicht allein. All die liebevollen und Mut machenden Anrufe, die dezente Aufmerksamkeit, die Kraft spendenden Gedanken machten aus dieser schwierigen Zeit eine erinnernswerte Lebensphase. Und ich lernte vor allen Dingen eines: Wenn du dir treu bleibst, wirst du getragen. Mein Verstand vollführte wahre Tänze, versuchte auszubüchsen, mich auszutricksen, aber ich blieb standhaft in meiner Mitte. Das gab mir die Freiheit, die Welt um mich herum aktiv zu gestalten, offen zu sein für alles, was mir das Leben so zuspielte, nicht wie früher mehr oder weniger passiv auf Ereignisse zu reagieren. Erstaunlich, wie flexibel und biegsam ich war! Wie ich mit allen möglichen Situationen klarkam, nicht indem ich mich anpasste wie ein Chamäleon, das je nach Umgebung einfach die Farbe wechselt, sondern indem ich meine Rahmenbedingungen immer wieder neu erschuf. Viele kleine Schritte, mit Blick nach vorn, durch den Wirbelsturm hindurch. Step by step, im eigenen Tempo und vollkommen im Vertrauen. Nie waren mir meine Schwächen so bewusst wie in dieser Zeit, ebenso wenig meine großen Stärken. Ich wurde von der Überlebens- zur Lebenskünstlerin.

Ich lebte nicht mehr auf ein bestimmtes Ziel hin, vielmehr folgte ich einer großen Vision. Ich wollte herausfinden, wer ich war, mich richtiggehend erforschen und erfahren, was wirklich zu mir gehört, wer ich bin. Ich wusste aus Erfahrung, dass ich gefährdet war, in Fallen zu tappen. Etwa mich fremdbestimmen zu lassen, Erwartungen anderer zu erfüllen, Meinungen zu übernehmen – einfach Dinge zu tun, die nicht zu mir gehörten. »Ohne Fleiß kein Preis« ist nur ein Beispiel, eine Haltung, die Spaß an der Arbeit zu verbieten scheint, kritiklos übernommen und ein Leben lang praktiziert. Dabei hatte ich selbst oft genug erfahren, dass Arbeit verdammt viel Spaß machen kann und man trotzdem oder gerade deshalb gutes Geld verdient! Sich querstellen, Mut haben, nachzuhaken, sich für seine eigene Meinung so viel Zeit nehmen, wie man braucht, das habe ich gelernt in dieser Phase. Bewusstheit, in jedem Augenblick, bei allem, was ich tue. Denn am Ende zählt nicht das, was du erreicht hast, sondern wie du es erreicht und welche Spuren du auf dem Weg dorthin hinterlassen hast. Die Selbstverständlichkeit rauszunehmen aus dem Lauf der Dinge und erst mal alles zur Disposition zu stellen, kann mitunter anstrengen. Weil du dir ständig die Frage stellen musst: Sind das die Menschen, die Aufgaben, das Umfeld, mit denen ich mich umgeben will? Fehler, die du machst, werden ausschließlich zu deinen Fehlern, denn du allein hast den Weg gewählt, da ist keiner mehr, dem du Fehler in die Schuhe schieben kannst, nicht mal mehr Strukturen, weil du auch die unterwegs über den Haufen geworfen hast. Ständig bist du gefordert zu überprüfen, worauf du deinen Fokus legen möchtest und ob alles so richtig und stimmig ist, wie du es tust. Ich wurde stärker, in kleinen Schritten, aber deutlich spürbar. Meditation und Vertrauen in mir nahestehende Menschen verankerten den Lernerfolg.

Das hatte wohl was Magnetisches. Ohne dass ich groß Werbung machte, stolperte plötzlich eine ganz andere Sorte Klienten in meine Beratung, Menschen, die wie ich durch massive Veränderungen gingen und auf diesem Weg Hilfestellung brauchten. Meine Glaubwürdigkeit hatte nie zur Disposition gestanden, aber nach meinen Erfahrungen der letzten Monate hatte ich noch deutlich daran gewonnen. Ich war – und fühlte mich – echter und authentischer denn je. Es tat gut, wie Menschen sich mir anvertrauten auf der Suche nach ihrem Herzensweg.

Auch privat kam etwas Ruhe in die Wogen. Die Trennung von meinem Ehemann war vollzogen, mein ältester Sohn studierte und ging seinen Weg, der jüngere lebte bei mir. Noch heute treffen mein Exmann und ich uns regelmäßig und genießen den vertrauten Austausch; ich bin froh darum, vielleicht sogar ein bisschen stolz, auch wenn es manchem unkonventionell erscheinen mag. Ich habe nie verstanden, weshalb getrennte Paare automatisch in einen Rosenkrieg ziehen müssen und Begegnungen nur unter größten Anstrengungen möglich sind, wenn man sich doch einmal geliebt hat. Mittlerweile kann ich über dieses Unverständnis, was mir auch heute noch begegnet, schmunzeln.

Nach einigem Hin und Her haben wir ein wunderbares Verhältnis im Umgang miteinander gefunden. Unsere Auffassungen vom Leben sind nach wie vor sehr unterschiedlich, aber wir begegnen uns heute voller Toleranz füreinander. Er geht seinen Weg in der Personalberatung, ich meinen neuen beruflichen Weg im Coaching und in der Psychotherapie. Wir treffen uns regelmäßig und schätzen die Vertrautheit, wissen wir doch beide, dass dies nicht selbstverständlich ist. Trennungen sind an der Tagesordnung, aber die Art und Weise macht den Unterschied. Ich, die ich nie für möglich gehalten hätte, dass wir uns je trennen würden, bin heute stolz darauf, dass wir den Kindern wenigstens im Auflösen einer Beziehung Vorbild waren. Ich glaube, dies ist uns gelungen. Und ist es nicht so, dass ein geliebter Mensch immer einen Platz im Herzen behält?

Große Freiheit! Auch das war erst mal neu für mich. Das Leben bekam wieder Reiz, und ich spürte so was wie Abenteuerlust in mir aufsteigen. Alles wollte ich plötzlich ausprobieren, amouröse Selbsterfahrungen und andere Affären ebenso wie berufliche Herausforderungen, die mir unterwegs begegneten. Ich entdeckte mich als völlig neuen Menschen, als selbstbewusste, erwachsene Frau, die mit beiden Beinen im Leben stand und sich auch nicht scheute, aufzustehen und für ihre Meinung einzustehen. Im Job brachte mir das umgehend eine ganze Reihe spannender neuer Aufträge; ich begann, auch in größerem Rahmen zu coachen, hatte immer weniger Probleme mit dem Präsentieren. Kein Hexenwerk: Meine Souveränität kam von Ehrlichkeit, Natürlichkeit und Menschlichkeit. Nach all den Erfahrungen der vergangenen Jahre konnte mir ein Auftritt vor Publikum, egal in welchem Umfang, kaum mehr Angst einjagen. Der innerliche Druck, den ich früher bei solchen Gelegenheiten gespürt hatte, war verflogen.

An den Wochenenden, wenn unser Sohn bei seinem Vater war, machte ich, wozu ich Lust hatte. Ich probierte mich aus, testete alles Mögliche, Ü-30-Parties waren nur eines meiner Experimentierfelder. Für eine gewisse Zeit war das amüsant und unterhaltsam; ich genoss das Tanzen, die Leichtigkeit, die Bewegung. Echte Gesprächspartner sucht man auf solchen Veranstaltungen allerdings vergebens; für den geistigen Austausch pflegte ich weiterhin Freundschaften. Es zog mich nicht wieder in eine feste Partnerschaft, noch nicht: Drei Jahre war ich mittlerweile von meinem Mann getrennt, aber mein Freiheitsbedürfnis war noch immer so stark wie am Anfang. Ein neues Lebensgefühl, das ich auskosten und genießen wollte, das allerdings in meinem unmittelbaren Umfeld immer wieder auf Irritation stieß. Mit gewissem Argwohn guckte man sich aus der Ferne an, was ich da so trieb, allein. Du siehst doch nicht schlecht aus? Warum findest du keinen Partner? Ich erinnere mich nur zu gut an diese Fragen. Doch ich ließ mich nicht drängen. Wozu die Eile? Aus Sicherheitsbedürfnis? Vor allem: welche Sicherheit?

Als Singlefrau, zudem selbstständig, bist du einfach suspekt. Die Umwelt wünscht sich klare Strukturen. Eltern, Freunden, scheinbar allen um mich herum wäre es lieber gewesen, dass ich von diesem ominösen Single-Markt verschwand. Allen – außer mir. Geld war mir nicht wichtig, ich konnte für mich selbst sorgen. Was ich mir wünschte, war eine Beziehung mit Tiefe und Nähe. Wenn er da ist, werde ich es wissen, sagte ich mir.

So traf ich Christian wieder. Wir kannten und mochten einander schon jahrelang, rein freundschaftlich. Hätte mich jemand gefragt, ob da je mehr sein könnte, ich hätte zum damaligen Zeitpunkt definitiv Nein gesagt. »Ich muss erst mich finden, ehe ich dich finden kann«. Das Zitat habe ich irgendwo aufgeschnappt in dieser Zeit. Es wurde wie ein Freifahrtschein für mich, mir die Zeit zu nehmen, die ich brauchte. Wenn die Zeit reif wäre, würde ich es merken, nur so konnte es für mich funktionieren. Dieser Optimismus wischte die Angst vor Einsamkeit oder auch Angst, keinen mehr abzukriegen, einfach weg. Dass die Zeit irgendwann reif sein würde, wusste das Universum eher als ich. Die Trennung von meinem Exmann lag inzwischen vier Jahre zurück.

Das Wochenende, an dem sich so vieles in meinem Leben veränderte, begann ganz unspektakulär. Mein Sohn war bei seinem Vater, ich konnte ungestört und allein in der Wohnung agieren. Abends ließ ich mir ein heißes Bad ein, zündete Kerzen an, dazu genoss ich Sekt und Musik. Anschließend telefonierte ich ein bisschen, las ein paar Seiten und hatte plötzlich die Idee, mehr einen Impuls, zu malen, um die Bilder, die sich an diesem entspannten Abend vor mir aufgebaut hatten, festzuhalten. Ich griff mir Zeichenblock und Buntstifte und fing an, meine Idealbeziehung zu skizzieren. In Bildern, Symbolen und Notizen machte ich fest, was mir wichtig war, eine Art »Mood Board« entstand, mit allen möglichen Assoziationen zum Thema Liebe: Wertschätzung, Vertrauen, Nähe, Freiheit, sich gegenseitig fördern und offen sein für die Interessen des anderen ... Ich zeichnete und zeichnete, völlig losgelöst von Zeit und Raum. Je länger ich beschäftigt war, desto klarer wurde mir, dass diese Seele bereits in meinem Leben war und wir nur erst zueinander finden mussten. Ich ahnte, dass ich mich ganz entspannt zurücklehnen durfte. Es war vollkommen egal, wann die Begegnung stattfinden würde, denn der Mann war da, und wir waren füreinander bestimmt. In Meditation lud ich ihn ein, nachts träumte ich von ihm, am folgenden Morgen war mir klar: Jetzt war ich bereit für eine neue Beziehung.

Wenig später sah ich Christian wieder, ungezwungen wie immer, ein Essen mit gemeinsamen Freunden. Wir wollten tanzen gehen, ein bisschen Spaß haben, ausgelassen sein, nicht weniger, nicht mehr. Viel zu oft hatte ich diese zuckersüßen Harry-&-Sally-Lovestories gelesen, um daran zu glauben, dass es so etwas wirklich gab wie diese eine Berührung, diesen einen Blick, die alles veränderten. Und doch, auf einmal waren sie da, diese für uns beide unvorhersehbaren Sekunden, in denen es nur eine Entscheidung gab: spontane Flucht oder Einlassen auf das, was das Schicksal mit uns trieb.

Mein Blick wandert über die Hügel, es ist noch alles vollkommen still, und die Sonne tastet sich ganz langsam am Horizont empor. Die Pferde grasen, durchs halb offene Fenster dringt Vogelgezwitscher. Dieser Friede hier oben auf einem Hügel im Bayerischen Wald hat mich von Anfang an fasziniert. Von Zeit zu Zeit entscheiden wir uns, den Morgen in der Natur zu begrüßen, und sind immer wieder von der Kraft dieser Momente überwältigt, in denen wir nicht sprechen, in denen alle Sinne auf Spüren und Wahrnehmen eingestellt sind. So sehr ich diese Momente genieße und sie mittlerweile zu meinem Leben gehören, ist mir auch bewusst, dass auch sie wieder vergehen. Nichts bleibt, wie es ist. In Glücksmomente völlig eintauchen zu können und sie trotzdem nicht festhalten zu wollen ist für uns beide einer der wichtigsten Schlüssel geworden. So haben wir die ersten Monate vollkommen ohne Vorstellungen oder Erwartungen an die Zukunft unsere gemeinsamen Wochenenden verbracht. Es war, als ob das Universum uns an diesen Tagen die Uhr angehalten hätte. Ein Abend kam uns vor wie ein ganzer Tag, und so erlebten wir die Wochenenden wie kleine Urlaube. Durch Zufall fanden wir ein neues Zuhause, einen alten Hof, rund um eine wunderschöne alte Kastanie angelegt – ein Kraftort, geradezu magisch, über den wir so selbstverständlich gestolpert waren, dass man beinahe schwindelig davon werden musste. Das alles war fast zu schön, zu einfach. Wochenlang kämpften wir, jeder für sich, seinen eigenen Kampf zwischen Entscheidungsangst und Freude. Dies war zweifellos ein großer Schritt für uns beide. Am Ende hat die tiefe innere Sicherheit gesiegt. Wir ergriffen die Chance im Vertrauen auf das, was kommen würde. Für uns beide ein mutiger Sprung über unsere Ängste und Zweifel hinweg.

Heute haben wir hier auf Schloss Pillham unser gemeinsames Seminarzentrum, einen Ort, an dem Begegnung möglich ist, wo wir Menschen begleiten, die auch Lust haben, ihren Herzensweg zu finden (www.ulrike-pape.de). Einlassen und mitgehen mit dem, was ist, ist unser Credo, privat wie beruflich. Denn jeder Mensch, jeder Kunde, jede Geschichte ist anders, wir können nur immer wieder voneinander lernen. In Spannung und Vorfreude blicken wir in die Zukunft.

Dorothea

»Mallorca ist mein persönlicher Flucht- und Ankunftspunkt.«

Kochen, Feste feiern, Dekorieren: Durch Zufall fand Dorothea den Beruf, der so gut zu ihr passt wie kein anderer. Sie übt ihn auf einer der schönsten Inseln der Welt aus, einer Insel mit ganz eigenem Rhythmus und Lebenstempo, auf die das Schicksal sie vor acht Jahren gespült hat ...

Lebensweisheiten als Antipasto. Simpel und griffig, ganz so, wie sie es gewohnt ist aus der Küche. Ein ganzes Buch davon trägt Dorothea in ihrer Handtasche mit sich herum, wenn sie in ihrem kleinen weißen Pick-up über Mallorca rollt. Ein Gedanke gefällt ihr besonders: »Geld sollte man immer liebevoll behandeln«, liest sie vor, fast ein bisschen triumphierend, als hätte sie ein großes Geheimnis gelüftet. »Man sollte es glatt streichen, ihm liebevoll zureden, es nicht zerknüllt und unachtsam – etwa in der Hosentasche – mit sich herumführen. Das grenzt an einen Affront, und das Geld ergreift schnell die Flucht. Auch Geldausgeben will gelernt sein. Sie wollen ja schließlich, dass das Geld wieder zu Ihnen zurückkommt. Bei jeder Geldausgabe sollten Sie Folgendes tun: Streichen Sie liebevoll über Ihren Schein, und sagen Sie: Komm bitte mit deinen Freunden wieder ...«

Sie stutzt, liest innerlich ein zweites Mal, schmunzelt, guckt mich abwartend an. Was für das Geld gilt, sollte sich auch auf das Leben anwenden lassen. Ein einfaches Glücksrezept, leicht zu behalten und ebenso leicht zu befolgen. So ist Dorothea. Hochgewachsene, schlanke Brünette, die vor acht Jahren nach Mallorca kam, um ein neues Kapitel in ihrem Leben aufzuschlagen. Zusammen mit Chris, ihrem schwedischen Lebenspartner, einem neuen, vielversprechenden Job vor Augen und dem gemeinsamen Wunsch nach Familie. Der weitere Verlauf der Dinge war vorgezeichnet, nichts konnte mehr schiefgehen ... Heute ist Dorothea Single. Ihr Exfreund Chris hat vor ein paar Wochen in Rom geheiratet und wird in einem halben Jahr Vater. Dorothea hat eine neue, eine eigene Richtung eingeschlagen, sie hat schon häufig im Leben Kehrtwendungen gemacht.

»Mit einer kleinen Einladung auf die Insel fing alles an. Nein, eigentlich schon viel früher«, erzählt sie beim Sushi-Lunch im Portixol-Hotel ganz vorn am alten Fischerhafen vor Palma. »Du hättest mich vor zwanzig Jahren sehen sollen«, sagt sie und erkennt sich selbst nicht mehr in der Frau, die tagein, tagaus als »unauffällige Bürokraft« in einer Versicherung arbeitete, ihren Jugendfreund heiraten wollte und »mit dem einfachen, aber kuscheligen und irgendwie vorhersehbaren Leben« zufrieden war. Bis sie alle Kontrolle fahren ließ und sich dem Schicksal anvertraute – oder dem, was sie dafür hielt. »Am Ende bastelst du dir dein Glück doch selbst – die Kraft der Anziehung ist das Geheimnis.« Heute, gut acht Jahre nach ihrem ersten Besuch auf der Insel, traut sie sich, erstmals Bilanz zu ziehen. »Dieses improvisierte Leben macht mich glücklicher als ein Leben nach Drehbuch«, sagt sie. Wenn sie Eis nachordert für den Rosé – »und noch ein kleines Schälchen eingelegten Ingwer, und, ach ja, frischen

Pfeffer, haben Sie roten, nicht schwarzen?«, den Blick überall, als wäre das Restaurant ihr eigenes, sie kann nicht anders –, ist unvorstellbar, dass sie so lange brauchte, um ihre Erfüllung zu finden. Um anzukommen in ihrem Leben, *ihr* »Flavourhouse« zu bauen. Der Catering-Service ist kein Business, das ist Dorothea, ganz pur und unverfälscht. Hätte ihr niemand zugetraut, am wenigsten sie selbst. Aber: »Gegen den Strom zu schwimmen lernt man mit der Zeit. Vor allem verliert man die Angst vor dem kalten Wasser.«

»Respekt ist die Basis. Respekt vor allem und jedem, mit dem man sich umgibt. Ich koche nicht für Menschen, die nicht respektvoll mit mir umgehen. Es bringt kein Glück, geschweige denn Spaß. Wenn ich ein Fest organisiere, muss ich Freude daran haben. Denn meine Freude strahlt auch auf mein Team und auf die ganze Partygesellschaft aus. Wenn ich spüre, der Kunde spart an allen Ecken und Enden, verliere ich die Lust. Dann sage ich lieber von vornherein: Ich glaube, es ist besser, Sie suchen sich jemand anderen. Inzwischen! Diese Souveränität kommt erst mit den Jahren und der Erfahrung.

Wo fange ich an? Ich bin in Dachau geboren und in München, in Giesing, aufgewachsen. Nach der Mittleren Reife habe ich bei einer großen Versicherung angefangen. Privatleben hatte ich kaum, jedenfalls nicht das, was man gemeinhin in einer Großstadt wie München darunter versteht. Ich bin sehr religiös erzogen worden, war als Jugendliche in der neuapostolischen Kirche aktiv. Da habe ich auch meinen ersten Freund kennengelernt, in der Jugendgruppe, eine Verbindung wie von Gott gemacht, dachte ich, und habe mich nie gefragt, ob ich mir dieses Leben, das ich führte, wirklich so gewünscht hatte. Mein Beruf machte mir keinen großen

Spaß, aber ich war der Überzeugung, ich heirate ohnehin, kriege Kinder, was sollte ich mit einer Karriere.

Ich erinnere mich nicht mehr, wie es kam. Aber eines Morgens wurde ich wach und musste in einem großen Rundumschlag alles ändern. Ich habe mit meinem Freund Schluss gemacht, mir vorgenommen, das Abi nachzuholen, und mich auf der Berufsoberschule angemeldet. Das Leben musste doch ein bisschen mehr zu bieten haben. Und irgendwie spürte ich wohl instinktiv: Wenn aus meiner Familienplanung nichts werden sollte, egal aus welchem Grund, dann wollte ich wenigstens einen Beruf haben, für den ich brannte, einen Job, der mich ausfüllt und der mir täglich Freude macht. Vielleicht gab es ja auch für mich so etwas wie eine Berufung. Das alles war noch sehr diffus, aber ich spürte, ich war auf dem richtigen Weg.

Mit großem Eifer habe ich mich in mein neues Leben gestürzt, erst mal ins Lernen, das Abi war die erste große Hürde. Tagsüber habe ich gebüffelt, abends in der Gastronomie gejobbt, Bafög deckte die größeren Posten.

Eine aufregende Zeit und nebenbei eine völlig neue Welt für mich. Durch Zufall landete ich im ›Kloster‹, einer gemütlichen Wirtschaft mit großer Frühstücksterrasse im Münchner Osten. Das Lokal sollte wiedereröffnet werden, es gab massig Personalbedarf. Dieses kleine, unscheinbare Restaurant weckte in mir die Leidenschaft für alles, was mit Kochen und guten Zutaten und den Finessen gut funktionierender Gastronomie zu tun hat.

Es gab etwa eine Handvoll Frauen wie mich, in fast jedem Alter: Springerinnen, die mal am Tresen, mal in der Küche, mal hinter der Bar jobbten. Was uns verband, war die Liebe zum Metier, ein paar Mark extra konnten wir alle gebrauchen, aber in erster Linie ging es darum, etwas Schönes zu kochen und die Gäste glücklich zu machen. Wir hatten eine täglich wechselnde Karte mit guten Zutaten, gesunden, frischen Kräutern und phantasievollen Kreationen, im Rahmen der finanziellen Möglichkeiten. Nach Wunsch durfte sich jeder Koch mit seinen Gelingrezepten einbringen.

Diesen Spirit habe ich weitergetragen. Ich bin überzeugt, dass ein Team umso besser ist, je mehr sich der Einzelne ausleben kann. Auch heute, beim Party-Catering, kann ich keine Befehlsempfänger gebrauchen, denen ich jeden Handgriff extra erklären muss. Ich will mit Leuten arbeiten, die sehen, wo man anpacken muss, sie müssen gar nicht unbedingt vom Fach sein, die Begeisterung ist es, die zählt. Danach stelle ich mir meine Teams zusammen, von Fest zu Fest. Da sind Menschen aus allen möglichen Branchen drunter.

Was für ein tolles Sprungbrett das ›Kloster‹ einmal für mich sein würde, war mir damals gar nicht klar. Ich habe das Kochen als netten Zeitvertreib angesehen, fand es angenehm, Geld zu verdienen mit einem Job, der mir auch noch Spaß machte – bis dahin eine ungewohnte Erfahrung für mich.

Aber Karriere machte man doch woanders. Dachte ich.

Pflichtbewusst, wie ich war, hielt ich brav Kontakt zu den alten Kollegen in der Versicherung. Eines Tages wollte ich dort wieder einsteigen und mit ein bisschen Glück auch irgendwann aufsteigen, mit meinen Berufsjahren, dem Abi dazu und der Lebenserfahrung, die ich durch den kleinen Schwenk gewonnen hatte. Tatsächlich schien sich dort so eine Tür für mich aufzutun. In Stuttgart war eine neue Abteilung gegründet worden, die nannte sich Personalentwicklung und war für eine doch eher konservative Branche wie Versicherungen damals revolutionär. Nach ein paar Gesprächen kristallisierte sich ein Job für mich heraus, ich sollte

Weiterbildungsseminare für Mitarbeiter entwickeln und organisieren, das hörte sich spannend und herausfordernd und irgendwie herrlich neu an. Der Vertrag war so gut wie unterschriftsreif, und mein Abi hatte ich quasi in der Tasche.

Ein Monat lag nur dazwischen, eh es endgültig losgehen sollte. Ich hätte auf Reisen gehen können, ein bisschen relaxen vor dem Neuanfang, stolz sein auf das, was ich erreicht hatte, und zur Abwechslung mal alle viere von mir strecken. Nur wozu, habe ich mich gefragt, wäre doch schade um die Zeit. Mich juckte es in den Fingern, ich musste irgendwas Sinnvolles tun, wollte nicht untätig rumsitzen. Warum nicht in die professionelle Gastronomie reinschnuppern? Seit dem ›Kloster‹ hatte mich die Branche nicht losgelassen, nirgends hatte ich mich je so wohlgefühlt. Ich weiß nicht, was mich geritten hat. Der Erfolg in der Schule gab mir Kraft, ich fühlte mich mutig und stark, die Welt gehörte mir in diesen Tagen.

Selbstbewusst und souverän bin ich bei Alfons Schuhbeck reinspaziert, großer Name, großer Koch, Buchautor, insgesamt ein beeindruckendes Erfolgsmodell. Ganz oben einsteigen, habe ich mir gesagt, deine Ansprüche runterschrauben kannst du immer noch. Übrigens bis heute eine Art Erfolgsrezept von mir. Niemals mit Zweitklassigem zufriedengeben, wenn es nicht unbedingt nötig ist. Immer das Optimum anstreben, das Ideal zu erreichen versuchen.

Sagt sich so leicht, für mich ging es damals ja um nichts. Meinen Job bei der Versicherung in Stuttgart hatte ich so gut wie sicher. Den Rest konnte ich entspannt auf mich zukommen lassen. Ein Praktikum, von mehr war ja nicht die Rede, vorerst. Natürlich wollte ich nicht nur Kartoffeln schälen, sondern wirklich was lernen! Aber ich spürte schon, dass sich das in die richtige Richtung entwickelte.

Bei unserer ersten Begegnung hat sich Schuhbeck nur meine Finger angeguckt, ganz ruhig und ohne Regung. ›Du kannst kommen, wann du willst‹, sagte er und meinte damit sein Restaurant in Waging am See. Besser hätte es nicht laufen können, das alles war herrlich schlicht und einfach, fast wie im Märchen. Dort erlebte ich vier intensive Wochen, die sich anfühlten wie ein paar Stunden. Stuttgart, der neue Job, die Versicherung, nach dem Praktikum war das alles weiter weg als je zuvor. Bestimmung? Allemal Begeisterung, vielleicht auch ein bisschen mehr, ich hätte es ahnen können. Schuhbeck lächelte nur, als ich ihm eröffnete, dass ich bleiben wolle, mit Freude würde er mich zur Köchin ausbilden. Die Kollegen bei der Versicherung dagegen hielten mich für völlig verrückt. Mein künftiger Chef reagierte jedoch sehr gefasst: Wenn du denkst, du musst es machen, dann mach es. Erleichterung. Nur meine Mutter verstand die Welt nicht mehr. Sie hatte mit allem gerechnet, nur damit nicht. Ich glaube, sie hat sich bis heute nicht mit dem Gedanken angefreundet, dass ihre Tochter Köchin ist und nicht Karriere in einer Versicherung macht.

Neun Monate sollte die Ausbildung dauern, eine Sonderregelung, ich hatte ja schon einen Beruf und konnte die Lehrzeit entsprechend verkürzen. Am Ende bin ich nur sechs Monate in Waging geblieben, die Realität holte mich schneller ein als gedacht. Vielleicht war es die Philosophie, das Betriebsklima, der Umgangston. Irgendwas wollte nicht zu mir passen – oder umgekehrt.

Ich habe es wirklich versucht, mich zusammengerissen, immer wieder. Habe viel gearbeitet, eine Menge gelernt und immer wieder festgestellt, dass einem in diesem Job nichts geschenkt wird. Damit arrangiert man sich mit der Zeit. Wie auch mit anderen Dingen, die mir persönlich widerstrebten, die ausgeprägten Hierarchien etwa, die man in Großküchen häufig findet. Widerworte, geschweige denn Diskussionen gab es nicht; Ober sticht Unter lautete die Überlebensformel. In Stresssituationen ging es nicht anders. Die simple Frage, ob man Apfelschnitze rechts- oder linksdrehend auf Törtchen platzierte, konnte hysterische Ausraster provozieren. Eine bittere Pille für mich, die ich frisch von der Schule kam und große Ideale hatte. Gleichwohl heilsam: Ich lernte den Job noch mal von einer ganz anderen Seite kennen; wurde auch Zeit, ich hatte das alles viel zu sehr idealisiert. Zu erleben, dass auch beim ›großen Schuhbeck‹ nur mit Wasser gekocht wurde, entmystifizierte meinen großen Traum, aber die kalte Dusche tat gut und gab mir den nötigen Schwung für eine weitere Entscheidung, mit der niemand gerechnet hatte: Ich kündigte aus dem Bauch heraus, ohne was Neues zu haben. Es war nichts Gravierendes vorgefallen, ich hätte irgendwann meine Lehre abschließen können, und es wäre sicher irgendwie weitergegangen.

Aber diese Form des Kochens hat mir einfach nicht behagt; ich suchte was anderes. Zum Glück fiel ich weich. Im ›Schweinsbräu‹, dem Restaurant der Herrmannsdorfer Landwerkstätten in Glonn, einer sympathischen Biolandwirtschaft, wurde ein Posten frei. Paradiesische Zustände; dass es so spontan klappte, war fast zu schön, um wahr zu sein. Es gab eine Bäckerei, eine Brauerei, eine Käserei, eine Gärtnerei, eine Schnapsbrennerei, Künstler, eine eigene Landwirtschaft. Wie geschaffen für mich, die ich als Kind schon für mein Leben gern Urlaub auf dem Bauernhof gemacht hatte! Abends schrieb ich eine Liste, was ich am nächsten Tag an Gemüse, Obst und frischen Kräutern aus dem eigenen Biogarten brauchte, und wenn ich nach dem Dienst nach Hause ging, hängte ich diese einfach beim Gärtner an die Tür. Der erntete das alles am nächsten Morgen und brachte mir die frischen Sachen hoch in die Küche. Wo gibt es so was noch? Die Wärme dort, der Duft von frischem Brot, das im eigenen Ofen gebacken wurde, das herrliche Betriebsklima – ich konnte mein Glück kaum fassen. Bei Schuhbeck hatten vorwiegend Männer in der Küche gestanden. Der Umgangston war derb und markig gewesen. Man durfte nichts sagen, ohne dass die Jungs ihre peinlichen Anspielungen dazu machten, sie stachen sich gern noch gegenseitig aus dabei. In Glonn ging man deutlich vorsichtiger, respektvoller miteinander um. Die Dienste waren auch anstrengend, aber die gesunde Atmosphäre machte vieles wett. Wer einmal dort war, so erschien es mir, wurde mit seinen Stärken und Schwächen angenommen. Das tat unglaublich gut. Ganz besondere Tage waren für mich, wenn Karl Ederer sich blicken ließ. Der betreibt heute in den Fünf Höfen in München das Sternerestaurant KE, damals gehörten ihm die Landwerkstätten zu einem Drittel. Er kam nicht oft in die Küche, häufiger zapfte er vorn in der Wirtschaft Bier oder kümmerte sich um den Blumenschmuck. Aber wenn er kam, fiel auf, dass er keinerlei Dünkel hatte, überhaupt keine Starallüren. Wenn Ederer merkte, es ist Not am Mann in der Küche, stellte er sich hin und schnippelte auch mal eigenhändig Zwiebeln.

›Wissen Sie schon, was Sie nach Ihrer Lehre anfangen wollen?‹, fragte er mich eines Tages gegen Ende meiner Lehre, einfach so, aus Interesse. Ich wusste es nicht, nicht genau jedenfalls, wollte mich treiben lassen, spontan sein und gucken, was kommt. Ederer hatte eine Idee: ›Warum fahren Sie nicht zur Trüffelsaison ins Piemont?‹ Kaum war es ausgesprochen, hatte er mich auch schon bei einem guten Freund und Kollegen untergebracht – im Hotelrestaurant ›Da Felicin‹ in Monforte d'Alba.

Ich war nie viel gereist, schon gar nicht beruflich, geschweige denn in ein Land, dessen Sprache ich nicht sprach. Dies war eine perfekte Gelegenheit, zu lernen, wertvolle Erfahrungen zu machen, um meinem noch immer etwas diffusen Traum noch ein Stück näher zu kommen.

Ich wurde in dem Hotelrestaurant wie eine Tochter aufgenommen, ein wunderbares Gefühl. Mit ein paar Brocken Italienisch ging es los, in der Küche sprach außer dem Chef niemand ein Wort Deutsch. Dann die Weine! Ich probierte und verköstigte fleißig und lernte, dass die piemontesischen zu den besten der Welt gehören, einen besseren Lehrer als meinen Chef konnte ich mir nicht wünschen. Völlig neu für mich war auch die Geschichte mit den Trüffeln, im Piemont eine Wissenschaft für sich. Wenn die Bauern aus der Gegend mit den frischen Trüffeln kamen, war das immer ein ganz besonderes Ereignis. Wie interessant sie waren, die faltigen, gegerbten Gesichter der alten Menschen, ihre groben, krummen Hände, von Arbeit gezeichnet, mit dicken, gelben, immer leicht schmutzigen Fingernägeln. Sie packten ihre Taschentücher aus dem Revers und pulten ihre Trüffel heraus. Mein Chef führte sie an die große Waage, wog die kostbare Ware und bezahlte. Magische Momente, jeder einzelne für sich.

Als ich nach drei Monaten wieder nach München kam, kannte ich mich selbst kaum wieder, während daheim, so kam es mir vor, die Zeit stehen geblieben war. Eine ganze Weile habe ich ständig Einladungen gegeben, weil ich es so liebte, Freunde um mich zu haben, sie zu bewirten, Essen zu zelebrieren, wie ich das aus Italien kannte. Diese Natürlichkeit, diese Wärme, die Gastfreundschaft und Genusslust kannte ich bis dahin nicht, das Gespür dafür, dieses gewisse Feeling spielt bis heute eine große Rolle in meinem Leben.

Beruflich ging es vielversprechend weiter. Ich kochte in

Ederers ›Glockenbach‹, im legendären ›Schumann's‹ und im ›Tantris‹ bei Hans Haas. Ein toller Posten, ein hervorragender Chef und am Ende auch so was wie ein Heiratsmarkt, denn dort habe ich Chris kennengelernt, meinen späteren Lebenspartner. Wir hatten Silvester gemeinsam Dienst, kannten uns flüchtig von ein paar freien Koch-Engagements und mochten uns. Ein Glas Champagner oder zwei, nach Dienstende, half uns auf die Sprünge.

Irgendwas hatte er, der Schwede, der so gar nicht wie ein Schwede aussah, weil seine Mutter aus Buenos Aires stammte. Es war nicht Liebe auf den ersten Blick, optisch war er nicht wirklich mein Typ, aber seine Art gefiel mir sehr. Chris ist ein Mensch, den man einfach gern um sich hat, ein stiller, dezenter, der niemals schmutzige Witze erzählen würde, auch wenn es in der Küche noch so hitzig hergeht. Er war charmant, ganz Kavalier und ein echter Frauenbeschützer, seine geschliffenen Manieren haben mir imponiert. Und seine Professionalität beim Kochen! Er war damals Saucier, zuständig für Fleisch und Saucen, ein anspruchsvoller Posten, den er meisterhaft ausfüllte.

Bis heute ist er darin um Klassen besser als ich. Ich bin gut in Pasta, Salaten, Patisserie, wir waren einfach ein gutes Team, privat wie beruflich. Das sprach sich herum wie ein Lauffeuer. Die Münchner Kochszene ist überschaubar, die guten Jobs bekommt man nur durch gute Kontakte, gemeinsam konnten wir uns aussuchen, wo wir hinwollten. ›Käfer‹, ›Ritzi‹, es gab 101 Möglichkeiten. Verrückt, wie schnell sich die Karten neu gemischt hatten, wie zügig wir als Paar auftraten und wirkten und wie uns das Business zuzufliegen schien, fast beängstigend. Und dann: Mallorca. Eine irre Idee! Zunächst ein Anruf von Eckart Witzigmann aus heiterem Himmel. Habt ihr nicht Lust, die Küche des ›Ca's Xorc‹ zu leiten? Ein Spezialitätenrestaurant im Nordwesten der Insel, soeben eröffnet, mit dazugehörigem Hotel.

Acht Jahre ist das jetzt her, viel ist seitdem passiert.

Damals haben wir eingeschlagen, aus dem Bauch heraus, ohne lange darüber zu grübeln. Die Welt stand uns offen, warum nicht auch Mallorca? Dachten wir. Selbst wenn das bedeutete, sieben Tage die Woche durchzuarbeiten, weil das ›Ca's Xorc‹ ein Hotelrestaurant ist. Auch wenn es hieß, unsere Wohnungen aufzulösen, unsere Siebensachen zu packen und sprichwörtlich nach Mallorca auszuwandern. Ein völlig neues Leben. Ein einziger Anruf hatte das alles ins Rollen gebracht.

Die erste Zeit war paradiesisch! Materiell ging es uns nie besser, zwei feste Gehälter, ein Betriebshaus ganz für uns allein, ein riesiger Garten. An freien Tagen malten wir uns unsere rosige Zukunft aus, mit zwei hübschen Kindern, einem Haus am Meer und einem Golden Retriever im Garten. Leider blieb zum Träumen nur wenig Zeit, der Job war eine Fulltime-Herausforderung. Doch es machte Spaß, die Gäste mochten unsere Art zu kochen, das war das Wichtigste.

Kleinigkeiten waren es, die die Suppe nach und nach vergifteten. Vielleicht waren wir zu selbstständig, vielleicht wollten wir zu viel, und die Strukturen waren zu starr dafür. Monatelang redeten wir uns ein, wenn uns wieder etwas gegen den Strich ging: dieses eine Mal noch, es wird besser, wir kommen voran, wirst sehen. Wir haben uns gegenseitig gestärkt, getröstet, motiviert – und am Ende doch aufgegeben angesichts der zahlreichen Widrigkeiten. Nach der Erfahrung im ›C'as Xork‹ war uns klarer denn je, dass wir was Eigenes machen wollten.

Aber wie musste die neue Aufgabe aussehen, die zu uns und nur zu uns passte? Ein Restaurant eröffnen? Nein. Ein

Hotel? Auf keinen Fall. Wir wollten kochen – aber nicht jeden Tag. Ein Partyservice der etwas anderen Art, maßgeschneiderte Lösungen für alle möglichen und scheinbar unmöglichen Feste und Events aller Art – da konnten wir unsere Talente einbringen und uns auch über das Kochen hinaus kreativ verwirklichen. Ein Haus, das alles vereint, was mit Essen und Trinken, Genuss und Lebensart zu tun hat: ›Flavourhouse‹ – das war unsere Lösung.

Aufatmen, als die Entscheidung stand. Und noch viele Male danach, so erleichternd war es, für die eigene Firma zu arbeiten. Dieses Gefühl von Freiheit kann man gar nicht beschreiben, das man als Selbstständiger hat, schon das Aufstehen am Morgen macht mehr Spaß. Wir mieteten uns in Soller eine hübsche Wohnung, richteten ein Büro für uns beide ein und fingen an, an unserem Geschäftsmodell zu basteln. Unsere Begeisterung trug sofort Früchte: Einer unserer ersten größeren Jobs war eine Silvesterparty in New York, für ein New Yorker Pärchen, das sich zwanzig, 25 Leute in sein Apartment an der Upper Westside eingeladen hatte.

Vier Gänge und vorneweg Tapas, ich habe in der winzig kleinen, aber vollendet ausgestatteten Küche sogar einen Schokoladenkuchen gezaubert, sowas machten wir im Schlaf. Was neu war, waren die Umstände: atemberaubend aufregend, von der ersten bis zur letzten Minute, ein großzügiger Rahmen, und Gäste, die unsere Dienstleistung zu schätzen wussten. New York war ein perfekter Auftakt für ›Flavourhouse‹. So, genau so hatten wir uns unseren Job vorgestellt. Reisen, schöne Feste organisieren, kochen und Menschen verwöhnen – wenn man davon leben konnte, brauchten und wollten wir nichts anderes.

Eine ganze Weile ging das so. Wir haben die schönsten Feste organisiert, einmal quer über die Insel, auch international gab es immer mal wieder Engagements. Werbung bekamen wir über Mundpropaganda, ein Job führte zum nächsten, unsere Arbeit sprach für sich. Wir haben uns völlig darin verloren, Kochen und Partys waren unser Leben, rund um die Uhr waren wir daran, Details zu verbessern, Abläufe zu optimieren, Geschirr und Besteck zu kaufen, Tischdecken nähen zu lassen, Blumenschmuck zu erfinden, nicht zuetzt außergewöhnliche Locations zu suchen, mit denen steht und fällt bekanntlich jede gute Party.

Privatleben gab es kaum in dieser Zeit, kein nennenswertes jedenfalls. Chris und ich gingen liebevoll miteinander um, alles war wie immer. Dass einem was fehlt, merkt man ja häufig erst, wenn es plötzlich und unerwartet von woanders kommt. In meinem speziellen Fall in Gestalt eines Kollegen aus München, den wir als Unterstützung für einen Job auf die Insel geholt hatten und in den ich mich Knall auf Fall verliebte. Nach der Intensität zu urteilen, mit der dieser Mann mein Herz eroberte, fehlte mir eine ganze Menge. Ich wollte das alles nicht, ich hatte so etwas nie zuvor gedacht, geschweige denn getan, es passierte einfach.

Er hat die Frau in mir wieder geweckt, meine Sehnsucht nach Körperlichkeit, nach Intimität. Ich fühlte mich zu dem Zeitpunkt wie ein Neutrum, hatte jedes Gespür für mein Frausein verloren, ein schleichender Prozess, der weniger mit meiner Partnerschaft als vielmehr mit meinem Job zu tun hatte. In Küchen trägt man Kochklamotten, darin sieht man weder Busen noch Po, noch irgendwelche Proportionen. Schlank oder dick – das kann man noch eben so abschätzen. Aber hübsche Frisuren würden im Bratendampf sofort zerfallen, Make-up zu Brei verschmieren, in der Küche muss alles praktisch sein. Dieser Flirt – für mehr hat das Feuer nicht gereicht, wir haben es beide versucht, passten aber am Ende wirklich nicht zusammen – half mir, den Schritt zu mir selbst, zu mir als Frau, zurück zu machen. Ohne diesen Mann wäre ich zweifellos heute noch mit Chris zusammen. Für ihn brach eine Welt zusammen, als es uns nicht mehr gab. Das alles musste passieren, damit ich einen Schritt weitergehen konnte im Leben – am Ende auch weg von Chris. Raus aus dieser Beziehung, die sehr kuschelig war, aber wenig leidenschaftlich.

›Flavourhouse‹ sollte dennoch weiterleben, darauf einigten wir uns ganz erwachsen. Vielleicht war das eine Illusion, ähnlich wie bei Partnerschaften, die man nach dem Aus auch nicht einfach mir nichts, dir nichts in Freundschaften umwandeln kann. Es war so viel passiert zwischen uns, wir beide leckten unsere Wunden. Aus dieser Situation konnten wir das Geschäft unmöglich nach vorn bringen. Entsprechend lau dümpelte unser ›Flavourhouse‹ in diesen Tagen vor sich hin, keiner kümmerte sich wirklich darum, wir hatten andere Sorgen. Am Ende standen wir mit einem Berg Schulden da.

›Wenn es Dir nicht gut geht, schicke ich Dir die Engel rüber.‹ Diese Nachricht einer Freundin von der Insel war das Positivste, was ich seit langer Zeit gehört hatte. Kartenlegen, Tarot, Astrologie, alles Spirituelle faszinierte mich, es war ein für mich neues, glaubwürdiges Modell, das mir Mut und Zuversicht spendete in diesen Tagen. Vielleicht fühlte ich mich auch an meine religiöse Kindheit erinnert. Ich fing also an, Engelskarten zu ziehen. Das machte mich stabiler, emotional, optimistischer auch. Aber die finanzielle Misere löste es natürlich nicht. Ich habe versucht, locker zu bleiben, mir Chris' Teilnahmslosigkeit möglichst entspannt anzusehen, er hatte ja auch keine Schuld an der Situation. Aber irgendwie war der Wurm drin, und irgendwie machten wir uns gegenseitig nur noch runter. Chris hielt sich immer mehr raus aus der Organisation, ich fühlte mich mit Geldbeschaffung und Jobakquise allein gelassen. Irgendwann habe ich allen Mut zusammengenommen und ihm gesagt: Ich möchte mich von dir trennen, ich möchte ›Flavourhouse‹ künftig allein machen. Du bist ein wertvoller Mensch für mich, aber ich habe den Eindruck, wenn wir so weiterarbeiten, wird alles, was wir haben, zerbrechen. Unsere Freundschaft, unser Respekt füreinander, alles.

Mit diesem Modell fahren wir nun seit einiger Zeit sehr gut. Chris bringt sich mit Input ein, wo er möchte und kann, er erinnert mich immer wieder daran, die Dinge großzügiger zu sehen und mich nicht in Details zu versteigen. Er lässt sich ungern unter Druck setzen – heute hat er alle Freiheit und kann so kreativ sein, wie er will. Wir arbeiten projektweise zusammen, das funktioniert sehr gut, eine neue Basis für ›Flavourhouse‹. Jetzt kann es richtig losgehen.

Ich habe den Eindruck, irgendwie angekommen zu sein bei mir. Es gibt nichts auf dieser Welt, was besser zu mir passen könnte als mein »Flavourhouse«, auch wenn ich über Umwege drangekommen bin. Aber das, was nicht leicht zu haben ist, ist einem in der Regel ja auch mehr wert. Ich genieße jeden Schritt, bei jedem einzelnen Fest, das ich ausrichte, aufs Neue.

Das beginnt lange vor dem großen Abend. Mit Standardfragen, die ich meinen Kunden stelle: Warum möchtest du ein Fest machen, wer kommt zu dir? Das führt mich zu den interessanteren Themen, ich will mehr zu den Gastgebern und ihrem Hintergrund wissen. Was soll nach dem Fest für dich anders sein? Was erhoffst du dir? Was bist du für ein Typ? Feiern wir in deiner Wohnung, oder suchst du einen besonderen Ort? Wünschst du dir Bedienung, oder sollen die Gäste selbst ein bisschen mit anpacken? Je genauer ich über den Menschen, der feiert, Bescheid weiß, desto individueller kann ich die Party auf ihn zuschneiden. Diese Vorarbeit hat was Therapeutisches, Heilendes, Helfendes. Ich spüre, dass es ankommt bei meinen Klienten, wenn ich sie dort abhole, wo sie stehen. Das schönste Kompliment ist, dass eine Feier genau so ist, wie der Gast sie im Idealfall selbst gegeben hätte, die Tischdecken, die Deko, all das muss aussehen, als hätte der Gastgeber es eben aus dem Schrank geholt. Nicht selten haben sich aus Kundenbeziehungen auch schon schöne Bekanntschaften entwickelt, so etwas freut mich besonders.

Natürlich kann ich nur so gut sein wie mein Team. Da ist Claudia, meine rechte Hand, eine bezaubernde Person. Sie schreibt gerade an ihrer Doktorarbeit in Biochemie, und ich engagiere sie, so oft sie Zeit hat – und so viel Geld ich habe. Sie kümmert sich um die Personalien, fünfzehn Leute habe ich im weiteren Stab. Und das Equipment ist wichtig: Viele Caterer schwören auf bordeauxrote Servietten, vermutlich einfach deshalb, weil man Schmutz nicht so schnell drauf sieht. Ich habe Leinenservietten in unterschiedlichsten Farben, Rot, Gelb, Grün, Blau, was immer du dir wünschst! Nur Bordeaux ist nicht darunter, »praktisch« zählt in dem Zusammenhang nicht als Kategorie für mich.

Auch Warmhaltetöpfe: Was für eine Unsitte. Warm gehalten wird nichts, erst recht nicht an so einem besonderen Tag. Das tötet den Appetit! Dann lieber von vornherein ein anderes Gericht kochen, das man à la minute isst, oder kaltes Fingerfood servieren. Auch an Geschirr, Porzellan und Besteck erkennt man Lebensart und Stil, daran würde ich niemals sparen. Ich habe kein typisches Caterer-Porzellan, sondern serviere auf Rosenthal. Ich will einfach, dass der Gast sich auf meinen Festen wohl-, ja ein bisschen wie daheimfühlt.

Vom Namen ›Flavourhouse‹ bin ich nach wie vor überzeugt. ›Culinary Pleasure Projects‹. Das trifft es haargenau. Alles, was uns betrifft, funktioniert über Mundpropaganda, bis hin zum Marketing. Ideal wäre, wenn ich eines Tages mit drei, vier Festen im Jahr über die Runden käme, damit alle fixen Kosten decken könnte. Der Rest wäre pure Liebhaberei, von der ich wieder investieren und für mich selbst was zurücklegen könnte. Das ist mein Traum.

Nach Hause zurückgehen? Daran habe ich nie gedacht, auch nicht, als mir das Wasser kurz nach der Trennung von Chris finanziell bis zum Hals stand. Ich bin so froh, dass das Schicksal mich hierhergespült hat.

Auf der Insel herrscht nicht nur ein anderer Rhythmus, man lebt auch nach anderen Wertigkeiten. Wenn eine Sache heute so nicht geht, geht sie morgen vielleicht anders. Nach dieser Prämisse leben die Leute hier. Lässigkeit statt Stress, die nordeuropäische Hektik gibt es nicht. Das ist eine große Erleichterung! Man lernt zu warten. Die Dinge, auch sich selbst, nicht so wichtig zu nehmen. Hier auf Mallorca passt man sich dem natürlichen Rhythmus an – versucht nicht wie zu Hause, sich die Welt passend zu machen. Mit der Welle schwimmen, die Energie des Windes nutzen, das ist das Geheimnis des Lebens hier. Und das Meer, dem ich morgens Guten Tag und abends Gute Nacht sage. Dabei war ich immer mehr ein Kind der Berge!

Das Sprachengewirr macht auch einen Teil der Faszination aus. Wer hier auf der Insel nicht alles strandet! Das zieht sich in winzigste Alltagsdetails: Wenn du nicht verstanden wirst, musst du die Dinge eben noch mal erklären. Das schafft ein Miteinander und fördert den gegenseitigen Respekt. Wir

Inselbewohner sind so etwas wie eine verschworene Gemeinschaft, für die ein Handschlag mehr zählt als ein Vertrag, jedenfalls habe ich das bisher so erlebt.

Meine Familie, respektive meine Mutter, hat sich immer was anderes für mich vorgestellt, das hat sich mit den Jahren nicht geändert. Sie denkt weiterhin, dass ich als Versicherungsangestellte glücklicher geworden wäre. Oder ganz ohne Job, als Mutter und Ehefrau. Dann wiederum sieht sie, wie froh ich bin, wie glücklich mein Beruf und mein Leben mich machen. Auch wenn ich noch nicht wieder den Mann fürs Leben gefunden habe, er wird mir schon vor die Füße gespült werden, da bin ich ganz optimistisch. Ganz ehrlich? Ich glaube, ich habe meiner Mutter das Maßband genommen. Wenn sie heute stolz auf mich ist – im Grunde ihres Herzens ist sie das ganz sicher –, dann nicht aus klassischen Erwägungen, sondern aus anderen, greifbareren Gründen.

Ich werde ganz bestimmt so bald nicht von hier weggehen. Meine Astrologin sagt, in meinem Zeichen gibt es einen Auslandspunkt. Das heißt, dass ich im Ausland leben muss und auch in meinem früheren Leben schon sehr viel gereist bin.

Mallorca ist mein persönlicher Flucht- und Ankunftspunkt. Daran glaube ich ganz fest.«

Jenny und Uli

»Mit ihm unternahm ich meine erste echte Auslandsreise.«

Ein einziger Tanz, und nichts ist mehr, wie es war. Klingt nach weißen Rosenblütenblättern auf Kieswegen, zartrosa Bettlaken und Luftküssen à la Rosamunde Pilcher. Doch die Geschichte der Chinesin Jenny und des Deutschen Uli ist anders. Jahre später erzählen sie mir beide ihr persönliches Liebesmärchen, das in Peking begann und dessen Happy End, Sohn Nicolas, heute drei Jahre alt ist.

Jenny

Es war 2001, im November. Ich war seit vier Jahren verheiratet, mehr oder weniger glücklich, mit einem Kommilitonen von der Filmhochschule. Ich unterrichtete dort in Teilzeit und hatte einen zweiten Job als Fernsehcutterin, mein Mann war Kameramann. Wenn wir an unseren Freelance-Projekten arbeiteten, waren wir wechselweise manchmal monatelang nicht zu Hause. Da entfernt man sich ganz zwangsläufig voneinander. Sex hatten wir damals schon kaum mehr, wir lebten wie Geschwister oder gute Freunde zusammen; wer uns nicht besser kannte, hätte uns auch für Kollegen halten können. Aber er war ein guter Mann, der mich schätzte und respektierte. Wäre ich nicht irgendwann ausgeschert, für ihn hätte es wohl ewig so weitergehen können. Ich spürte, dass mir das alles nicht genügte, ich erwartete mehr von einer Beziehung, von der Liebe. Irgendwas stimmte nicht mit uns, etwas Wesentliches fehlte, und ich dachte ernsthaft über Trennung nach.

An den Tag, an dem ich Uli zum ersten Mal traf, kann ich mich noch gut erinnern. Es war ein Donnerstag, ich hatte nach meinem Nachmittagsunterricht keine Lust, ins Studio zu fahren und mich an meinen Cuttertisch zu setzen. Ich spürte, ich musste raus, was anderes sehen, ein bisschen was erleben. Salsa war eine große Leidenschaft geworden, ich tanzte damals schon etwa ein Jahr mit wachsender Begeisterung. An Wochentagen war meist nicht viel los in den Salsaclubs Pekings, aber ich wollte mich ein bisschen bewegen, gute Musik hören, mit Freunden reden. Spontan fiel mir niemand anderer ein als mein »Bruder Gao« – er ist kein echter Bruder, ich nannte ihn nur so, weil er genauso heißt wie ich. Wir kannten uns von der Uni und hatten uns eine halbe Ewigkeit nicht gesehen. Treffen wir uns im »Salsa Cabana«? – »Gute Idee, ich freue mich!«

Damals gab es in Peking zwei sehr beliebte Bars, in denen sich die Salsa-Community traf. Das »Salsa Cabana« gehörte zum Hotel Kempinski, war also vergleichsweise teuer und, insbesondere an diesem Donnerstag, auch relativ leer. Wir bestellten uns Drinks und setzten uns ganz nahe an die Tanzfläche. Bei lauter Musik habe ich Bruder Gao eingeweiht in meine Gefühlswelt: »Ich überlege, ob ich mich scheiden lassen soll. Auch wenn ich noch nicht weiß, was mich danach erwartet …« Mein Blick blieb an einem Paar hängen, das sich in der Mitte der Tanzfläche zum Rhythmus bewegte: ein Mann, offensichtlich Europäer, mit seinem Pulli auf der Hüfte, wirbelte eine Salsalehrerin aus Peking in ziemlich wilden und komplizierten Figuren herum.

Mir war das zu auffällig, zu jung auch, ich weiß noch, wie ich meinem Bruder gegenüber ein paar abfällige Bemerkungen darüber machte. Der Europäer hatte kurze Haare, war wohl so ungefähr Anfang dreißig, in etwa wie ich, und er machte einen netten, offenen Eindruck. Als Bruder Gao das »Salsa Cabana« verließ, ging ich zu ihm hin und forderte ihn zum Tanzen auf. Das war nicht weiter ungewöhnlich, es gab viel weniger Tänzer als Tänzerinnen in Peking, als gute Tänzerin blieb mir gar nichts anderes übrig, als mir die Tanzpartner, die zu mir passen könnten, selbst auszusuchen. Irgendetwas an ihm machte mich neugierig, ich hatte sein Gesicht noch nicht gesehen und wollte ihn kennenlernen. Wir tanzten ein, zwei Lieder, ich konnte nicht gut folgen, weil sein Tanzstil völlig anders war als meiner. Danach haben wir uns noch kurz unterhalten, und ich habe ihn gefragt, wie lange er in der Stadt sei, vielleicht könnte man sich ja noch mal zum Tanzen treffen. Er war überaus höflich, erklärte mir, dass er auf Geschäftsreise in Peking sei, und nach einer halben Stunde wusste ich, dass er Deutscher war, Uli hieß und immer mal wieder in die Stadt kam. Wenn du tanzen willst in Peking, musst du Freitag oder Samstag herkommen, erklärte ich ihm, die wirklich guten Tänzer sind nur am Wochenende da. Danach haben wir uns verabschiedet, ich nahm mir ein Taxi nach Hause. An mehr habe ich an diesem Abend nicht gedacht.

Freitag war ich wieder im »Salsa Cabana«, eine Verabredung mit ein paar Salsafreunden. Wir hatten vor Monaten den Kurs zusammen gemacht und trafen uns seitdem regelmäßig zum Tanzen. Damals war es noch ziemlich exotisch in Peking, Salsa zu tanzen; in der Salsagemeinde kannte daher jeder jeden. Der Club war übervoll, man konnte sich kaum bewegen, mehr durch Zufall lief ich Uli wieder in die Arme. Er war schon ziemlich betrunken, wir haben gleich angefangen zu tanzen und den ganzen Abend nicht aufgehört. Er bestellte ein alkoholisches Getränk mit zwei Minzblättern, das ich überhaupt nicht mochte. Und dass er plötzlich so anhänglich war, irritierte mich fast ein bisschen. Um zwei Uhr nachts machte das »Salsa Cabana« zu, meine Freunde und ich wollten noch weiter ins »Havanna«, eine andere Salsabar, die länger offen hatte. Uli wich nicht von meiner Seite, ich konnte nicht anders, als ihn zu fragen, ob er auch Lust habe mitzukommen. Im Taxi hielt er meine Hände und fragte, ob ich einen Freund habe. Nein, ich habe keinen Freund, ich habe einen Ehemann, meinen Ehering hatte er bis dahin offenbar nicht bemerkt.

Es hat ihn nicht abgeschreckt weiterzuflirten, was mir schmeichelte. Sei mutig, habe ich mir gesagt, freu dich, dass du als verheiratete Frau noch solche Chancen bei Männern hast. Wir haben weiter getanzt, stundenlang, es funktionierte deutlich besser als beim ersten Mal, zwischendurch versuchte er, mich zu küssen. Ich habe es geschehen lassen, auch wenn es mir ein bisschen peinlich war vor all den Freunden, die ja wussten, dass ich verheiratet war. Einzelne haben schon Witze gerissen, ob sie nun überhaupt noch mit mir tanzen dürften, wo ich doch nun mit dem Deutschen … Im Morgengrauen habe ich Uli zum Taxi begleitet. Komm mal nach Deutschland, sagte er, ich möchte dich gern einladen. Ich habe das nicht so ernst genommen. Ähnliches hatte ich schon hier und da mit Männern erlebt; mir war klar, dass er wollte, dass ich zu ihm ins Taxi steige. Aber gerade weil er anfing, mir zu gefallen, wollte ich nichts überstürzen. Wenn wir in jener Nacht miteinander geschlafen hätten, wäre es nie zu einer echten Freundschaft, geschweige denn zu einer Beziehung gekommen. Alles, was ich tat, war, ihm meine E-Mail-Adresse zu geben, mündlich. Dann ist er in sein Hotel gefahren.

Ein paar Tage später erhielt ich eine Mail von ihm, in der er mir in bunten Farben schilderte, was er in seinen letzten Tagen in Peking alles erlebt hatte. Ich war ganz überrascht, dass er sich meine Adresse gemerkt hatte. Online erklärte ich ihm, wie man auf chinesischen Märkten am besten verhandelt. Ich bin ganz froh darüber, dass ich nicht mit dir ins Hotel gegangen bin, das hätte kompliziert werden können, schrieb ich ihm. Und: Lass uns mal wieder Salsatanzen gehen, wenn du in der Stadt bist, ich freue mich, wenn du wiederkommst.

Die Zeit raste dahin, der Alltag legte sich wie eine dicke Decke über alles, was sich darunter regte. Irgendwann, Wochen später, völlig aus dem Nichts wieder Post von Uli. Er komme auf Geschäftsreise nach Peking. Lass uns tanzen gehen, antwortete ich ihm und mailte ihm zur Sicherheit meine Handynummer.

Ich hatte einen Plan: Wenn ich ihn mit einer Freundin verkuppelte, könnte man ganz ohne Risiko Zeit miteinander verbringen und verlöre sich trotzdem nicht aus den Augen, ich hatte auch schon eine nette, hübsche Singlefreundin für ihn im Auge ... Wenn die nicht so beschäftigt gewesen wäre an jenem Abend, weil sie Überstunden machen musste, wäre alles anders gekommen. So traf ich mich wieder mit Uli allein. Bis heute zieht diese Freundin mich damit auf, dass ich ihr »ihren« Mann gestohlen habe ...

Uli rief mich an, und wir trafen uns im »Salsa Cabana« und tanzten. Danach saßen wir in der Lobby des Kempinski und unterhielten uns. Ich erzählte ihm von meinem Vorhaben, im Ausland weiterzustudieren, nach zehn Jahren hatte ich genug von der Arbeit an der Hochschule und brauchte dringend Luftveränderung; dass ich vielleicht nach Australien gehen wolle oder auch nach Europa und dass ich schon dabei sei, mich auf die Sprachprüfung vorzubereiten. Uli eröffnete mir, dass er eigentlich zehn Jahre älter war als ich und in Deutschland einen guten Job als Rechtsanwalt hatte. Wir arbeiteten beide seit zehn Jahren, nur dass seine Ausbildung ungleich länger gedauert hatte als meine, was mir bis heute nicht in den Kopf will. Er habe ein Geschenk für mich, sagte er irgendwann, es liege oben in seinem Zimmer, ob ich nicht kurz mitkommen wolle? Eine Flasche Parfum war es, von Davidoff, mein Lieblingsduft seitdem. Im Bett fingen wir an, uns zu küssen ...

Ich erinnere mich nicht mehr genau, ob wir uns noch einmal gesehen haben in den Tagen darauf. Ich weiß nur noch, dass ich Uli auf keinen Fall mehr an eine Freundin verkuppeln wollte, ich wollte ihn für mich behalten, als ganz besonderen Freund, mit dem ich tanzte, vielleicht auch mal Sex hatte, als Menschen, der meinem Leben Würze gab. Als er wieder zu Hause in Deutschland war, fingen wir an, uns regelmäßig zu schreiben. Ich berichtete ihm von meinen Problemen mit meinem damaligen Mann oder auch von meinem Plan zu studieren, das allein muss ihn sehr irritiert haben, wie er mir später erzählte.

Ein paar Monate später fuhr ich zu ihm nach Shanghai, wo er geschäftlich ein paar Tage Station machte. Mutig und entschlossen, wie ich mich sonst gar nicht kannte, machte ich mich für das Wochenende auf den Weg. Vermutlich spürte ich instinktiv, was zwischen uns passieren könnte, vermutlich brauchte ich für den »Test« eine andere Stadt, einen Ort, an dem mich nicht so viele Leute kannten. Ich kam am Freitagabend an und fuhr mit dem Taxi direkt in sein Hotel. Er hatte noch ein Geschäftsessen und kam von dort gleich ins Hotel. Wir hatten sofort Sex, unseren ersten Sex. Anschließend waren wir mit einer Freundin von mir zum Tanzen verabredet. Wir müssen ziemlich viel und erotisch getanzt haben, sodass sie mich zwischendurch schon fragte: »Wer ist er eigentlich?« – »Ein besonderer Freund.« – »Was bedeutet das?« – »Ein guter Freund mit Sex!« Frühmorgens landeten wir wieder bei ihm im Hotel und verbrachten die Nacht miteinander. Es fühlte sich so gut an, ihn um mich zu haben, aufregend und doch nicht aufreibend, anregend und kein bisschen zu viel. Genau so konnte ich mir das auch für eine lange Beziehung vorstellen.

Am Samstag bummelten wir in die Stadt, streiften an einem Markt vorbei, ließen uns treiben und dachten an nichts und niemanden außer uns. Als wir Hunger bekamen, bestellten wir gebratene Nudeln und Fleischspieße an einem Stand auf der Straße, es gefiel mir, wie ungezwungen Uli Essen im Stehen genießen konnte, das alles war gar nicht so fein und sauber, wie er das wohl gewohnt war, aber es machte ihm nichts aus, er fühlte sich ganz offenbar sehr wohl in der Situation. Essen spielt bis heute eine wichtige Rolle in unserer Beziehung. Wir beide können mit Leidenschaft genießen, und egal, wie gut oder wie intensiv wir uns unterhalten: Wenn das Essen serviert wird, ist sofort Ruhe. Wir bestellen immer unterschiedliche Sachen und tauschen unsere Teller, damit jeder alles probieren kann. Hand in Hand spazierten wir durch Shanghais Innenstadt, haben noch ein Museum besucht, Tee getrunken. Als Uli müde wurde, habe ich mich mit ein paar alten Freunden getroffen, abends waren wir wiederum essen und anschließend tanzen. Etwas wirklich Besonderes war gar nicht dran an diesem Tag, alles fühlte sich nur einfach richtig und natürlich an. Ich war überrascht, wie entspannt die Zeit mit Uli war, es musste gar nichts Aufregendes passieren, dass wir uns miteinander wohlfühlten.

Am nächsten Vormittag fuhren wir nach dem Frühstück

zusammen zum Flughafen, leider zu zwei verschiedenen Terminals, ich flog national, Uli international. Wegen mir war er einen Tag länger geblieben als seine Kollegen, was mich sehr freute. Zum Abschied haben wir ausgemacht, dass ich versuchen sollte, ein Visum nach Deutschland zu beantragen. Ich wollte ihn in meinen Sommerferien besuchen.

Kurz darauf schickte Uli mir alle nötigen Unterlagen, damit ich den Antrag einreichen konnte. Da ich schon verheiratet war, einen ordentlichen Job hatte und auch eine eigene Wohnung in China, bekam ich das Visum ohne großes Aufhebens: ein Monat Deutschland! Ich rief Uli sofort an. Er war mit einem Freund im Urlaub in der Türkei. Ich hörte ihn lachen und singen: »Jenny has got her visa, Jenny has got her visa!« Wie ich mich freute! Dies würde meine erste echte Auslandsreise sein. Ich war unglaublich aufgeregt. Dass Uli so etwas wie mein Freund war, behielt ich für mich, vielleicht gab ich es noch nicht einmal vor mir selbst zu. Ich wusste nur, dass ich mein Leben irgendwie ändern wollte, und jetzt war die richtige Zeit, einen Traum zu verwirklichen, eine unglaubliche Chance. Geh diesen Schritt, einfach nur einen Schritt weiter, und guck dir an, wie es dir dort gefällt, sagte ich mir.

So kam ich am 25. Juli 2002 zum ersten Mal nach Deutschland. Mit einem winzigen Koffer! Ich frage mich bis heute, wie ich darin die Sachen für einen Monat unterbrachte. Zu der Zeit gab es noch nicht jeden Tag Direktflüge von Peking nach München, und da ich die Zeit voll ausnutzen wollte, hatte ich den erstbesten Flug nach Frankfurt genommen. Mit vier Stunden Verspätung landete ich in Deutschland, nach München fuhr um diese Zeit kein Zug mehr. »Setz dich in den ICE nach Nürnberg«, sagte Uli, »dort hole ich dich ab.« Es war schon fast Mitternacht und stockdunkel, als ich nach stundenlanger Odyssee in Nürnberg ankam. Er stand am

Bahnsteig, mit Brille und blauer Sportjacke, so lässig kannte ich ihn gar nicht. Weil ich fast starb vor Hunger, waren wir erst mal was essen, bei McDonald's, das kam mir noch bekannt vor. Dann fuhren wir in seinem BMW-Cabrio nach München, mit offenem Dach, obwohl es um die Zeit ziemlich frisch war. Mein erster Tag in München fing mit einem riesengroßen herrlichen Frühstück an, das Uli für uns zubereitete, mit Orangensaft, Eiern, sogar Bananenmilchshake. Wir saßen draußen auf seinem Balkon im Schatten eines großen Baums, die Sonne schien, die Vögel sangen, die Luft war klar, und er war so lieb zu mir! Ich war überglücklich. Wir haben uns unterhalten, das genießen wir bis heute, einfach nur miteinander zu reden, stundenlang.

Uli hatte sich einen Monat Urlaub genommen, denn wir hatten eine lange Reise vor uns. Da ich zum ersten Mal in Europa war, wollte ich doch auch etwas sehen. Drei Tage später brachen wir mit dem Auto nach Italien auf. Erst ein paar Tage Gardasee, dann Rom, schließlich nach Korsika. In Rom fiel mir erst auf, wie ordentlich alles in München war. Mit Uli fuhr ich das erste Mal über einen Alpenpass, was nicht halb so beängstigend war, wie ich befürchtet hatte, in der Tat sogar sehr aufregend. Mit ihm fuhr ich zum ersten Mal Autofähre, eine traumatische Erinnerung, weil ich die drei Stunden Überfahrt wegen Seekrankheit nur auf dem Boden liegen konnte. Mit Uli machte ich meinen ersten echten Badeurlaub – oder das, was Europäer darunter verstehen: den ganzen Tag lang nichts tun, nur faulenzen, und sich bräunen lassen. Mit ihm habe ich meine erste Pizza außerhalb von Pizza Hut gegessen. So viele erste Male! So vieles, das ich nur vom Geschichts- oder Kunstunterricht kannte. So viel, dass mir noch heute schwindelig wird von den unvergesslichen Eindrücken. So eine Reise hatte ich mit meinem Exmann nie gemacht.

Wir kamen einander wirklich nah auf dieser Reise. Ich wusste, dass Uli gut ausgebildet war, was für einen immensen Wissenshintergrund er hatte. Aber er war gleichzeitig auch lustig, nahm das Leben mit einer gewissen Leichtigkeit, außerdem war er ehrlich, gut aussehend, sportlich, neugierig. Mehr kann sich eine Frau von einem Mann nicht wünschen! Und doch habe ich es weiterhin vermieden, ihn als meinen Freund oder mich als seine Freundin zu bezeichnen, ich dachte nicht konkret daran, wie sich unsere Beziehung weiter entwickeln könnte. Auf dieser Reise erlebte ich nur zum ersten Mal, dass es funktionieren könnte zwischen uns. Wenn zwei Menschen zusammen gut reisen können, können sie auch gut zusammen leben, das habe ich mal irgendwo gelesen. Es spricht mir aus dem Herzen – und auf Uli und mich trifft es voll zu.

Am Ende der Reise haben wir drei Tage in einem Robinson Club in Österreich verbracht, zum Wandern, wiederum ein erstes Mal für mich. Ich weiß noch, wie glücklich wir waren, nachdem wir eine lange und schwere Bergtour mit letzter Kraft packten. Auf dem Gipfel haben wir spontan die Arme in die Höhe gerissen, lauthals gejubelt und mit den Hüften angestoßen, wie Kinder. Ein unvergesslicher Moment.

Der Monat verging wie im Flug, Uli fuhr mich nach Frankfurt zum Flughafen.

Auf dem Weg dorthin besuchten wir seine Eltern, ein Bruder von ihm war auch dabei. Eine echte Unterhaltung war nicht drin, ich konnte ja noch kein Deutsch und der Vater kein Englisch, die Mutter nur sehr wenig. Aber die Atmosphäre war gut, ich war auch überhaupt nicht nervös, wahrscheinlich weil ich nichts erwartet hatte. Wir aßen zusammen Kuchen und tranken Kaffee. Zum Abschied umarmte mich seine Mutter herzlich, »my dear Jenny«, sagte sie immer wieder, und Uli schloss daraus, dass sie mich mochte. Dann fuhren wir zum Flughafen, und ich flog zurück nach Peking.

Wir haben einander nichts versprochen. Er mir nichts, ich ihm auch nichts. Ich war nun allerdings absolut entschlossen, mich von meinem Mann scheiden zu lassen. Im September habe ich es ihm gesagt, danach war alles wie bisher, nichts passierte. Ich habe versucht, meine Wohnung noch mal schön zu machen, Pflanzen zu kaufen, das Sofa zu wechseln. Da mein Exmann sich mehr auf seine Arbeit als das Leben konzentrierte, sah unsere Wohnung eher wie ein Studio aus. Ich habe sehr viel Zeit mit Lesen verbracht, an einem kleinen See in der Innenstadt, da bin ich fast jeden Tag mit dem Bus eine Stunde hingefahren. Ich habe am See gesessen, zwei Stunden gelesen und bin wieder eine Stunde zurückgefahren. Klingt verrückt, aber zum ersten Mal genoss ich den schönen Herbst in Peking.

Im Winter habe ich eine gute TV-Serie geschnitten und zur gleichen Zeit die Englischprüfung geschafft. Mein Exmann wollte mir ein bisschen Zeit zum Überlegen geben, er zog von zu Hause in sein Studio, das in einer Mietwohnung lag. Niemand außer ein paar engen Freundinnen wusste, was mit mir passierte. Ganz allein ging ich vor Gericht; ich erkundigte mich, wie die Scheidung funktionieren würde, ganz ruhig, aber wirklich entschlossen.

Im April 2003, als in China SARS ausbrach, wurde ich geschieden. Ich hatte in der Hochschule nicht viel zu tun. Aus Angst vor der hoch ansteckenden Krankheit blieb alle Welt daheim; viele Studenten fuhren einfach nach Hause. Also beantragte ich erneut ein Visum für Deutschland. Ich wollte zu Uli. Erstaunlicherweise bekam ich es ohne Schwierigkeiten. Ich buchte gleich für den nächsten Tag einen Flug.

Was für eine Reise! In der ganzen Maschine saßen kaum

zwanzig Passagiere, die alle Masken trugen. Nachdem ich aus der Flughafenhalle raus war, atmete ich erst mal so tief wie nie durch und hielt die frische Luft ganz lange in meinem Köper. Ein wunderbares Gefühl von Befreiung und Erleichterung, nach meiner alten Beziehung und auch nach den sehr anstrengenden Tagen während SARS. Uli holte mich ab, und wir küssten uns sofort. Mir fiel ein, dass ich gefährlich sein könnte. Doch er sagte ganz ruhig: »Jetzt ist es sowieso zu spät.« Das hat mich sehr berührt. Ich blieb drei Monate in München. Einen Monat lang habe ich mit einem Reiseführer München besichtigt; einen Monat habe ich einen Deutschkurs für absolute Anfänger gemacht. Zwei Wochen waren wir im Urlaub. Ich habe die Stadt, die Freunde, das normale Leben von Uli kennengelernt, und das gefiel mir alles sehr. Kurz bevor ich wieder nach China zurück musste – wir fuhren bei blutrotem Sonnenuntergang in die Stadt –, sagte er: »Es wäre schön, wenn du nicht mehr gehen müsstest.« Ich nahm es als seinen Antrag an. Bald darauf haben wir uns entschieden, zu heiraten und zusammen in München zu leben.

Im September danach besuchte er mich zwei Wochen in China, im November war ich wieder kurz in Deutschland, und dann verbrachten wir zum ersten Mal Weihnachten mit seiner Familie. Am 30. April 2004, ich hatte eben meinen letzten Cutter-Job beendet, kam ich mit einem Visum für ein Jahr nach Deutschland. Am 20. September 2004 haben wir in München standesamtlich geheiratet. Weil es so spontan war, hatten wir keine große Hochzeitsfeier geplant; wir feierten nur im engsten Kreis von Ulis Familie und Freunden mittags im Seehaus. Zwei Tage später sind wir auf eine zweimonatige Hochzeitsreise nach Südafrika aufgebrochen.

Zwei Jahre und einen Tag später kam unser Sohn Nicolas zur Welt.

Uli

Was ist das? 1979; ich steh auf dem Balkon unserer Unterkunft und höre eine Musik, die mir vollkommen neu ist. Die Bläser spielen verrückte Riffs, und der Rhythmus ist der Wahnsinn. Hört sich an wie Lateinamerika pur, aber hier bin ich auf La Gomera. Auf den Kanaren höre ich zum ersten Mal Salsa. Die Musik habe ich nie vergessen. 1991, Miami, vier Monate Praktikum am Deutschen Konsulat. In meinem Hotel am Strand treffe ich bei einer Vernissage Jose Louis, den mexikanischen Kulturattaché. Wir werden Freunde, und von da an bin ich Mitglied einer kubanisch-mexikanischen Clique. Louis betreibt im Nebenberuf einen Catering-Service, mit dem er seine eigenen Kulturveranstaltungen beliefert. Ständig Einladungen. Abends wird immer irgendwo gefeiert. Und getanzt. Kein Disco, aber eben diese Musik, die ich schon vor so langer Zeit gehört habe: Salsa. Schöne Frauen fordern mich zum Tanzen auf, aber irgendwie krieg ich das gerade nicht hin. Disco ja, aber Salsa? Ich antworte: »Lo siento, pero no bailo.« Dabei scheint man da richtig nett und eng zusammen tanzen zu können. Frust. Und ein Entschluss. Ich werde Salsa lernen. Irgendwann bestimmt.

Als ich nach meinem Studium 1994 nach München komme, fange ich an. Hier in München liegt Salsa voll im Trend. Jeden Tag wird irgendwo getanzt. Und zwar richtig gut. Es folgt ein Tanzkurs nach dem anderen; irgendwann geht mir der Rhythmus in Blut und Hüften über. Salsa wird zur totalen Sucht. Ich sitze in Meetings und denke: Heute Abend geht's wieder auf Piste. Während des Studiums hatte ich Spanisch gelernt, und im Urlaub fahre ich jetzt nach Lateinamerika. Kuba, Mexiko, Puerto Rico, Venezuela, und überall wird getanzt. Auf jeder Geschäftsreise, ob Stockholm, Lissabon, London oder Paris. Kein Salsaclub, den ich nicht kenne. Wenn ich irgendwo allein unterwegs bin, suche ich mir im Internet eine Salsabar. Die gibt's in jeder großen Stadt. So habe ich überall einen Ort, an dem ich mich zu Hause fühle. Gleich Anschluss, nette Frauen mit zumindest dem gleichen Musikgeschmack und meist auch dem gleichen Tanzfieber. Durch meinen Job werde ich häufiger nach Asien geschickt. Meist für eine Woche oder länger. Unglaublich, aber auch in Asien ist Salsa in. In jeder Metropole gibt es ein paar Latinos, die eine Tanzbar eröffnen, ob in Bangkok, Singapur, Jakarta oder Manila. Natürlich ist in Asien alles ein bisschen anders. Man ist zurückhaltender, und schneller Körperkontakt gehört eigentlich gar nicht zur asiatischen Kultur. Vielleicht sind daher auch die Asiaten, die Salsa tanzen, ein bisschen »westlicher« und offener als andere. Die Begeisterung fürs Tanzen jedenfalls ist auch in Asien groß.

China

2001 wird mir ein Joint-Venture-Projekt in China übertragen. Die nächsten drei Jahre werde ich in regelmäßigen Abständen immer wieder nach China zu Verhandlungen reisen. Beim ersten Mal erkundige ich mich vorab nicht nach Salsamöglichkeiten. China und Salsa? Das kann ich mir eigentlich nicht vorstellen.

Als ich nach zehn Stunden Flug abends total übermüdet im Hotel ankomme, habe ich wohl eine Fata Morgana, denn neben der Hoteleinfahrt sehe ich eine gelbe Neonreklame, auf der steht: »Salsa Cabana«. Wow, unglaublich, aber wohl nicht mehr als ein mexikanisches Restaurant. Nach dem

Check-in und Auspacken muss ich noch mal in die Lobby, um das zu überprüfen. Von irgendwoher höre ich Salsarhythmen. Kein Mexikaner, sondern Chinas erste Salsabar! Und das genau in meinem Hotel. Ich glaube zu träumen! Im »Cabana« treffe ich viele Expats. Ein französisches Au-Pair, ein in die Jahre gekommener italienischer Chief Representative der Telekom Italia, eine Mitarbeiterin der syrischen Botschaft usw. Dazwischen aber auch viele Chinesen. Eine gute internationale Mischung. Die meisten scheinen sich schon lange zu kennen. Das »Cabana« (leider gibt es das nicht mehr, heute steht hier ein MINI-Autosalon) ist eine geniale Salsabar. Jeden Abend spielt eine Liveband, und zwischendurch legt ein DJ auf. Super Holzboden, gute Cocktails, und essen kann man dort auch. Fast jeden Abend komme ich hierher. Manchmal bringe ich einen Geschäftskollegen mit. Das »Cabana« wird allmählich zur zweiten Heimat.

Beziehungen

In München habe ich hin und wieder eine Freundin. Kaum eine Beziehung aber hält länger als sechs Monate. Meine letzte lange Beziehung war noch während meines Jura-Referendariats in Berlin; immerhin hielt sie vier Jahre. Liegt aber auch schon lange zurück. Interessanterweise habe ich nie eine Frau aus der Salsaszene als Freundin. Viele meinen, wenn man sich beim Tanzen so nahe kommt, muss es wohl auch ständig funken. Aber wenn man genial zusammen tanzt, dann schwebt man wie auf Wolke sieben. Ich denke daher beim Tanzen zuallerletzt ans Reden. Ich genieße einfach den Flow. Und ich glaube, den meisten »echten« Tänzern und Tänzerinnen geht's ebenso. So einfach ist das – und so schwer.

Irgendwie fühle ich mich inzwischen ein bisschen alleine. Beziehungen und Liebe kann man halt nicht erzwingen. Ich hab's wirklich versucht, aber das musste wohl scheitern. Allmählich gehe ich auf die Vierzig zu und geb's allmählich auf. Ich verabschiede mich von der Idee von Familie, Haus und Hund. Hat die letzten zehn Jahre nicht geklappt, ist wohl nicht für mich gemacht, das Konzept. Von da an geht alles viel besser. Locker lassen! Bin natürlich nicht der Erste, der das erkennt; manchmal dauert's eben etwas länger. Das Leben macht wieder richtig Spaß. Auf einmal kommen die Frauen auf mich zu. Und die Asiatinnen gefallen mir wirklich gut.

Jenny

Ein Tag mit harten Verhandlungen. Ich sitze noch mit unserem chinesischen Anwalt an der Hotelbar. Wir arbeiten schon lange zusammen. Er fragt mich, ob er mich in eine Karaokebar einladen kann, mit Frauen und so. Ich ahne Schlimmes und schlage alternativ das »Cabana« vor. Nachdem er feststellt, dass ich hier offensichtlich mehr zu Hause bin als er – einige Frauen, die ich kenne, fordern mich zum Tanzen auf –, trinkt er aus und verabschiedet sich bis zum nächsten Morgen. Er weiß mich gut aufgehoben. Ich schaue mich um und überlege mir, mit wem ich Lust hätte zu tanzen. An der Bar sitzt eine hübsche Chinesin, die offensichtlich mit ihrem Freund hier ist. Sie trägt einen Hut und sieht irgendwie cool aus. Er tanzt nicht, und beide unterhalten sich angeregt. Da komme ich jetzt wohl nicht gut an. Also sehe ich mich weiter um.

Nach einer Weile, ich drehe mich wieder von der Bar zur Tanzfläche, steht die Chinesin direkt vor mir und fordert mich zum Tanzen auf. Ihr Freund ist nicht mehr da und ist wohl auch gar nicht ihr Freund, sondern nur ein guter Bekannter, der sie begleitet hat. Sie nennt ihn ihren »Bruder«. Jetzt tanzen wir noch eine Weile. Wir tanzen gut zusammen, aber nicht außergewöhnlich. Sie bewegt sich sehr elegant, aber irgendwie stimmt der Rhythmus nicht ganz. Sie erklärt mir, dass sie bereits in der Schule klassischen chinesischen Tanz studiert hat. Sie ist lustig und verkörpert eine besondere Mischung aus Fröhlichkeit und intellektueller Ausstrahlung. Und sie scheint sehr selbstbewusst. Mit einem Ausländer zu tanzen ist für sie nichts Besonderes. Wir unterhalten uns ein bisschen, keine Ahnung mehr über was. Nach dem Tanzen verabschieden wir uns, eine weitere Verabredung steht aber nicht im Raum. Es war nett. Ich weiß nicht, ob ich sie nach ihrem Namen gefragt habe.

Wiedersehen

Einen Tag später, wir wollen den Abschluss einer erfolgreichen Verhandlungswoche feiern, besuchen wir mit unseren chinesischen Geschäftspartnern eine feine Karaokebar. All unsere chinesischen Verhandlungspartner haben im Ausland studiert und sprechen sehr gut Englisch. Nach den vielen Verhandlungsrunden haben wir uns bereits gut kennengelernt. Tagsüber schlagen wir uns gegenseitig die Köpfe ein, aber jeden Abend gehen wir zusammen essen und sind beste Freunde. In der Karaokebar gibt's eine Flasche Whisky. Mir ist gar nicht nach Singen zumute. Die Chinesen singen ohnehin viel besser, also überlasse ich ihnen das Feld. Als ich an die Reihe komme, schlage ich vor, »Lloyd, du singst heute für uns, und ich werde später für euch eine Runde Salsa tanzen.«

Sie schlagen sofort ein. Leicht angetrunken geht's anschließend mit der ganzen Mannschaft ins »Cabana«. Als wir eintreffen, sehe ich mich sofort nach einer geeigneten Tänzerin um. Jetzt muss ich ja was zeigen. Aber irgendwie finde ich nicht die Partnerin, mit der ich ein bisschen angeben könnte. Auch ist es heute viel voller als sonst, und es fällt mir schwer, den Überblick zu behalten. Auf einmal tritt die Chinesin von gestern in mein Blickfeld. Ich gehe sofort höchst entschlossen auf sie zu und greife nach ihrem Arm, sodass sie gar nicht erst weg kann. Der erste Tanz ist somit abgemacht, und während des Tanzens erkläre ich ihr, was los ist und warum uns so viele Leute zusehen. Sie fängt sofort zu lachen an und kann sich kaum noch halten. Sie heißt Jenny oder Jianmei auf Chinesisch. Auch läuft es beim Tanzen diesmal viel besser. Liegt vielleicht auch daran, dass mich der Whisky richtig gelockert hat. Jenny merkt wohl, dass ich einen kleinen Schwips habe, aber wir tanzen noch einen zweiten Tanz, bevor ich zu meinen Geschäftsfreunden zurückkehre.

Dort hole ich mir eine Runde Applaus ab, die wenigsten können glauben, dass der zähe Anwalt auf einmal so lässig tanzen kann. Ich erkläre, dass ich Jenny gestern kennengelernt habe, wir also schon mal zusammen getanzt haben. Jenny geht mir nicht aus dem Kopf. Ich habe Lust, wieder mit ihr zu tanzen. Ich suche sie im Gewühl und finde sie. Kann sein, dass sie sich gerade mit Freunden unterhält, aber das ist mir ganz egal. Ich will mich einfach mit ihr bewegen. Der Alkohol lässt jegliche Scheu von mir abfallen, und ich gebe richtig Gas. Wow, die Frau gefällt mir wirklich gut, ich kann sie gar nicht loslassen. Wir tanzen einen Tanz nach dem andern, bis Jenny meint, sie müsse jetzt wieder zur ihren Freunden zurück. Die fragen sich ohnehin schon, wer der komische Typ ist, der sich so an sie ranschmeißt. Ist mir aber alles egal, und kaum dass ich wieder zu unserem Tisch zurückgegangen bin, will ich schon wieder zu ihr. Andere Frauen interessieren mich nicht. Von meinen Geschäftsfreunden habe ich mich praktisch schon verabschiedet und jetzt gibt's nur noch Jenny. Nach einigen weiteren Tänzen erklärt sie mir, dass ihre Freunde noch in eine andere Bar gehen, wo auch ab und zu Salsa gespielt wird, und fragt, ob ich Lust hätte mitzukommen. Klar! Wir nehmen ein Taxi, und ich glaube, ich versuche schon im Taxi, sie zu küssen. Was ist bloß mit mir los? So verrückt war ich schon lange nicht mehr nach einer Frau. Muss wohl der Alkohol sein, denke ich.

In der Bar wird wirklich Salsa gespielt, und es geht fast so weiter wie zuvor. Ich sitze mit Jenny an einem Tisch fern von der Tanzfläche und unterhalte mich mit ihr. Jenny ist sehr unbeschwert und fröhlich. Nach und nach verabschieden sich ihre Freunde, und wir bleiben zu zweit zurück. Wieder versuche ich, sie zu küssen, und ihr sachter Widerstand lässt langsam nach. Ich glaube, ich bin verliebt.

Später fahren wir im Taxi nach Hause, und sie sagt mir, dass mein Hotel fast auf ihrem Weg liegt. Also fahren wir zuerst zu mir. Ich werde ihr auf jeden Fall vorschlagen, noch zu mir mitzukommen. Morgen fliege ich nach Deutschland zurück; vielleicht ist das meine einzige Chance, wer weiß, ob wir uns noch einmal wiedersehen. Am Hotel angekommen, versuche ich, alle Register zu ziehen. Aber schon früh deutet sich an, dass sie allein weiterfahren wird. Ich frage nach ihrer E-Mail-Adresse und auch gleich, ob sie einen Freund hat. Sie hat keinen Freund. Sie hat einen Mann! Ich bin wirklich überrascht. So habe ich mir keine verheiratete Frau vorgestellt. Ich küsse sie zum Abschied und verspreche, mich zu melden. Das war's.

In der Heimat geht es im alten Trott weiter. Doch ich muss immer wieder an Jenny denken. Also schreibe ich ihr eine Mail, gebe mich aber keinen Illusionen hin. Die Frau ist verheiratet. Nur einen Tag später kommt eine Antwort zurück. Und die ist richtig nett und süß und hinterlässt bei mir den Eindruck, dass wohl auch ich ihr im Gedächtnis geblieben bin. Dass Jenny einen Mann hat und ich das so falsch eingeschätzt habe, lässt meine Vorstellung reifen, dass hinter diesem Menschen viel mehr steckt als die fröhliche, unbeschwerte junge Frau, die ich auf der Tanzfläche getroffen habe. Ich beginne, mich für sie und ihr Leben zu interessieren.

Wir werden uns wiedersehen! Jetzt steht meine nächste Verhandlungsrunde in China fest, und ich lasse Jenny gleich wissen, wann ich komme. Wir verabreden uns für den ersten Abend im »Cabana«, und ich bin aufgeregt. Diesmal treffe ich einen Menschen, über den ich schon etwas weiß. Wir reden mehr, als wir tanzen, und für uns beide scheint klar, dass wir uns in mein Hotelzimmer zurückziehen wollen. Diese stille Vertrautheit zwischen uns beiden überrascht mich. Diesmal muss ich am nächsten Tag schon nach Deutschland zurück, aber ich weiß, dass ich zwei Wochen später bereits nach Shanghai fliege. Und Jenny will mich dort treffen.

In Shanghai muss ich mich aus einem Abendessen mit unseren Geschäftspartnern stehlen, um Jenny vom Flughafen abzuholen. Von dort aus fahren wir ins Hotel. Zum ersten Mal fühle ich mich so, als hätte ich eine neue Beziehung. Am nächsten Tag, es ist Wochenende, haben wir Zeit, Shanghai zu besichtigen und wir besuchen einen alten Markt. Überall gibt es Essensstände, und wir haben Lust, alles auszuprobieren. Handgemachte Nudeln, der Teig wird vor uns kunstvoll in die Luft geworfen, frisch gebratenes Fleisch und Gemüse. Alles kostet nur ein paar Cent, aber es schmeckt genial. Um nicht schon von einem Gericht zu satt zu werden, teilen wir alles. Eine Angewohnheit, die wir bis heute nicht aufgegeben haben. Auch in Shanghai gehen wir abends tanzen und treffen alte Studienkollegen von Jenny. Das Wochenende verbringen wir komplett zusammen. Ich weiß – wohl bereits viel früher als Jenny –, dass ich mit dieser Frau noch sehr viel mehr erleben möchte.

Entscheidungen

Am Telefon berichtet mir Jenny, dass sie sich von ihrem Mann trennen will. Es sei nicht wegen mir, sie habe bereits durch das Tanzen gemerkt, dass ihr in der Beziehung zu ihrem Mann ein paar sehr essenzielle Dinge fehlen. Jenny hat ihren Mann im Studium kennengelernt, jetzt arbeitet sie sehr viel mit ihm zusammen, und ihre Ehe wird mehr und mehr zu einer Arbeitsbeziehung. Auch kann sie sich immer weniger eine »traditionelle« chinesische Partnerschaft vorstellen. Jenny möchte gerne ein Auslandsstudium machen, am liebsten in Australien, da sie dort ihr Englisch verbessern kann. Ich verrate es nicht, aber ich habe andere Pläne. Wir treffen uns wieder in Peking, und danach telefonieren wir und überbrücken die Zeit bis zu meinem nächsten Besuch.

Jenny verlässt tatsächlich ihren Mann. Nun steht die Tür für einen ersten Besuch in Deutschland offen. Ich lade sie also nach München ein. Ich möchte, dass sie Europa und seine Kulturen kennenlernt. Ich nehme vier Wochen Urlaub und plane eine gemeinsame Reise mit Stationen am Gardasee, in Rom, Korsika, der Toskana, Florenz und in Kärnten.

Es ist wirklich das erste Mal, dass Jenny China verlässt. Alles auf dieser Reise ist für Jenny Neuland. Ihre Eindrücke auf unserem Weg in den Süden sind unzählig. Ich versuche manches zu erklären, lasse aber das meiste einfach auf sie wirken. Ich bin gespannt darauf, was sie von den unterschiedlichen Kulturen hält und wie sie sie aufnimmt. Vieles an dem, was ihr auffällt, ob positiv oder negativ, überrascht mich. Aus Sicht einer Chinesin sind Deutschland und Italien vielleicht weniger unterschiedlich, als wir meinen. Bei einem ersten Besuch unterscheiden die beiden Länder sich vielleicht nur so sehr voneinander wie zwei benachbarte chinesische Provinzen, auch wenn für mich Welten dazwischenliegen.

Wir genießen die ungestörte Nähe zwischen uns. Während Jenny in Peking noch darüber nachdenken musste, dass sie vielleicht von einem Mitstudenten ihres Noch-Mannes erkannt werden könnte, ist sie jetzt vollkommen frei. Jenny fällt auf, wie direkt Europäer miteinander umgehen, insbesondere Deutsche. Hier bin ich wohl ein typischer Vertreter. Einerseits findet sie die direkte Art, mit der wir Dinge ansprechen, oft verletzend, andererseits genießt sie die größere Offenheit. Wenn überhaupt, dann kritisiert Jenny mich so versteckt und liebenswert, dass es mir kaum auffällt. Die kulturellen Unterschiede zwischen uns sind vielzählig, aber bei ihr erlebe ich sie nie als ein trennendes Element. Ich glaube, es liegt weniger an meiner Offenheit gegenüber der fremden Kultur, sondern an der besonderen Chemie zwischen ihr und mir.

Einmal in Rom fängt Jenny im Auto an zu weinen. Ich frage, was los ist, bekomme aber nichts aus ihr heraus. Sie sei einfach nur traurig, kann (oder will) mir jedoch keinen Grund nennen. Wenn Jenny traurig ist, zerreißt es mir das Herz, denn niemand kann so fröhlich und ansteckend heiter sein wie sie. Aber ich kann nichts dagegen tun. Erst Monate später werde ich erfahren, was los war: Es war an diesem Tag, dass sie zum ersten Mal wirklich an eine Beziehung zwischen uns geglaubt und dabei aber auch die Schwierigkeiten und damit verbundenen Risiken gesehen hat. Wie kann es zwischen uns weitergehen? Wie wichtig ist mir die Beziehung? Kann sie China und ihre Eltern auf Dauer verlassen?

Immer wieder Trennung

Die Reise bestätigt mir nur, was ich längst zu wissen glaubte. Wir sind füreinander bestimmt. Nie zuvor war ich mir so sicher. Wir treffen uns noch einige Male in Peking und Shanghai. Zwischendurch telefonieren wir – jetzt fast jeden Tag. Jenny möchte das so, aber mir fällt es schwer, vom Alltag zu erzählen. Meist frage ich nach ihrem Leben, das mir so viel interessanter vorkommt. Jenny berichtet von ihrem Job als Lektorin am Bejing Broadcasting Institut, der Kaderschmiede für den chinesischen TV-Nachwuchs. Gleichzeitig arbeitet sie als Cutterin für viele chinesische TV-Produktionen. Sie erzählt mir von der Zusammenarbeit mit den Regisseuren, und ich lerne einiges über Schnitttechnik. Auch erfahre ich, was im chinesischen Fernsehen erlaubt ist und was nicht. Jenny ist Parteimitglied wie viele Chinesen. Sie ist aber diesbezüglich nicht dogmatisch. Die Partei ist einfach die Partei. Sie ist mit ihr groß geworden. Sie war da und wird wohl immer da sein. Jenny's Eltern sind beide beim Militär. Da sie als Geheimnisträger eingestuft sind, dürfen sie die nächsten Jahre nicht ausreisen. Auch darf ich Jenny's Eltern nicht besuchen. Wenn es geschehen sollte, dann heimlich.

Für Telefonbeziehungen bin ich nicht geschaffen. Schreiben ist noch schlimmer. Ich möchte Jenny riechen, spüren, fühlen. Das Telefon beweist mir nur, wie weit ich wirklich von ihr entfernt bin, und hinterlässt auf Dauer ein trauriges Gefühl. Ich kann es überhaupt nur ertragen, weil ich an der Zukunft unserer Beziehung keinen Zweifel habe. Aber meine Geduld kennt ihre Grenzen. Ich muss Jenny bei mir haben. Ich weiß, es ist das Richtige.

Beim nächsten Mal kommt sie für drei Monate, die maximale Dauer der Aufenthaltserlaubnis. Es ist die Zeit der SARS-Epidemie, und wir befürchten beide, dass kurz vor der Abreise noch etwas dazwischenkommen könnte. Als ich sie vom Flughafen abhole, können wir kaum glauben, dass alles geklappt hat und wir jetzt wirklich voreinander stehen. Diesmal ist es kein Urlaub, sondern bereits ein Zusammenleben auf Zeit. Sie besucht einen Sprachkurs, und wir üben fleißig Aussprache und Wortschatz. Jenny war in China immer die Klassenbeste, und sie ist schrecklich ehrgeizig. Aber die deutsche Grammatik ist eine ernst zu nehmende Hürde. Wie kann ich ihr nur die ganzen Ausnahmen erklären. Selbst ich kann dahinter oft keine Logik erkennen. Auf Fahrradausflügen zeige ich ihr München. Ansonsten zunächst Salzburg, dann Chiemsee, Schloss Neuschwanstein und die beliebtesten Münchner Ausflugsziele. Jenny will tatsächlich ein Dirndl, und sie sieht umwerfend darin aus. Manchmal befürchte ich, dass Jenny in Deutschland als Ausländerin angefeindet oder abfällig behandelt werden könnte. Ich weiß, wie sensibel sie darauf reagieren würde. Glücklicherweise bleibt das aus. Im Gegenteil, sie erzählt mir am Abend, wen sie alles im Laufe des Tages getroffen und wie nett sie sich unterhalten hat. Fast alle Menschen reagieren positiv und erliegen ihrer Fröhlichkeit und ihrem Charme. Auch interessieren sich viele für das »erwachende« China und fragen Jenny über ihre Heimat aus.

Wir sprechen inzwischen sehr oft darüber, dass wir zusammenleben wollen. Es nervt, dass Jenny nach drei Monaten Deutschland mindestens wieder drei Monate in China verbringen muss, bevor sie erneut eine Reiseerlaubnis beantragen darf. Der Gang auf die Ämter in China und Deutschland und immer wieder neue Einreisebegründungen machen mich mürbe. Das Wort »heiraten« fällt zwar (noch) nicht. Aber alleine aufgrund der eingeschränkten Aufenthaltserlaubnis liegt es nahe, dass wir bald heiraten werden.

Auf der Zielgeraden

Anfang 2004 besuche ich erst mals meine zukünftigen Schwiegereltern in Peking. Leider kann ich bis auf wenige Worte noch kein Chinesisch, und so muss Jenny übersetzen. Glücklicherweise akzeptieren sie mich, und ich werde in die Familie aufgenommen. Wir verbringen zusammen ein paar Tage außerhalb Pekings. Ich werde sogar mit Jenny's Bruder verglichen. Der studiert in den USA und ist das elterliche Idol. Auch diese Hürde wäre also genommen …

Im April 2004 erhält Jenny endlich ein Einjahresvisum und kommt sofort nach Deutschland. Die aus chinesischer Sicht zur Heirat erforderlichen Papiere bringt sie mit. Doch nun machen die deutschen Behörden Schwierigkeiten, die einiges an den chinesischen Dokumenten auszusetzen haben. Es gibt aber keine Chance mehr, diese zu ändern. Wir überlegen bereits, im Ausland zu heiraten, in Südafrika oder Dänemark, wo es leichter sein soll. Aber schließlich hat man auf dem Standesamt ein Einsehen, und wir bekommen auch hier grünes Licht.

Am 20. September 2004 heiraten wir im kleinen Kreis. Am 21. September 2006 kommt unser Sohn Nicolas auf die Welt.

Mathilda

»Whatever you might have heard –
Nigeria is quite different.«

Als ihr Bruder nach Nigeria geht, um dort als Arzt zu arbeiten, beschließt Mathilda, ihn zu besuchen. Für die Journalistin eine Reise in die Vergangenheit, nicht zuletzt ihre eigene: Vor dreißig Jahren war ihr Vater dort Entwicklungshelfer – und sie selbst gerade auf die Welt gekommen. Nur Fotos kennt sie aus dieser Zeit, schwarze Mammies in prunkvollen Gewändern, die sie, damals sechs Monate alt, wie eine Porzellanpuppe auf den Armen hielten. Was verbindet sie heute noch mit dem Land?

»Die Kinder in Afrika« saßen bei uns immer mit am Tisch. Wenn wir ein Gemüse nicht mochten oder unseren Teller nicht leer essen wollten, kamen sie ins Gespräch. Auch in der Welt des Wohlstandes bescheiden bleiben, sich dankbar zeigen für das, was man hat, Nahrung respektieren – das Jahr in Nigeria, wo mein Vater Anfang der Siebziger als Arzt arbeitete, hat seine Spuren hinterlassen.

Ankunft in Lagos. Der Flughafen ist laut und voller Menschen. Meine Eltern und ich werden von geschäftstüchtigen Helfern, die sich für das Koffertragen das landesübliche »dash« (Trinkgeld) verdienen, und hoher Luftfeuchtigkeit empfangen. Viel sehen wir nicht von der wohl bekanntesten Stadt des Landes. Es geht gleich weiter Richtung Südwesten, nach Abeokuta. Francis, unserer Fahrer, holt uns mit dem Kleinbus ab. Einen erfahrenen Driver zu engagieren, ist ratsam. Denn auf den Straßen reiht sich Schlagloch an Schlagloch, und selbst breite Teertrassen münden gern mal plötzlich in schlammige Pisten. Die Fahrt über die so genannte Autobahn ähnelt einem Hindernisparcours. Was die Leute hier nicht davon abhält, wie die Wahnsinnigen zu rasen. Neben uns düsen ausrangierte Laster, auf denen noch die Aufschriften in Europa bekannter Discounter prangen, vorbei, voll bepackt mit Waren jeder Art. Und als Krönung obendrauf thronen unzählige Passagiere. Busverkehr nigerianisch. Wenn hier ein Unfall passiert, erzählt Francis, gibt es meist zahlreiche Tote und Schwerverletzte. Gegen Abend kommen wir im Hospital, dem Arbeitsplatz meines Bruders, an. Ich sehne mich nach einer Dusche, muss mich aber bis zum nächsten Tag gedulden. Wasser- und Stromausfall sind hier an der Tagesordnung, funktionierende Klospülungen Glückssache. Erschöpft sinke ich auf mein Feldbett. Die fremden Geräusche machen mich etwas nervös, erst nach zwei Stunden kommt der Schlaf.

Abeokuta hat etwa 800 000 Einwohner und liegt im Kernland der Yoruba, neben Hausa, Fulani und Ibo einer der großen Stämme des Landes. Die moderne Missionsklinik beschäftigt europäische und einheimische Ärzte und hat landesweit einen guten Ruf. Bemerkenswert, wie geduldig die Menschen oft stundenlang darauf warten, medizinisch versorgt zu werden. Hier kommen die Patienten nicht wegen eines Schnupfens. Malaria, Anämie, Kinderlähmung und Tuberkulose sind nur einige der Krankheiten, die behandelt werden. Obwohl die meisten offensichtlich sehr geschwächt sind, werden wir bei dem Rundgang durch das Gelände überall mit einem Lächeln empfangen. Nur einige Kinder gucken etwas skeptisch drein, weil wir so anders aussehen. Doch unsere in Deutschland gesammelten Stofftiere, die wir verteilen, lassen ihre anfänglichen Bedenken schnell verschwinden.

Tag 3

Bevor wir uns auf den Weg quer durchs Land machen, wechseln wir in Ibadan 500 Dollar. Kreditkarten und Reiseschecks sind außerhalb der Großstädte Nigerias nutzlos, auch Geldautomaten gibt es fast keine. Da die höchste Banknote, 1000 Naira, nur rund sechs Euro wert ist, bekommen wir einen ganzen Karton voller schmuddeliger Scheine. Schmutziges Geld, das auch zum Schmieren der schwer bewaffneten Wachpatrouillen, von denen wir auf unserer Reise an den berühmt-berüchtigten Checkpoints immer wieder angehalten werden, verwendet wird. Ihr Lohn ist Mitte des Monats aufgebraucht, die alternative Einnahmequelle ist zwar von staatlicher Seite verboten, wird aber weiterhin angezapft. Während der Fahrt sitze ich am Fenster und sehe die wüste Landschaft an mir vorbeiziehen. Irgendwo im Nirgendwo machen wir halt an einer kleinen Hütte. Francis füllt den Tank auf. Der chronische Benzinmangel in dem erdölreichsten Land Afrikas führt zu kilometerlangen Schlangen vor den Tankstellen. Deshalb hat er vorgesorgt und Kanister voller Treibstoff im Kofferraum verstaut. Wir kaufen ein paar Getränke im Shop, viel Auswahl gibt es nicht. Was aber überall zu finden ist, ist Coca Cola – selbst fernab jeglicher Zivilisation entdecke ich das knallrote Logo. Das also ist Globalisierung.

Tag 4

Wir sind in einem Dorf zu Besuch, in dem noch einige ältere weibliche Stammesmitglieder Halsringe tragen. Durch den Druck der Messingreifen werden Nackenmuskulatur, Schlüsselbein und Schulterblätter nach unten gedrückt und ihre Hälse so in den Himmel geschraubt. Auch Tellerlippen galten hier früher als Schönheitsideal, inzwischen wird dieser Brauch jedoch nicht mehr fortgeführt. Die Frauen sitzen stolz vor ihren schlichten Lehmhütten, schenken uns ein oft zahnloses Lächeln und laden uns ein, mit ihnen ihr kärgliches Mahl zu teilen, das sie auf kleinen Feuerstellen in Tontöpfen kochen. Es gibt Yam, eine Wurzel, die ähnlich wie Süßkartoffel schmeckt, mit einer roten Soße dazu. Während mir die unglaubliche Schärfe den Schweiß aus den Poren und die Tränen in die Augen treibt, werde ich von den Kindern im Dorf angestarrt wie ein Alien. Viele hier haben noch nie einen weißen Menschen gesehen. Erst als sich eines der Mädchen traut, mich anzufassen, und ich mit einem Lachen reagiere, ist der Bann gebrochen – und ich werde von den Kleinen umringt. Im Gepäck haben wir noch ein paar Plastikbumerangs. Ich zeige den Kindern, wie man das Spielzeug benutzt, und frage mich, ob sich irgendwann ein Ethnologe fragen wird, wie der Bumerang in die Pampa von Nigeria kam.

Tag 5

Im Kainji-Reservoir, einem Wald- und Wildtierreservat im Nordwesten Nigerias, übernachten wir in kleinen Bungalows, die für hiesige Verhältnisse reinster Luxus sind. Sie liegen am Rande des 1975 gegründeten Nationalparks, der neben einem riesigen Stausee angelegt wurde. Der Gecko im Zimmer und die Affen vor der Haustüre sind inklusive. Und wenn man früh genug aufsteht und mit dem Jeep rausfährt, kann man auch Büffel, Antilopen und Flusspferde sehen. Die Luft ist da noch angenehm kühl, die Schwüle kommt später erst. Ich teile die Bleibe mit meinem Bruder. Und der ziert sich am Abend, das Moskitonetz aufzuhängen. Neben mir zu liegen wäre sowieso der beste Mückenschutz, witzelt er. 53 Stiche habe ich schon. Unglaublich, an welche Stellen die Biester überall hinkommen. Vor dem Schlafengehen erzählt mir mein Bruder von seinem Kollegen Andreas, der massive Probleme hatte, ein Visum zu bekommen. Dass man viel Zeit und Geduld dafür mitbringen muss, ist in Insiderkreisen schon bekannt. Doch der zuständige Beamte hatte behauptet, die Unterlagen nie bekommen zu haben. Als Andreas persönlich vorbeikam und im Zimmer des Passbeamten saß, entdeckte er seinen Ausweis unter dem Fuß des Schreibtisches. Der chaotische Beamte hatte ihn zur Stabilisierung des wackeligen Möbelstücks benutzt.

Tag 6

Die sengende Sonne und der feine, alles durchdringende Staub, der hier überall in der Luft liegt, haben es geschafft: Meine Haare fühlen sich an wie Stroh. Die Bürste ist machtlos. Daher beschließe ich, auf dem Markt in Kaduna Ausschau nach einer Art Pflege zu halten. Zwar ist die Landessprache Nigerias Englisch, doch das bedeutet nicht, dass man damit durchkommt. Rund 400 Sprachen und Dialekte werden hier gesprochen. In einem Shop versuche ich mit Händen und Füßen zu erklären, was ich möchte, und bekomme von der lächelnden Verkäuferin einen Topf mit einer wachsartigen Substanz. Zurück auf meinem Zimmer wasche ich mir mit dem rostigen Rinnsal, das aus der Leitung kommt, die Haare und trage die Paste auf. Als ich mich wenig später wieder über die Badewanne beuge, um die nach Kokosnuss riechende Substanz auszuwaschen, ächzt die Brause kurz – und verstummt. Mit einem Handtuch um den Kopf gewickelt, marschiere ich zur Rezeption. Dort wird mir mitgeteilt, dass es heute kein fließendes Wasser mehr gibt. Ich bekomme einen Eimer in die Hand gedrückt und schleiche zurück in mein Zimmer. Die Kur entpuppt sich als äußerst intensiv, selbst mit meinem Handwaschmittel bekomme ich das ölige Zeug nicht raus. Ich gebe auf und entscheide mich für den Wet Look. Meine Eltern und mein Bruder finden das sehr lustig. Ich erteile ihnen absolutes Fotografierverbot. Die Frage nach fließendem Wasser entwickelt sich in den nächsten Tagen zum Dauerwitz. Beim Erreichen unserer Unterkünfte wird mir stets freundlich versichert, dass die Leitungen selbstverständlich funktionieren: »No problem, Madam!« Und jedes Mal steht der Eimer auf dem Zimmer schon bereit. Damit muss ich mich waschen und das Klo spülen. Die Haare bleiben fettig.

Tag 7

Die Sonne brennt, der Schweiß rinnt, die Frisur sitzt immer
noch nicht. Ich fühle mich wie Meryl Streep in »Jenseits von
Afrika«. Und sehne mich nach einem Robert Redford, der
mir die Haare wäscht. Wir sind gerade in Kano angekommen, einer sehr alten Stadt im Norden. Sie ist nach Lagos die
zweitgrößte Metropole des Landes. Neben dem Palast des
Emirs besichtigen wir die Dye-pits. Dort werden Stoffe in
großen Löchern im Boden in den verschiedensten Variationen von Indigo und anderen Blautönen gefärbt. Ich möchte
einige Meter kaufen, um mir daraus eine Tischdecke zu
nähen. Handeln ist Pflicht. Doch das überlasse ich meinem
Bruder, der darin schon Profi ist. Ich habe Hemmungen, die
ohnehin schon niedrigen Preise noch weiter zu drücken.

Tag 8

Der gut 2000 Quadratkilometer große Yankari-National-
park, etwa 120 Kilometer südöstlich von Bauchi gelegen, gilt
als Hauptanziehungspunkt Nigerias. Viele davon gibt es in
dem bevölkerungsreichsten Land Afrikas nicht. Korruption,
Machtmissbrauch, Menschenrechtsverletzungen sowie blu-
tige Religions- und Stammeskonflikte behindern die Entwicklung einer der bedeutendsten Wirtschaftsmächte des
Kontinentes – auch in Sachen Tourismus. Auf der Safari mit
einem klapprigen Mercedeslaster sehen wir Antilopen an
uns vorbeihuschen und Elefanten am Horizont wandeln,
und freche Paviane machen uns den Proviant streitig. Wilde
Tiere gibt es hier eher wenige. Später entspannen wir uns
in den Wikki-Quellen. Das kristallklare, rund dreißig Grad

warme Wasser kommt direkt aus dem Fels und fließt in ein großes Becken, in das man auf einer rostigen Leiter hineinklettert. Ich fühle mich seit Langem wieder porentief rein und genieße den Luxus, einfach nur Touristin zu sein.

Tag 9

Er war knallrot, matschig und, wie hier üblich, extrem scharf. Ich wollte gar nicht wissen, was in dem Eintopf, den wir bei einem Zwischenstopp serviert bekamen, alles steckte, doch er schmeckte. Allerdings spürte ich genau, wie das Essen die Speiseröhre passierte und in den Magen wanderte. Am nächsten Morgen weckte mich das dringende Bedürfnis, das Klo aufzusuchen. Nur gut, dass ich zwei Ärzte mit dabei habe. Die Fahrt im Bus wird trotzdem zur Tortur. Dass sich Francis während der Fahrt als Snack für zwischendurch eine Bisamratte auf dem Motorblock grillt, beruhigt meinen Magen auch nicht gerade. Hinzu kommt: Auf der Strecke gibt es natürlich keine Toiletten. Also muss ich mich mitten in die staubige Steppe hocken und hoffen, dass keine Schlange vorbeikommt. Meine Scham- und Schmerzgrenze sinkt. Später machen wir Pause und überqueren einen kleinen Fluss. Der Fährmann benimmt sich wie ein Gondoliere. Mit vor Stolz gewölbter Brust schippert er uns gut gelaunt in seiner Nussschale, die bedrohlich wankt, durchs braune Wasser. Rettungswesten? Fehlanzeige. Ich versuche, mein deutsches Sicherheitsdenken auszuschalten und mich in Gelassenheit zu üben. Vergeblich.

Tag 10

Jos ist die zweite Klinikstation auf unserer Strecke, der frühere Arbeitsplatz meines Vaters. Die europäischen Ärzte sind mittlerweile alle weg, zwei junge Nigerianer, die ihre Ausbildung im Ausland absolviert haben, halten jetzt leicht frustriert die Stellung. Die beiden zeigen sich sichtlich begeistert, dass sich ein weibliches Wesen in ihrem Alter, das Englisch spricht, hierher verirrt hat, auch wenn es im Moment etwas blass um die Nase ist. Wir unterhalten uns kurz, der eine steckt mir später seine Adresse zu, auf einem Zettel, der mit dem Slogan »Kissing can be dangerous« für ein Anti-Herpes-Mittel wirbt. Während meine Eltern mit einer älteren Schwester, die sie noch von früher kennen, in Erinnerungen schwelgen, wandere ich nach kurzem Mittagsschlaf durch die kargen Krankenhausräume, mache Faxen mit den Kindern, die mich aus großen Augen anstrahlen, und verteile die restlichen Stofftiere. In einem separaten Raum liegt ein Baby im Brutkasten ganz still mit geschlossenen Augen da. Erst nach einer Weile registriere ich, dass es nicht atmet. Ich renne panisch los, um einen Arzt zu holen. Der versucht mich zu beruhigen. Die Kleine ist bereits am Morgen gestorben. Ich bin fassungslos. Was bei uns der Ausnahmezustand ist, ist hier Alltag: Die Säuglingssterblichkeit liegt landesweit bei geschätzten sieben Prozent. Viele Kinder könnten schon durch Moskitonetze und Impfungen gerettet werden.

Tag 11

Abuja, die auf dem Reißbrett entworfene und aus dem Boden gestampfte Hauptstadt Nigerias und unbestrittenes Zen-

trum der politischen Macht, wirkt wie ein seelenloser Fremd-
körper in dem afrikanischen Land. Die Mischung aus Tradition und Moderne ist schon auf der Straße zu sehen: ein
Straßenverkäufer, der während eines chaotischen Staus versucht, mit einem Mercedesfahrer ins Geschäft zu kommen,
daneben Fulani-Frauen in traditioneller Tracht, die Körbe
auf dem Kopf tragen und Bankern im Anzug ihre Waren an-
bieten. Wir bleiben nur kurz in der »Vorzeigezivilisation«, in
der die Kriminalitätsrate im Gegensatz zum restlichen Land
eher niedrig ist, und ich blicke etwas wehmütig den Luxus-
hotels hinterher. Auf der Weiterfahrt stoppen wir noch kurz
an einem Waisenhaus, um Medikamente auszuliefern. Die
Kinder lächeln mich herzzerreißend an und wollen meine
Hände gar nicht mehr loslassen. Ich spüre so etwas, wie
einen Angelina-Jolie-Komplex in mir aufsteigen. Am liebsten würde ich sie alle adoptieren und mitnehmen.

Tag 12

Der Heilige Hain der Göttin Osun, ein verwunschenes Wald-
stück, liegt am Rande der Stadt und ist das Lebenswerk von
Susanne Wenger. Die österreichische Künstlerin kam Anfang der Fünfzigerjahre mit ihrem damaligen Mann nach Nigeria und erkrankte kurz darauf an einer lebensgefährlichen
Tuberkulose. Da sie für Monate das Bett nicht verlassen
konnte, befasste sie sich intensiv mit der Religion der Yoruba
und ließ sich nach ihrer Genesung in einem zehnjährigen,
extrem anstrengenden Ritual zur Hohepriesterin initiieren.
Währenddessen restaurierte sie die Schreine zu Ehren der
diversen Gottheiten, schuf neue Skulpturen und gestaltete
den spirituellen Ort in ein wunderbares Urwald-Freiluftate-

lier um. Viele afrikanische Bildhauer schlossen sich ihrem Projekt an. 2005, in dem Jahr, in dem »Mama Adunni Olorisha«, wie Wenger hier liebevoll genannt wird, auch ihren neunzigsten Geburtstag feierte, wurde die »Sacred Groves of Oshogbo« zum UNESCO-Weltkulturerbe erklärt. Ich spaziere durch den Zauberwald und bin ergriffen. Man fühlt sich vollkommen mit der Natur verbunden und irgendwie nicht von dieser Welt. Auf der Rückfahrt im Bus lassen mich die Eindrücke nicht los. Dieses Land hat ein riesiges kreatives Potenzial – was leider nur wenige erfahren dürfen.

Tag 13

»Whatever you might have heard – Nigeria is quite different«, lautet das Motto eines nigerianischen Reiseveranstalters, das mir bei meiner Ankunft seltsam vorkam. Nach den zwei Wochen weiß ich, was damit gemeint ist. Während man in den beliebten Reisezielen des Kontinents vornehmlich grandiose Landschaften und einen Hauch Exotik zu spüren bekommt, erfährt man in Nigeria, das in internationalen Statistiken sowohl in Sachen Korruption als auch in Sachen Zufriedenheit der Bevölkerung Spitzenplätze belegt, wie ein afrikanisches Land jenseits des Tourismus (nicht) funktioniert. Was man für einen Besuch hier dringend braucht: starke Nerven, einen robusten Magen und einen Einheimischen, der Bescheid weiß. Was mir in Erinnerung bleiben wird: die Gastfreundschaft, Aufgeschlossenheit und ansteckende Fröhlichkeit der Menschen. Und ich weiß, ich will zurück – vor allem zu den Kindern in Afrika. Wer weiß, vielleicht auch für ein ganzes Jahr.

Kristina

»Sizilien hat mich weicher gemacht, entspannter, möglicherweise auch wärmer.«

Eine E-Mail-Adresse auf einem Flugblatt, außergewöhnliches Format, elegantes Design, irgendwo unterwegs gesehen und eingesteckt. Darin überwältigende Ansichten einer stilvollen sizilianischen Herberge. Aus einem spontanen Treffen mit Kristina, der Besitzerin des Boutiquehotels, wird Freundschaft. »Darf ich deine Geschichte erzählen?«

Was bringt eine junge Marketingfachfrau aus Berlin dazu, nach Noto zu ziehen, ein spätbarockes Städtchen im gleichnamigen, unesco-geschützten Tal, in einen Landstrich Siziliens, nur einen Steinwurf entfernt von der Küste, dabei märchenhaft eingebettet in ländliches Grün? Sich ein altes Landhaus zu kaufen, dieses in Eigenregie zum charmanten Boutiquehotel umzubauen und dort wohnen zu bleiben, mit dem sechsjährigen Sohn und dem verwitweten Vater?

Es ist nicht Kristinas erster Grundbesitz in der Gegend. Es gab schon einmal ein Häuschen in den Bergen bei Ragusa, hört man sie erzählen. Das hatte sie sich mit ihrem damaligen Lebensgefährten und Vater des gemeinsamen Sohnes zugelegt, um dort die Sommer zu verbringen, frische Landluft und überwältigende Blicke zu genießen – mal ins Tal, mal bis ans Meer –, als willkommene Abwechslung vom Turiner Stadtleben.

Allerdings: Der Traum von Kleinfamilienidyll mit Bratenduft in der Küche, Blumen im Garten und Hund vor dem Haus blieb ein Traum. In Ragusa wurde Kristina niemals richtig heimisch. »Es wurde nicht warm«, sagt sie. Darüber wundert man sich ein bisschen, weil die Sommer Siziliens als die heißesten in Europa gelten. Wenn man Kristina erst besser kennenlernt, ist es indes nicht mehr so verwunderlich. Das hübsche kleine Puppenhaus am Rande von Ragusa – eine Episode im Leben der jungen Frau.

Kälte stimulierte zum Weiterreisen, der Süden Siziliens aber ließ sie nicht mehr los.

Von Ragusa aus suchte und fand sie eine neue Bleibe, näher an der Küste noch. Das Schicksal wedelte mit der Zaunlatte, sagt sie heute. Ein zauberhafter Palazzo mit spätbarocken Fresken, ein architektonisches Juwel inmitten unberührter Natur. Nach außen edle Burg, innen gemütlich und heimelig. Eingerichtet mit stilvollen Designermöbeln aus Japan und China, zeitgenössischen Fotografien, viel grobem Leinen und ganz viel Liebe zum Detail. Ethno wohl dosiert, Individualität statt Kommerz. Zehn feine Appartements für den gehobenen Geschmack, jedes anders, doch alle geräumig und licht und jeweils mit kleiner Küche: Kristinas Gäste versorgen sich selbst.

Kristina hat die Wärme gefunden, die sie suchte, im Innen wie im Außen, schreibt eine Lokalredakteurin aus Syrakus in einem Porträt über sie. Dazu Kristina, abends auf der Veranda, als der Sohn längst im Bett ist und Vater Andreas drinnen vorm Fernseher sitzt, zufrieden lächelnd, auch nach sechzehn Stunden auf den Beinen. »Mein Leben hier kommt dem

Idealzustand ziemlich nahe. Doch Wärme suche ich weiter. Sizilien hat mich weicher gemacht, entspannter, möglicherweise auch wärmer. Ich suche nicht mehr so verbissen, lasse mich mehr ein auf das, was ist, und versuche, das Beste daraus zu machen.

Wärme zu geben, statt sie nur einzufordern, das ist vielleicht der Schlüssel. Meine Rolle als Gastgeberin ist wie geschaffen dafür. Etwas Raues, Rohes, Ungeschliffenes in etwas Edles, Sehens- und Lebenswertes zu verwandeln, darin sehe ich meinen Part. Um so weit zu kommen, im Innern wie im Außen, brauchte es vermutlich jeden Schritt auf dem Weg hierher.«

»Du bist mit Anfang zwanzig aus Mannheim, wo du Wirtschaftswissenschaften studiertest, nach Mailand gegangen. Aufbruch in ein neues Leben?«

»So war es geplant. Wobei ich in Mailand nie länger bleiben wollte als ein, zwei, Jahre und von dort aus weiter, wer weiß, wohin. Ich fühlte mich, als stünde mir alles offen, mit Abi und Businessuni-Abschluss in der Tasche.

Die Firma, für die ich in Heidelberg beschäftigt war, machte in Mailand ein Schwesterbüro auf, und mein Chef wollte seinem süditalienischen Kompagnon Unterstützung aus dem Norden schicken. Mir kam das äußerst reizvoll vor: Ich hatte Hummeln im Hintern, wollte weiterkommen, Karriere machen, es konnte mir nicht schnell genug gehen. Nach Mailand zu gehen bedeutete, eigenverantwortlich eine Niederlassung zu leiten, für eine Berufsanfängerin wie mich eine Riesenherausforderung. Als das Personalkarussell anfing, sich zu drehen, wagte ich mich mutig aus der Deckung und bewarb mich instinktiv. Italienisch lernte ich damals in der Abendschule, ein paar Brocken konnte ich schon, mein

Glück war, dass niemand besser oder auch nur forscher war als ich.

Natürlich wollte ich auch Franco näher sein. Ich hatte den Arzt aus Turin drei Monate zuvor beim Skifahren in Kitzbühel kennengelernt und mich ein bisschen in den smarten, eleganten, charmanten Italiener verliebt. Da entwickelte sich etwas, das mich reizte, ein kleines, prickelndes Abenteuer, das ein größeres werden könnte, wenn man das Pflänzchen pflegte, dachte ich. Ich weiß noch, wie aufgeregt ich war, als ich ihm am Telefon von der Jobmöglichkeit erzählte.

Bis zu meinem offiziellen Starttermin in Mailand waren es nur ein paar Monate. Lächerlich wenig, um das Sprachthema in den Griff zu kriegen, Monate, in denen ich mich und meine Forschheit ein paar Mal verflucht habe. Es wusste ja niemand außer mir, dass ich geblufft hatte, also musste ich mich mächtig ins Zeug legen. Geackert habe ich wie eine Wahnsinnige, habe gelesen, Cassetten gehört, Filme auf Italienisch geguckt – und tatsächlich in drei Monaten Italienisch gelernt, wenigstens so viel, um mich verständlich zu machen und zu verstehen. Unglaublich, wie elastisch das Gehirn in diesen jungen Jahren ist; heute, mit 39, würde ich das nicht mehr hinkriegen, schon gar nicht in dem Tempo.«

»Mit ähnlicher Verve hast du dich in die Beziehung zu Franco gestürzt.«

»An den Wochenenden war ich von Anfang an nur bei ihm oder er bei mir, ganz klar. Der Reiz war offensichtlich, ich erkannte ein altes Muster, das Fremdartige hatte mich immer gereizt, an Plätzen, Menschen, Männern. Je exotischer, desto interessanter. Mal eine ziemlich verrückte Liaison mit einem Schweden, die einen Sommer dauerte, ein andermal eine wilde Geschichte mit einem Franzosen – das habe ich alles erlebt und intensiv genossen. Irgendwie erschienen mir diese Liaisons aufregender und spritziger als das Konventionelle. Der Zauber der fremden Sprache weckt eine ganz eigene Erotik, mit Glück auch mit längerer Halbwertszeit, das Phänomen kannte ich, und es spielte sicher auch diesmal eine Rolle.

Franco war – er ist – etwas ganz Besonderes. Intelligent, charmant, gut aussehend, ein Mann, der sich auch im lässigen Samstagsoutfit mit natürlicher Eleganz durchs Leben bewegt. Er beeindruckte mich auf eine Art, die mir ebenso schmeichelte wie imponierte; erst viel später lernte ich, dass es sein Charakter war und wenig mit mir zu tun hatte. Franco ist ein Mensch, der sich zu dir an den Tisch setzt und von dieser Minute an alles andere ausblendet, als wärst du das Interessanteste, Aufregendste und Wertvollste, was ihm je widerfahren ist.

Diese ungeteilte, intensive Aufmerksamkeit war ein gefährlicher Schlüsselreiz für mich, die ich mich unbändig nach Sicherheit, Souveränität und einer starken Schulter sehnte. Rückblickend muss ich einräumen, dass er mich tatsächlich wohl niemals fallen gelassen hätte, schon weil es gegen seine italienische Ehre gegangen wäre. Hinter seiner Aufmerksamkeit steckte vielleicht nicht exakt das, was ich mir wünschte, aber viele seiner Charakterzüge machen ihn ohne Zweifel zum guten Freund, sicher einem besseren Freund als Partner. Es wäre schön, wenn ich ihn eines Tages als solchen gewinnen könnte.

Francos starke, monopolisierende Art zog mich voll in den Bann. Zusammen gaben wir ein wunderschönes Paar ab, beide hochgewachsen, schlank, attraktiv, er dunkel, ich hellblond. Wir hatten eine Menge Gemeinsamkeiten. Er war, wie ich, kulturell interessiert, wir lasen beide gern und viel, liebten Kunst, besuchten Ausstellungen. Und er liebte shoppen, noch mehr als ich. Wenn es etwas wie Zukunftsahnung gab, war diese in diesen ersten Jahren mehr als vielversprechend.«

»Klingt fast zu perfekt, um wahr zu sein ...«

»Natürlich gab es einen Haken, einen kleinen schwarzen Fleck in all dem Rosarot, einen Fleck, den man beizeiten hätte sehen müssen, um etwas dagegen zu unternehmen. Doch dazu hätte man die Augen aufmachen müssen. Und ich war doch mit Träumen beschäftigt und mit dem Bauen von Luftschlössern, in meiner Phantasie war Franco Superman. Es lag so völlig außerhalb meiner Vorstellungskraft, dass dieser liebevolle, zuvorkommende, umsichtige Mann sich von einer Sekunde auf die andere völlig verwandeln könnte. Als es die ersten Male passierte – seine Ausbrüche steigerten sich in ihrer Häufigkeit und Intensität –, war ich so perplex, dass ich die Szene in meinem Kopf umgehend ad acta legte und zur Tagesordnung überging, als wäre nichts gewesen.

Zu einem solchen Modell gehören immer zwei, einer, der am Zug ist und handelt, und einer, der duldet und dulden will. Fast wie ein zynisches Spiel, das beide Seiten unglaublich viel Energie kostet, zu viel, um auszubrechen. Winzigkeiten provozierten ihn aufs Blut, eine falsch gefaltete Serviette konnte der Auslöser für einen Eklat sein. Es hing ganz von seiner Tagesform ab, ich konnte niemals sicher sein, wie er in diesem oder jenem Moment bei Laune war, war permanent auf der Hut, in der ständigen Angst, dass er wieder ein Haar in der Suppe finden würde. Und weil Superman eine Superwoman braucht, habe ich Schaf das Spiel brav mitgespielt und mit aller Kraft versucht, ihm zu gefallen, es ihm recht zu machen.

Wenn du drinsteckst in so einer Psychofalle, fällt dir nicht auf, wie ungesund das alles ist. Du hältst es für natürlich, passt dich an, nimmst ihn sogar in Schutz, weil er ja recht hat, es besser weiß. Wie konntest du nur so dumm sein, du hast verdient, dass er es dir zeigt. Du duldest die Wut und die Gewaltausbrüche mit der stoischen Ruhe eines Hündchens, das sich in sein Körbchen zurückzieht, wenn es Schläge bekommt, hoffst nur, dass ein paar Augenblicke später alles wieder gut ist und dein Herrchen dich auf den Arm nimmt und streichelt.

Franco ist kein schlechter Mensch. Er hat sich zwar niemals bei mir entschuldigt, aber am Tag nach so einem Ausbruch war er wieder der liebste Mann, der mir Geschenke kaufte, mich verwöhnte, auf Händen trug. Wir haben nächtelang geredet, wir liebten es, gemeinsam auf Reisen zu gehen, hatten eine ähnliche Vorstellung davon, was es heißt, das Leben zu genießen. Das war die eine Seite der Medaille. Aber zu unserem Paaralltag gehörte eben auch die andere. Diese bittere Pille musste ich schlucken.

Jahre habe ich gebraucht, um zu begreifen, dass er sich nicht ändert. Noch schwerer war, mir meinen eigenen Irrtum einzugestehen. Ich musste mich mit Gewalt freikämpfen aus diesem Netz von Abhängigkeiten, mich freistrampeln aus der Zwangsjacke, die ich mir selbst übergezogen hatte. Ein Kraftakt, dessen Ende noch immer nicht abzusehen ist, selbst mit über tausend Kilometern zwischen uns. Angstfrei leben, das war meine Vision über all die Jahre, und lange, zu lange, war Franco Teil dieser Lebensphantasie. Irgendwann war ich allein in meinem Traum, endlich frei und mutig genug, um zu gehen. Und doch dachte ich noch bis vor einem Jahr, ich würde zurückgehen, wenn er es will, egal, was passiert ist. Vielleicht liebe ich ihn noch, nur so ist das zu verstehen.«

»Du sehntest dich danach, anzukommen im Leben, Italien sollte dein Hafen werden. Das ist es auch geblieben, auch wenn die Anlegestelle gewechselt hat.«

»Während Mailand für mich immer eine Durchgangsstation blieb, sah Turin von Anfang an nach einem Hafen aus. Zumal als ich mir dank der Unterstützung meines Vaters ein Haus am Comer See kaufen konnte. Als ich zu Franco nach Turin zog, wurde dies unser Wochenendhaus. Ein herrliches Gefühl der Ruhe machte sich in mir breit, so etwas kannte ich bis dato gar nicht, ich war ein Leben lang mit meinen Eltern herumgereist, je nach den wechselnden Anstellungen meines Vaters als Uniprofessor.

Nach vier Jahren haben wir geheiratet. Ich wünsche mir, dass du an meinem Bett sitzt und meine Hand hältst, wenn ich sterbe, sagte er. Ein Satz, der mir nie aus dem Kopf ging. Es jagt mir Schauer über den Rücken, wenn ich mir vorstelle, dass er in mir so etwas wie eine Mutter sah – nur eine Mutter liebt und verzeiht ohne Bedingungen.«

»Erinnerst du dich an die ersten Jahre? Wie hast du dich heimisch gemacht?«

»Ich war Großstadtleben gewöhnt, Hamburg, Köln, München. Turin kam mir dagegen provinziell und kleinstädtisch vor. Die Familien kennen sich dort seit Generationen, als Neuankömmling, *la straniera*, wirst du geduldet, aber nie wirklich aufgenommen. Ich habe in meiner Zeit dort zwei, drei Freundinnen gefunden, mit Männern schließt man als Frau keine Freundschaften in Italien. Da wird dann entweder mehr draus, ein Flirt, ein Verhältnis, eine Affäre, das gibt es oft genug, oder es bleibt beim flüchtigen Hallo.

Wir hatten wenig gesellschaftlichen Kontakt in diesen ersten Jahren, und es fehlte uns auch nichts. Wir waren verliebt, das Leben mit zwei Wohnsitzen war aufregend und abwechslungsreich genug. Ich hatte mir einen Job in der Gegend gesucht, abends traf man sich mal mit Freunden, natürlicherweise mit seinen Freunden, klassische Pärchengeschichten.

Er hat mir nie offiziell verboten, Freundschaften zu schließen, aber es war ihm eindeutig lieber, dass ich es nicht tat. Er mochte meine Abhängigkeit, das gehörte wohl ein bisschen mit zum Machtspiel. Und mir schmeichelte, dass mich jemand ganz und gar für sich wollte.«

»Wie habt ihr einander verstanden, angefangen mit der Sprache?«

»Unsere erste Sprache war immer Englisch, er fand das exotisch, ohne Zweifel. Irgendwann war mein Italienisch gut genug, dass wir gewechselt haben. Nicht, dass er mich groß darin bestärkt, geschweige denn unterstützt hätte. Ich wollte das, die Sprache habe ich mir regelrecht erkämpft, fast gegen seinen Willen, kommt mir manchmal vor. Auch das, um es ihm zu beweisen. Zwei Dinge habe ich in diesen Zeiten erfahren, wichtige Dinge über mich, die mir vorher nicht klar waren: Wenn ich will, kann ich unterwürfig, bescheiden und demütig sein, einem Menschen, an dem mir etwas liegt, komme ich sehr weit entgegen. Aber ebenso stark ist der Teil meines Ich, der zäh und kämpferisch ist. Neben dem Dulden gibt es das Durchhaltevermögen und Energie, ewig weiterzumachen.

Die Beziehung zu Franco, so obskur sie war, hat mich stimuliert, geistig wie körperlich. ›Deutscher Panzer‹ hat er mich genannt, nur halb im Scherz, weil er weiß, dass ich Sitzfleisch habe, wenn ich an eine Idee oder an einen Menschen glaube. Rund um Noto gibt es weit und breit keine Frau wie mich, die ein Projekt wie dieses Hotel ganz ohne fremde Hilfe durchgezogen hat.«

»Italiener liebt Deutsche, Deutsche liebt Italiener. Kommt da überhaupt je so was wie Beziehungsalltag auf?«

»Um es gleich vorwegzunehmen: Ich bin sicher nicht die perfekte Hausfrau. Und er als typischer Italiener ging nie davon aus, dass er auch nur einen Handstrich im Haushalt tun würde. Der Fairness halber muss ich sagen, dass mir ein bisschen Schützenhilfe auf diesem Gebiet ganz zupass kam. Franco hat mich auf seine Art, ganz subtil und doch bestimmt, dahin erzogen, dass ich plötzlich Kochbücher studierte. Nicht nur das – ich habe auch gekocht! Das gehörte einfach dazu, wenn man eine gute italienische Ehefrau sein wollte.

Wir haben Freunde zum Essen eingeladen, auch das gehört dazu, wenn man in dieser Gesellschaft lebt. Doch während andere Frauen zwei Tage Zeit für die Organisation eines solchen Ereignisses hatten oder sie sich einfach nahmen, weil sie nicht arbeiteten und die Messlatte entsprechend hoch lag, habe ich das alles in einer halben Stunde gewuppt. Ich war ja bis um sieben im Büro.

Dennoch: Superwoman; ich hatte einen Ruf zu verlieren. Wenn Franco mich am Ende eines solchen Abends vor allen Gästen in den Himmel lobte, lauthals schwärmte, was ich aus dem Nichts gezaubert hatte, war ich stolz, weil er stolz war, und meine Welt war in Ordnung.

Die Wochenenden waren chronisch stressig. Vielleicht typisch für ein italienisches Paar, für mich war es neu. Franco stand auf dem Standpunkt: Er arbeitet viel und will sich an den freien Tagen amüsieren. Das Problem lag spätestens Donnerstag auf dem Tisch: Die Clique wollte ausgehen, einer musste sich drum kümmern, einen Tisch reservieren, alle anrufen. Wohin gehen wir, was essen wir, was machen wir danach? Wenn wir bis Freitag keinen festen Plan für den heiligen Samstagabend hatten, wurde mein Mann panisch. Dann waren plötzlich die anderen Frauen die Queens für ihn, Turinerinnen, die das Thema Samstagabendunterhaltung aus lebenslanger Erfahrung kannten, pausenlos schicke Einladungen bei sich zu Hause gaben, und das alles mit einer Leichtigkeit, die mir Würgereiz verursachte. Mir gefiel es, kleine, neue Restaurants zu entdecken, es irgendwie logistisch hinzukriegen, dass man uns einen Tisch für vierzehn Mann fertig machte, und dann alle zusammenzutrommeln. Schwierig genug, das alles, auch ein bisschen krampfhaft, dieses Sich-amüsieren-Müssen, aber ich hatte Spaß daran. Wenn es klappte, waren es sehr nette, entspannte Abende, die alle Beteiligten glücklich machten. Waren wir aber einen Samstagabend allein, war es ein Albtraum …«

»… der Jahre dauerte.«

»Ich hätte nie daran gedacht, dass wir uns je trennen würden. Nur deshalb habe ich als ›Finanzministerin‹ der Familie alles über seinen Namen abgewickelt. Banksachen, Immobiliengeschäfte, alles gehört offiziell Franco; er sagte, in Italien sei das so üblich, und ich habe es nicht weiter angezweifelt. Wir pflegten finanziell absolute Transparenz, ich hatte keinen Grund, misstrauisch zu sein, geschweige denn Geld beiseitezuschaffen. Es gefällt mir, mit Immobilien zu spekulieren, ich mag es, Häuser zu kaufen, nach Geschmack eine Weile darin zu wohnen, sie umzugestalten und dann wieder zu verkaufen, eine schöne, befriedigende Beschäftigung, die, wenn man es richtig anstellte, auch noch Geld abwarf. Freunde von uns kauften sich in der Gegend von Syrakus ein Häuschen, 300 Quadratmeter groß, mitten in den Feldern, mit Blick aufs Meer. Wir waren einen Sommer alle zusammen dort, danach stand unsere Entscheidung fest: Wir würden uns auch einen Zweitwohnsitz in der Sonne zulegen. Eine Bauchentscheidung, vielleicht noch mehr meine als seine, irgendetwas zog mich magisch an, vielleicht eine Vorahnung, diffuse Sehnsucht, Hoffnung auf Heilung meiner Seele.

Nach acht Jahren Ehe wurde ich schwanger. Ich hatte mir das immer sehr gewünscht, Francos Begeisterung hielt sich in Grenzen. Das war mir egal, ich wollte das Kind. Im Süden hätte ich meine Ruhe, sagte ich mir, und machte mich auf die Insel auf, um unser Haus für den Sommer fit zu machen; es gab dort genug zu tun, ich musste nichts weiter erklären.

Ich liebte meine neue Rolle als werdende Mutter und bastelte an meinem Nest herum, auch wenn noch nicht klar war, wer darin später wohnen würde.

Der Kleine kam im September. Die Geburt war mittelschwer, das Baby war zart und schmächtig, aber gesund – so weit war also alles ganz normal. Als ich den Kleinen drei Tage nach der Entbindung nach Hause brachte, sagte Franco nur: ›Jetzt ist unser Leben vorbei‹. Statt mich auf mich zu besinnen und erst mal runterzukommen nach all dem Stress, habe ich am darauffolgenden Wochenende gleich eine Party bei uns zu Hause gegeben. Zehn Leute zum Abendessen. Ich wollte Franco beweisen, dass es funktioniert, dass ich nicht krank bin, dass es trotzdem geht, er hat den Kraftakt dazu gar nicht registriert.«

»Dann ein Leben zu dritt …«

»Die Power, durchzuhalten, fehlte mir nie, nun hatte ich einen wertvollen Grund dafür. Ich ertrug alles, was kam in diesen Wochen und Monaten, mit stoischer Gelassenheit. Nachts aufstehen? Kam für Franco nicht infrage. Ich ernähre euch alle, sagte er, kümmere du dich um den Rest.

Um fair zu bleiben, muss ich sagen, dass Geld tatsächlich nie ein Thema zwischen uns war. Wenn ich heute für etwas streite, dann ist es für ein bisschen mehr Zuwendung, nicht für mich, sondern für unseren Sohn. Franco war immer der Typ *padrone*. Ich war sein Besitz. Er hätte mich nie fallen gelassen. Diese Struktur vermittelt dir eine gewisse Sicherheit, aber dafür gibst du alles auf, was dich ausmacht, zuallerletzt deine Würde.«

»Was hat Franco an dir gereizt?«

»Meine Stärke, zweifellos, mein Mut und meine positive Lebenseinstellung. Das hat ihn angezogen. Er ist ein Mensch, der, obwohl Arzt, auch schon mal schwarzmalt, ich war immer diejenige, die sagte: Wir schaffen das. Auf seine sehr narzisstische Art hat er mich sicher sehr geliebt. Er kann die Idee von uns beiden ebenso wenig loslassen wie ich, aber es ist zu spät für ein Zurück, das spürt er langsam. Er hätte mir etwas eher entgegenkommen können. Müssen.

Kleinigkeiten fallen mir heute ein, die ich tolerierte, ohne darüber nachzudenken. Etwa morgens: Ich bin sofort wach und will reden, mache mir Kaffee, lasse den Tag kommen. Er ist jemand, der vor elf, zwölf Uhr nicht angesprochen werden will, der die Fensterläden am liebsten so lange es geht geschlossen hält. Wie gern hätte ich sie morgens mal spontan aufgestoßen, frische Luft reingelassen, stattdessen habe ich Rücksicht genommen. Er ist ein Nachtmensch, ich bin ein Tagestyp, ich liebe das Meer, er die Berge – wir sind so unterschiedlich, es konnte nicht funktionieren.«

»Unterschiede können auch anregend sein.«

»Für die Anfangszeit mag das gelten, später wirkte es nicht mehr, auch Sex als Kitt verlor sich mit der Zeit. Für Franco war das kein Thema, er machte mir klar, echte Liebe braucht das nicht, fand dafür auch immer wieder Zitate in der Literatur. Er muss die Intimität und Nähe ebenso vermisst haben wie ich. Aber Männer sind anders ... Irgendwann haben wir das Thema beide abgehakt. Tabuisiert. Totgeschwiegen.

Wenn ein Unglück kommt, muss man die Tore weit aufmachen, sagt man in Russland. In diese ganze Aufregung, in diese Tristesse hinein starb meine Mutter, urplötzlich und unerwartet, von einer Sekunde auf die andere. ›Jetzt kannst du dich endlich von deinem Mann trennen‹, sagte eine gute Freundin von mir, als sie davon erfuhr. Es stimmte. Meine Mutter vergötterte und beneidete mich; es war eine seltsame Form von Hassliebe, die uns verband und die für beide Seiten nicht immer gesund war. Als gute Tochter wollte ich sie niemals enttäuschen; mein Leben lang habe ich alles getan, um ihr zu gefallen. Dazu passte es nicht, den Ehemann zu verlassen. Mit meiner Mutter im Nacken hätte ich diesen Schritt nie gewagt, den Mut hatte ich erst, als ich allein war.«

»Also hast du die Koffer gepackt.«

»Richtig. Ich habe meinen vierjährigen Sohn mitgenommen und bin nach Sizilien gegangen. Im vergangenen Sommer habe ich den Kleinen hier eingeschult, der letzte Schritt zu meiner Unabhängigkeit, davor hätte es vielleicht noch ein Zurück gegeben. Seitdem organisiere ich mich allein. Ich habe meinen Vater zu mir geholt, er sieht ein bisschen mit nach dem Rechten. Es tut mir gut, dass er für mich da ist und endlich auch sein darf, meine Mutter beäugte diese Beziehung immer mit Argwohn. Seine Offenheit und seine helfende Art stützen mich, auch wenn er in seinem Alter kein Italienisch mehr lernt, das muss er nicht, nicht mehr, er hat mich. *Cercando calore,* sagt man hier, immer auf der Suche nach Wärme. Das trifft es auf den Punkt. Ich habe gelernt, dass Suchen allein nicht viel bringt. Was du suchst, musst du ausstrahlen, es selbst leben – oder es wenigstens probieren. Verantwortung für andere übernehmen, von ganzem Herzen. Dich einlassen auf die Menschen um dich herum, mit Geduld und Verständnis. Und wirklich ankommen, zur Abwechslung, mit allen Konsequenzen. *Piano piano.* Dafür war nie die Zeit in meinem Leben. Jetzt habe ich sie. Zeit. Massig Zeit, um Anker zu werfen und von Bord zu gehen. Endlich Ruhe.«

Ivona

»Ich bin eine Reisende, entwurzelt und doch stark.«

Eine Affäre, die große Freiheit, der Reiz des Unbekannten? Oder eine zweite Chance für ihre Ehe? Ivona steht zwischen zwei Männern und dreht sich immer wieder im Kreis. Bis zu der Ayurvedakur in Sri Lanka, bei der sie endlich ihr Gleichgewicht zurückgewinnt – und am Ende weiß, was sie will. Hier ihr Tagebuch.

Als Ivona zum verabredeten Treffpunkt kommt, ist sie wie auf Knopfdruck Mittelpunkt im Lokal. Atemlos lässt sie sich in einen freien Sessel fallen, lächelt ein bisschen schuldbewusst, weil sie zu spät ist, eine Marotte von ihr.

»Ihr habt hoffentlich schon ohne mich angefangen?« Umwerfend sieht sie aus. Roter Rollkragenpullover, enge Jeans, dazu rote, hochhackige Stiefel, die dunklen Haare raspelkurz. Eine Frau, die von innen strahlt, kraftvoll und souverän. Kürzlich ist sie Chefredakteurin geworden, für ein Foodportal im Internet. Kleines Team, große Pläne, und Ivona voller Idealismus vorneweg. In der abendlichen Runde erzählt sie von den ersten Schritten des Pionierprojekts. Fröhlicher Toast, man wünscht ihr Glück. Alles perfekt in ihrer Welt.

»Perfekt? Ach, perfekt …«, sagt sie Stunden später, als die anderen längst gegangen sind. »Vor einem Jahr stand ich ganz woanders.« Eine unglückliche Affäre, Stress mit ihrem

Ehemann Florian, Mobbing im Job – ihre Welt war komplett aus dem Gleichgewicht. Sie wollte nur weg, weit weg, am liebsten für eine Weile ganz von der Bildfläche verschwinden. Wieder zu sich finden. Ayurveda Pancha Karma in Sri Lanka, rein zufällig stößt sie auf die Annonce. Fühlt sich magisch angezogen von der Aussicht auf neue Lebensfreude. Ohne lange zu überlegen, bucht sie sich für die Kur ein. Sagt niemandem ein Sterbenswörtchen, dass sie mit Ölgüssen, Yoga und Meditation Leib und Seele wieder in Einklang bringen will. »Ich hatte dein Buch dabei«, sagt sie, und dass es sie inspiriert habe auf ihrem Weg. »Eine einzige Reise kann alles verändern.« Ihre persönliche Version hat sie auch festgehalten, in einem kleinen, roten Reisetagebuch, das sie mir wenige Tage darauf vertrauensvoll in die Hand drückt. Unzählige, zeilenlose Seiten, mit Kuli fein säuberlich bis zur letzten Seite vollgeschrieben. Mal große, mal kleine Lettern mit Skizzen und Zeichnungen dazwischen, eine kleine, bunte Reisekladde. »Vielleicht hilft es jemandem. Mir hat es sehr geholfen ...«

11. April 2007

Es geht los. Ich sitze im Flugzeug der Emirates und bin aufgeregt. Stewardessen haben eben heiße Handtücher verteilt, ich kuschele mich in meine Decke, bekomme noch ein Kopfkissen und Kopfhörer dazu. Wie praktisch: Zur Menükarte gibt es Aufkleber, auf denen steht, zu welcher Gelegenheit ich geweckt werden möchte: zum Duty-free-Verkauf, zum Essen – oder gar nicht.

Zu dumm, mein rechter Knöchel ist angeschwollen. Irgendwas muss mich gebissen haben. Der Fuß pocht, als steckte eine ganze Ladung Gift darin. Es tut höllisch weh, aber ich wollte auf keinen Fall deswegen meine Reise absagen. Vor Ort wird man sich sicher um mich kümmern. Vorn im Flieger werden gerade die Sicherheitsvorkehrungen auf Arabisch verlesen. Ich betrete eine neue Welt, und sie fühlt sich schon jetzt sehr aufregend an.

Mama hat mich zum Flughafen gebracht, lieb von ihr. Ehe es losging, saßen wir noch ein, zwei Stunden in der Sonne beim Picknick. Sie hatte leckere Sandwiches gemacht, dazu gab's Muckefuck aus der Thermoskanne, fast wie früher. Zwischendurch unzählige SMS von Florian. Er machte sich Sorgen, weil ich mich seit gestern nicht gemeldet hatte. Als er nichts von mir hörte, hat er bei der Airline angerufen und mir »Liebe Grüße« ausrichten lassen. Eine voll verschleierte Dame am Schalter übergab mir die Notiz.

Ich weiß im Moment nicht, wohin damit. Freue mich erst mal nur auf meine Zeit mit mir. Achtzehn Tage Verwöhntwerden. Nichts tun oder nur das, worauf ich Lust habe: essen, schlafen, aufs Meer gucken, lesen, malen, schreiben, Musik hören, nachdenken, nichts denken, auf meinen Bauch hören, meine Seele abtasten, meine Gefühle spüren, mich entdecken. Ich fliege nach Sri Lanka, um mich zu finden. Gleich beginnt der Film, dazu gibt's Salzstangen, ich bin glücklich.

Wen ich brauche? Mich!

12. April 2007

Nur noch wenige Minuten bis zur Landung. Mein iPod spielt Orishas. Ich denke an Krischan. Den Geliebten? Die Affäre? Den Freund? Was ist er eigentlich. Jedenfalls ist dies unsere Musik, und mir wird ganz eng ums Herz dabei.

Die Kontaktlinsen habe ich rausgenommen. Irgendwie komisch, so mit Brille, immer wieder ungewohnt. Verrückt, dass mich das so unsicher macht, wenn ich mich nicht auf mein Aussehen verlassen kann. Als klebte all meine Selbstsicherheit an diesen kleinen, unsichtbaren Teilchen. Manchmal frage ich mich, was mir bleibt, wenn ich älter werde. Wenn meine Jugend schwindet und die Schönheit langsam zerfällt. Wie lange kann ich Männern noch den Kopf verdrehen? Wie lange ist mir das noch wichtig?

Männer. Woher nur dieses unbändige Bedürfnis, alle zu lieben, das aus heiterem Himmel kam und nicht wieder ging? Monatelang habe ich gekämpft, alles aufs Spiel gesetzt. Mein großes Puzzlebild Leben einfach in die Luft geworfen, ohne zu wissen, ob sich die Teile jemals wieder zusammensetzen lassen. Bin immer unersättlicher geworden in meinem Drang nach Aufmerksamkeit. Zuwendung. Liebe?

Florian? Krischan? Große Freiheit? Wenn es doch so einfach wäre.

Am Airport in Colombo hat mich ein Fahrer abgeholt. »Früher Morgen« heißt er auf Singhalesisch. Was für ein schöner Name. Die Autofahrt zu zweit tat richtig gut nach dem langen, ermüdenden Flug, eingepfercht zwischen wildfremden Menschen. Wortlose Sympathie zwischen dem dunkelhäutigen Chauffeur und mir, ich fühle mich wohl und geborgen. Ganz allein, am anderen Ende der Welt. Ganz schön verwegen, was ich da tue. Ich bin fast ein bisschen stolz auf mich.

Links von der Straße Dschungel, saftig grün, rechts daneben das Meer, meterhohe Wellen, die mit lautem Tosen brechen, sich in einem meterbreiten Band aus schneeweißem Schaum auflösen. Vor, hinter und neben uns auf der Teerstraße (die kaum das Wort verdient, so viel Sand und Dreck überall) Menschen, Kühe, Buddhastatuen, Frauen in Saris, halb nackte Männer bei der Morgentoilette, Händler, die frischen Fisch verkaufen, wilde Hunde. In der flirrenden Hitze des Tages verschwimmt alles zu einem riesigen bunten Flickenteppich. Sieben Stunden brauchen wir für die 150 Kilometer ins Paradies. Era Lanka. Türkisblauer Swimmingpool, Palmen und Bananenstauden, atemberaubender Blick aufs Meer. Überschwängliche Begrüßung, ein Fruchtcocktail und ein feuchtes Handtuch zur Erfrischung. Jetzt erst mal unter die Dusche, langsam ankommen, runterkommen.

Meine Therapeutin wartet bereits, um mich mit warmem Sesamöl zu verwöhnen und mir den Reisestress wegzustreicheln. Danach der erste Besuch beim Ayurveda-Doktor. Fragen über Fragen. Wie lange sind Sie schon verheiratet? Mögen sie lieber kaltes oder warmes Essen? Haben Sie ein gutes Gedächtnis? Pulsdiagnose. Notizen, Skizzen, gemurmeltes Fachsimpeln. Drei Doshas gibt es in der ayurvedischen Lehre, laut Diagnose bin ich ein Vata-Typ mit Pitta-Anteilen, was mir erst mal gar nichts sagt. Mit einem Behandlungsplan für die kommenden Wochen und herrlich kühlender Zitronen-Sesam-Paste auf meinem Fuß werde ich sanft wieder vor die Tür bugsiert. Ich spüre, wie mein Körper sich fallen lässt. Irgendwie schön, alle Verantwortung abzugeben und sich diesen lieben Menschen anzuvertrauen.

Beim wundervollen Willkommensdinner sind zwei Ober nur für mich da und lesen mir jeden Wunsch buchstäblich von den Augen ab. Nebensaison, mein Glück, für Small Talk hätte ich jetzt keinen Nerv mehr. Ich sitze wohlig umfangen von bunten, duftig zarten Tüchern, genieße die laue Meeresbrise auf meiner Haut und lasse meinen Gedanken freien Lauf. Ich will nicht sprechen, heute Abend nicht. Zügig löffele ich meine Karottensuppe und eine Portion Sesamnudeln dazu, meine Ober nehmen Rücksicht darauf und lassen mich in Frieden. Zurück in meinem Bungalow, schlafe ich sofort ein.

13. April 2007

Ich kann es kaum glauben: Ich, die Langschläferin, stehe um sechs Uhr auf, um pünktlich um halb sieben eine Stunde Yoga zu machen. Wie lecker das Frühstück danach schmeckt! Spargelsuppe, Pfannkuchen, Papaya, Banane, Kaktusfrucht. Zum Nachtisch Meerblick, ein Traum. Ich bin angekommen.

Kopfweh hab ich. Oder Jetlag? Erst mal zur Massage, Kopf, Gesicht, Fußreflexzonen. Danach ein leichter Lunch: vorneweg Blumensalat, dann sechs verschiedene Currys, eines köstlicher als das andere, dazu Huhn, rote Beete, Reis, Cashewnüsse. Verhungern werde ich hier nicht, so viel ist klar. Willkommen im Schlaraffenland.

Ich sitze auf meiner Terrasse, gucke in die blaue Unendlichkeit und trinke Vata-Tee. Das Treatment hat gutgetan: Abyanga, angeblich die Königin unter den Massagen. Ziel ist es, den Organismus von Schlacken und Schadstoffen zu reinigen. Meine Haut hat das Sesamöl aufgesaugt wie ein Schwamm. Ich stelle mir bildlich vor, wie die Gifte ausgeschwemmt werden. Nur: Was sind das für Gifte, die da in meinem Körper stecken? Und was ist mit den giftigen Gefühlen, die ich gegen mich habe? Ob die auch mit wegschwemmen bei diesem Rundum-Verwöhnprogramm?

Ich vermisse Florian. Und doch bin ich froh, dass er nicht hier ist. Er würde mich nur ablenken. Alles ist so, wie ich es mir vorgestellt habe, und ich genieße es, hier zu sein.

Gestern hat Florian angerufen. Da war die alte Welt plötzlich wieder sehr nah, zu nah, furchtbar nah. Ich merke, ich brauche mehr Zeit, Zeit für mich, ohne ihn. Versuche verzweifelt, mich abzulenken, lasse mich treiben mit der allgemeinen Partystimmung, es ist Neujahrsfest in Sri Lanka. Doch die glückliche Silvesterfolklore um mich herum – die Einheimischen entzünden überall Feuer, kochen darauf in großen Bottichen Milch und verspritzen den Schaum mit langen Zweigen – macht mich nur noch deprimierter.

Nach drei Tagen im Paradies haben meine Ängste mich eingeholt. Das erste erleichterte Glücksgefühl – es hat nicht lange vorgehalten. Eben saß ich am Strand, lauschte den Wellen und stellte mir vor, wie es wäre, wenn ich einfach weggespült würde. Eine Hündin lief schwanzwedelnd auf mich zu, schnupperte neugierig, leckte meine Finger. Ob sie Hunger hatte, vielleicht Hunger nach Liebe? Ich wollte schreien, so deprimierend war der Gedanke, dass ich nichts spürte, noch nicht mal Mitleid mit dem verwahrlosten Tier.

Meine Brust, mein Herz sind zu, meine Gefühle fahren Achterbahn.

Doch die Massagen wirken dem Emotionschaos entgegen. Mit jeder Behandlung werde ich ruhiger, entspannter, mein Körper trinkt das duftende Öl. Es macht ihn schwer, träge und müde, so müde. Hilflos ergeben, lasse ich alles geschehen, genieße die Fürsorge, lasse mich fallen.

Langsam, ganz langsam komme ich zu mir. Loslassen, mich ergeben, wohlfühlen. Nichts anderes will ich. Ein böser Mückenstich am Auge wirft mich zurück. Eine Gesichtshälfte schwillt an, ich sehe debil aus, traue mich kaum vor die Tür. Was hat das zu bedeuten? Strafe? Nicht genießen dürfen? Rückzug? Wovor habe ich Angst? Ich halte fest, so fest, so starr. Bin unglücklich, unausgeglichen, leer. Und einsam! Mein Herz ist kalt.

Wie eine Zuschauerin betrachte ich mein Leben hier, analysiere akribisch jeden Tag, jede Stunde, jede Minute. Wie die Szene am Strand, gestern Morgen. Ein Singhalese brachte mir eine frische Kokosnuss. Der Saft schmeckte prickelnd wie Champagner, mit einem Stück Schale löffelte ich die frische Frucht aus, weich glitt mir das Fleisch die Kehle hinunter. Niemand sah hin, wie es beim Essen nach allen Seiten spritzte. Niemand interessierte, dass ich genoss, wie der Saft an meiner nackten Haut herunterrann, eine Schlüsselszene in meinem persönlichen Selbstfindungsfilm?

Krischan. Geh weg, du hast in meinem Kopf nichts zu suchen. Ich will dich hier nicht haben, denn mit dir kam das Chaos. Was habe ich nur angestellt? Meine Ehe aufs Spiel gesetzt, weil da plötzlich nur noch du warst. Und jetzt? Jetzt sitze ich 10 000 Kilometer von zu Hause auf einer Insel, die so groß ist wie Irland, und schreibe über Kokosnüsse. Was will ich eigentlich. Alleine sein oder Geliebte von vielen? Reisen oder bleiben? Freiheit oder Verschmelzung? Mein Arzt sagt, die Irritation kommt von der Pitta/Vata-Irritation. Zu viel Kopf, zu wenig Herz und das unbändige Bedürfnis nach Raum, Bewegung, Luft und Freiheit. Ja und? Was mache ich daraus? Ich bin ungeduldig, viel zu ungeduldig. Mag noch gar nicht an den nächsten Sommer denken. Von einem Gefängnis ins andere. Neuer Job, viel Stress, enormer Druck. Florian, der mich liebt und mich doch nicht glücklich macht. Meine eigene Wohnung, die erst so verlockend schien und mich jetzt nur bedrückt. Alles Fesseln, ich will doch nur reisen. Oder fliehen? Tausend Gedanken, Wünsche, Ängste, zu viel für einen Menschen, ein Leben. Mein Lebensmosaik bröckelt, weil da nichts ist, das die Steine zusammenhält.

Komm endlich an, sage ich mir. Mach dir keine Sorgen, hier wirst du aufgefangen, ohne etwas dafür tun zu müssen. Du bist nicht verloren, auch wenn es sich die letzten vier Monate so angefühlt hat. Du hast dich, keiner sagt dir, was du zu tun hast. Werde endlich erwachsen. Deinen Retter auf dem weißen Schimmel gibt es nicht. Die wenigsten Prinzen haben das Zeug dazu, dich aus deinem Dornröschenschlaf zu erwecken. Florian ist brüderlich-blind vor Liebe, Krischan war pures, geiles Kopfkino. Wichtig ist doch, wo du dabei bleibst, wo du stehst, wo du hingehörst. Ja, wenn ich das wüsste.

16. April 2007

Heute geht es mir besser. Hat sicher mit meinem Ausflug zu dem buddhistischen Tempel zu tun, 560 Stufen hoch oben auf einem Berg gelegen, 360-Grad-Blick in die Ewigkeit. Da saß ich auf dem Steinpflaster und fühlte mich wie eine Löwin, die Königin des Dschungels. Gedanken und Gefühle zuckten durch meinen Kopf wie Wetterleuchten, verursachten ein wohliges Prickeln in der Herzgegend. Ein paar Augenblicke lang hätte ich kreischen können vor Glück.

Wen hätte ich jetzt am liebsten dabei. Krischan? Florian? Gewaltsam stoppe ich mein Gedankenkarussell. In diesem

Moment brauche ich niemanden außer mich. So, wie es ist, ist es gut. Wird Zeit, dass ich mich glücklich mache.

Mein Herz macht Reisepläne. Ich lasse mich treiben. Warum nicht Bali, den Geist heilen, eine religiöse Heimat und innere Zufriedenheit finden?

17. April 2007

Ich träume. Wirres Zeug von zu Hause. Von mobbenden Kollegen. Von meiner eigenen Verlogenheit. Von Männern, von Sex, heftig und zerstörerisch. Von Hingabe. Beim Aufwachen verspüre ich ganz plötzlich unbändige Lust. Weiß nicht, wohin damit.

18. April 2007

Nasya, ayurvedisch für die Reinigung der Nase und der Nebenhöhlen, soll meinen Kopf klären. Wie gut es mir tut, hier so liebevoll gepflegt und geheilt zu werden. Bei der anschließenden Kopfmassage lichten sich meine Gedanken an den bevorstehenden Sommer. Unerträglich heiß, schwer und arbeitsreich wird er werden, ich werde alles geben müssen in dem neuen Job. Aber dazwischen liegen Wochenenden, Feiertage, Abende und Urlaub. Ich werde mich um mich kümmern, um nicht verrückt zu werden. Zu sanfter Streichelmassage plane ich einen Italienurlaub für den kommenden Sommer. Einen Schreibkurs will ich machen, abends gut essen, mich verwöhnen, Spaß haben. Im Winter will ich nach Bali, drei Wochen Selbstfindung, Innenschau, Spiritualität. Irgendwann dann auf die Seychellen, nach Indien, Südafrika,

Kuba, San Francisco, Lissabon ... Und natürlich Sport machen! Wenn ich erst wieder daheim bin, werde ich zweimal die Woche laufen und regelmäßig Yoga üben. Dann gilt es, die neue Wohnung einzurichten. Großes Bett, Mahagoniholz, weiße Bezüge, bequeme Sofas, große Küche, ein Balkon mit Küchenkräutern. Das alles sehe ich deutlich vor mir. Nur Florian nicht. Weil ich ihn belogen und betrogen habe und seine Anwesenheit mich an meine Treulosigkeit erinnern würde? Weil ich keine Reue spüre, es jederzeit wieder so machen würde? Weil ... Ach, ich weiß nicht. Ich vermisse ihn. Was bin ich nur für ein Mensch.

19. April 2007

Ich habe Schmerzen zwischen den Schulterblättern. Unterdrückte Wut? Warum kann ich nicht dazu stehen, was passiert ist? Warum bin ich so hin- und hergerissen? Klammern oder wegstoßen, Liebe oder Hass? Ich spüre nichts. Mal vermisse ich ihn, mal will ich allein bleiben. Krischan war nur der Zwischenmann, ein Retter wider Willen. Als er zu anhänglich wurde, habe ich das Weite gesucht. Ich hatte ihm eine Rolle zugedacht. Als er in die nicht mehr passte, habe ich ihn entsorgt. Verworrene Geschichte.

Ich muss was essen, zum Frühstück gibt's Früchte und Kokospfannkuchen.

20. April 2007

Im Traum begegnete mir Hugh Grant, ich nahm ihn auf eine Pancha-Karma-Kur in die Berge mit. Total kaputt war er und heruntergekommen, ich habe mich um ihn wie um ein Kind gekümmert, Pyjamas und Hosen für ihn gekauft, ihn umhegt und gesund gepflegt und liebevoll umsorgt. Verrückt.

Am Morgen vermisse ich Florian. Wünschte, er würde um die Ecke kommen und einfach bei mir sein. Ich vermisse sein Lachen, seine Heiterkeit; die Sehnsucht macht mich traurig und bleischwer. Ich will nicht ohne ihn leben! Will keine getrennten Wohnungen. Sicherheit, Ruhe … er ist doch mein Hafen! Ein Teil von mir sitzt schon im nächsten Flieger zu ihm und freut sich unbändig auf zu Hause. Der andere Teil mahnt zu Geduld. Habe ich meine Gesellschaft schon satt? Nach gut einer Woche? Morgen ist Halbzeit, und es warten noch so viele schöne Dinge auf mich. Ich will noch nicht zurück nach München. Dort erwarten mich nur eine zerbrochene Ehe und wahnsinnig viel Arbeit.

21. April 2007

Wieder habe ich geträumt. Florian hat eine neue Frau kennengelernt. Unendlich lieb ist sie und anschmiegsam, und ich merke, wie gut ihm das tut. Gleichzeitig habe ich wahnsinnige Angst, dass er sich wirklich in sie verlieben und ich ihn ein für alle Mal verlieren könnte. Ich kämpfe wie eine Löwin, beiße um mich, halte die beiden in Schach. Ekele mich fast vor mir selbst, dass ich nicht loslassen kann, wo er doch bei ihr all das bekommt, was ich ihm nicht geben wollte. Noch im Tiefschlaf erkenne ich die Muster, gebe mich geschlagen, überlasse ihr das Feld und mache den Weg frei für sein Glück. Ich spüre den Schmerz, die Trauer, fühle mich plötzlich furchtbar einsam. Vor mir ist nichts als ein tiefes, schwarzes Loch, kraftlos lasse ich mich hineinfallen. Sorg dich nicht, meldet sich mein Unterbewusstsein, du bist nicht alleine, ich liebe dich, ich passe auf dich auf.

Heute Nacht musste ich abführen, es ist Teil der Therapie, die Kontrolle über den Stuhlgang abzugeben. Wie mir das Angst gemacht hat! Dabei tut es unglaublich gut. Diese Leichtigkeit, die man spürt, wenn alles vorüber ist. Als würde man alle Wut, alle Hitze, alle dunklen Gefühle in die Toilette spülen. Alles, was ich festgehalten habe, all meine großen und kleinen Unsicherheiten, den Selbsthass und den Ärger über meine Situation, die ich doch selbst mit provoziert habe, musste ich loslassen. Wie Florian, in meinem Traum.

Danach kam die Mauer der Einsamkeit. Und direkt dahinter so etwas wie Erleichterung darüber, dass es weitergeht. Die Mauer ist nicht das Ende. Hinter dem Horizont geht es weiter, immer weiter. Ich schaffe das. Ich will Verantwortung für mich übernehmen.

22. April 2007

Ein Hochgefühl kitzelt in meiner Magengegend. Prickelnde Erregung, die in wilde Gedankenstürme mündet. Was könnte ich tun, wenn ich mich selbstständig mache? Unterrichten, Schreiben, Filme machen. Horoskope erstellen oder Homepages. Handlesen, Naturheilkunde, Fotografieren, Kochen, Yogakurse oder ein ayurvedisches Restaurant mit Typenberatung. 101 Ideen. Gut, dass sie da sind.

23. April 2007

Ich fühle mich frei! So frei.

24. April 2007

Es passiert so viel mit mir. Die Angst ist fast verflogen, ich habe die Zügel in der Hand, bestimme, was mit mir passiert. Die Opferrolle ist Vergangenheit. Nachher gehe ich auf Elefantensafari. Freue mich sehr darauf!

Die Safari ist wunderschön. Im offenen Jeep werde ich von einem Wildhüter durch die Wildnis gefahren. Gleich zu Beginn kreuzt eine Herde zum Greifen nah. Aus dem Dickicht bahnt sich direkt vor unseren Augen eine Elefantenkuh mit ihren Babys den Weg auf die Straße. Ein Wahnsinnsschreck – für beide Seiten. Das mächtige Muttertier richtet die Ohren seitlich auf, stößt einen schrillen, nasalen Laut aus und grollt aus tiefer Kehle. Der Laut geht mir durch Mark und Bein.

Wortlos rollen wir durch die Steppe. Nach kurzem, heftigem Gewitter flirrt die Luft. Vor uns blaue Berge, die Gipfel dekoriert mit weißen Wolkenfetzen, darüber glasklarer, dunkelblauer Himmel. Mittendrin der glutrote Feuerball Sonne. Pfaue, Adler und Marabus, die um Eukalyptusbäume schwirren, Wildschweine, Rehe und eine Wildkatze, die kreuzen oder ein Stück nebenhertrotten. Und wieder Elefanten, diesmal riesige Männchen mit beeindruckenden Stoßzähnen.

Ich muss unterwegs viel an Krischan denken. An unseren ersten Tanz und daran, wie ich ihn vom ersten Augenblick an begehrt habe. Wie ich gelernt habe, mich zu begehren; durch ihn! Mist, er fehlt mir.

Mehr noch als Florian. Der klammert viel zu sehr, wie meine Mutter. Krischan ist nach Kuba geflogen, auch ohne mich, wie erst verabredet. Beeindruckend souverän. In diesen Stunden müsste er zurückkommen. Da war ein Anruf auf meinem Handy, keine Rufnummer, möglicherweise war er gerade gelandet. Egal! Du bist jetzt hier, lass endlich los. Genieß den Augenblick, und mach das Beste draus.

25. April 2007

Kurz nach sechs am Morgen, gleich beginnt die Yogastunde. Der Himmel ist klar, so klar, als hätte er sich rein geweint. Wie wohltuend, die frische Luft. Ich muss lernen, dass ich alleine bin und alleine zurechtkommen muss. Ich schaffe das schon.

26. April 2007

Mein Bewusstsein gewinnt zusehends an Stabilität. Ich fühle mich insgesamt ruhiger, friedlicher und so angenehm gesättigt wie nach einem feinen Essen. All die Menschen daheim, um die meine Gedanken kreisen, rücken immer weiter weg. Ich distanziere mich. Sehe mich vor meinem inneren Auge immer öfter allein, eine Reisende, entwurzelt und doch stark, irgendwo auf der Welt. Aus sicherer Distanz hat das ganze Durcheinander, das ich selbst provoziert habe, kaum noch was mit mir zu tun. Von hier aus erscheint plötzlich alles so leicht, so klar, so einfach zu lösen, so einfach, Frieden zu schaffen. Harmonie will ich, die Wogen glätten, als wäre nie etwas gewesen.

Mich aussöhnen mit allen, die ich in meinen selbstsüchtigen und selbstzerstörerischen Kreisel mit reingezogen habe. Florian. Krischan. Ich wünschte, wir könnten uns aussprechen.

Komme gerade vom Abendessen. Es gab Suppe und Früchte zum Nachtisch. Ich bin schnell satt, die Einläufe haben meinen Verdauungsapparat auf den Kopf gestellt. Es gibt keine Regeln, keine Vorgaben mehr; mein Körper nimmt sich, was er braucht.

27. April 2007

Wilde Träume wecken mich in aller Herrgottsfrühe. Hellwach liege ich im Bett, fixiere den quietschenden Ventilator über mir, meine Gedanken spielen Karussell dazu. Männerkarussell. Was für eine Vorstellung. Ob es so etwas wie den einen Richtigen für mich gibt? Brauche ich einen Richtigen, wenn ich innerlich im Gleichgewicht bin? Oder passt dann jeder? Oder brauche ich am Ende gar keinen? Wie schön muss es sein, meditieren zu können, um nur ein paar Sekunden Ruhe und Konzentration zu haben.

Ich darf heute kein Yoga machen, da sich mein Körper ausruhen soll.

Was soll das, frage ich mich, ich bin im Urlaub und sollte tun und lassen dürfen, was ich will! Überhaupt bin ich etwas unleidlich heute. Das machen die hässlichen Pickel auf meiner Stirn, auf meinen Beinen, überall. Braun bin ich auch nicht geworden. Und dafür bin ich nun einmal um die halbe Welt geflogen! Irgendwie hatte ich mir das alles anders vorgestellt.

Relaxen, ja. Gutes Essen, ja. Massagen, ja. Aber Pancha Karma?

Zusammenreißen. Durchhalten! Das eine geht nicht ohne das andere, und ich gebe jetzt nicht auf. Ich brauchte das komplette Programm, um den seelischen Mist loszuwerden. Zu viel Feuer, zu viel Wind, wie mein Ayurveda-Arzt gesagt hat. Die Kur hat meinen Kopf frei gemacht und das überschüssige Feuer ausgeleitet. Der Endspurt reinigt und nährt mich und macht mich wieder fit für das Leben da draußen.

28. April 2007

Heute Nacht hat es an meiner Tür geklopft. Ein oder zwei Männer, ich hörte sie flüstern, plötzlich gingen alle Lichter aus, auch draußen auf meiner Terrasse. Dumpfes Klopfen an meiner Fensterscheibe. Keine Reaktion, als ich laut »Hallo« sagte. Herzklopfen. Mit zitternden Fingern wählte ich die Nummer des Hotelmanagers. Kurz darauf Tumult. Stimmengewirr. Der Manager mit kleinem Suchtrupp und Gewehr stand draußen. Ob ich okay sei? Erst da wurde mir richtig klar, dass ich ganz allein bin hier. Und doch, bei aller Unruhe, wirklich Angst hatte ich nicht.

Ich spüre, wie ich stark und stärker werde. Wie die Furcht davor, alles zu verlieren, plötzlich umschlägt in Faszination für das Neue. Ich will nicht zurück dorthin, wo ich war. Das Rad lässt sich nicht mehr zurückdrehen, für Reue ist es zu spät. Ich will mich nicht wieder binden, nicht unter diesen Vorzeichen. Es ist mein Leben, und nur ich trage die Verantwortung dafür. Ab sofort bin ich nur noch mir selbst verpflichtet. Und ich bin noch viel zu sehr damit beschäftigt, mich glücklich zu machen, um auch nur daran zu denken, einen anderen glücklich machen zu können.

Noch vor dem Frühstück Spaziergang am Meer. Barfuß im Sand, den Blick auf den Horizont gerichtet. Herrlich ruhig ist es hier, wunderbar entspannt. Ich fühle mich wie eine Löwin, die mit stolzer Brust auf dem Felsvorsprung eines Berges sitzt und mit Besitzerstolz die Baumwipfel des Dschungels überblickt. Es ist mein letzter Tag. Königintag. Ein letztes Frühstück in meinem Garten Eden. Danach Königinmassage, das berühmte Blumenbad und dann die Abschlusskonsultation beim Ayurveda-Doktor.

Innere Unruhe macht sich breit, ich lasse sie zu, aber bleibe doch stark und ruhig. Allgemeine Aufbruchstimmung, auch für die Leute hier: Ich bin der letzte Gast der Saison, danach hat die ganze Crew zwei Monate frei. Verrückt, wie wohl und heimisch man sich an einem völlig fremden Ort fühlen kann.

Der Abschied vom Team wird rührend. Einen Segen von Lord Buddha gibt es, von meiner Masseurin ein »God bless you« und von meinem persönlichen Ober ein »I will miss you«.

Das Blumenbad ist natürlich wunderschön, es duftet herrlich nach Sandelholz, leider sind die Bilder davon verwackelt, aber das macht nichts.

Ein letztes Mal an den Pool, ein Abschlussmittagessen. Es ist so friedlich hier, friedlich wie in meinem Herzen. Diese Kur war das Beste, was ich meinem Körper und meiner Seele tun konnte. Ich habe neue Energie geschöpft und Lebensfreude gewonnen, und der Segen der Ärzte wird mich begleiten.

Eins bin ich mit mir und der Welt. Ich beobachte die Ameisen, die alles wegtragen, was im Weg liegt, die Geckos und die Salamander, die Mücken und Fliegen fressen. Mir gefällt die Vorstellung, dass jedes Lebewesen seine Aufgabe, eine ureigene Bestimmung hat.

30. April 2007

Nervenkitzel. Gleich werde ich Florian wiedersehen. Es ist unser Hochzeitstag. Ein Omen? Die Sicherheit, ihm wichtig zu sein, erfüllt mich mit Stolz. Ich will versuchen, Krischan zu vergessen. Auch ohne ihn als Rettungsanker muss ich nicht zwangsläufig wieder in mein altes Leben zurückfallen. Florian ist mein Mann, er hat es verdient, dass ich uns eine zweite Chance gebe.

Und was bleibt von Era Lanka? Das gute Gefühl, etwas für mich getan zu haben. Mein Paradies gefunden, es gut mit mir selbst gehabt zu haben. Ich habe mich selten so stark gefühlt!

Die Suche nach mir selbst war ein großes Abenteuer. Und sie ist noch nicht zu Ende. Es gibt so viele Ideen, die realisiert, und Gedanken, die in die Tat umgesetzt werden müssen. Wie gut, dass ich Kraft und Kondition getankt habe, um dieses neue Leben in vollen Zügen zu genießen.

Ich bin wieder im Gleichgewicht.

Nachdem ich Ivonas Reisetagebuch gelesen habe, treffe ich sie wieder. Ich bin neugierig, wie viel von alledem blieb. Und ob sie so ein Soloabenteuer je wieder reizen könnte.

»Wenn ich mit anderen Menschen zusammen bin«, erzählt sie, »vor allem mit Menschen, die mir nahestehen, achte ich sehr auf deren Bedürfnisse, will, dass es anderen gut geht. Ich bin da wohl oft sehr fürsorglich – manchmal vielleicht auch zu sehr – und vergesse dabei meine eigenen Bedürfnisse.

Auf dieser Reise war ich vollkommen auf mich alleine gestellt. Ich musste immer selbst entscheiden, konnte mich nicht zurücklehnen, war immer für mich selbst verantwortlich.«

Plötzlich habe sie sehr deutlich gespürt, was sie wollte, was ihr guttut, und dass sie alles, was sie zum Leben wirklich braucht, bereits in sich trägt. Auch die Erfahrung, keine Rücksicht nehmen zu müssen, sei sehr befreiend für sie gewesen.

Und welches waren die intensivsten Erlebnisse auf ihrer Reise?

»Ein buddhistischer Mönch zeigte mir seinen Tempel, sprach mit mir über seinen Glauben. Zuerst fand ich es einfach nur interessant. Doch dann ging er mit mir durch den Dschungel auf einen Berg. Oben auf dem Gipfel standen wir höher als alle Baumkronen, und ich fühlte mich leicht und frei, als müsste ich nur meine Flügel ausstrecken und könnte losfliegen, stark wie eine echte Löwin, eine Königin des Dschungels. Einige Tage später fuhr ich in einem offenen Jeep durch den Udavala-Nationalpark. Auf einmal verdunkelte sich der Himmel, und wie aus dem Nichts fuhren Blitze nur ein paar Meter von mir entfernt in den Boden. Ich habe schreckliche Angst vor Gewittern. Doch mir lagen die Worte des Mönchs im Ohr: Alles, was du im Außen erlebst, ist ein Spiegel deines Inneren. Und ich fragte mich, was mir solche Furcht machte. Welche Ängste kamen hier hoch, die ich verborgen hatte? So plötzlich, wie das Unwetter aufgetaucht war, zog es weiter. Zurück blieben eine vom Regen gereinigte Luft und ein klares Bewusstsein.

Und natürlich die Pancha-Karma-Kur selbst, mit allen Höhen, wie den wohltuenden Sesamöl-Massagen, und Tiefen – das Fasten und die Einläufe sind definitiv gewöhnungsbedürftig! Das alles zusammen, unter professioneller

Anleitung und Betreuung, macht aus dir den Menschen, der du bist.«

Ich will von Ivona wissen, ob sie unterwegs jemals Angst gehabt hat.

Ja, antwortet sie, als der Flughafen in Colombo bombardiert wurde. Die Liberation Tigers of Tamil Eelam LTTE griffen am 29. April 2007 Ölanlagen in der Nähe des Flughafens Colombo an. Das Militär setzte zur Abwehr Flakgeschütze ein, Medienberichten zufolge war auch die Sicherheit des zivilen Luftverkehrs gefährdet, zumal die LTTE mit weiteren Angriffen drohte. Zum Glück passierte nichts wirklich Schlimmes. Doch ihr sei auf einmal schlagartig klar geworden, an welchem seidenen Faden das Leben hängt.

Ob sie sich auch mal allein gefühlt habe? Und was ihr Rezept gegen Melancholie sei?

»Ja, einsam habe ich mich fast immer gefühlt. Vor allem in jener Nacht, als Betrunkene an meinen Bungalow kamen und ich ganz alleine war. Plötzlich kam ich mir schrecklich überheblich vor in meiner Courage, fühlte mich angreifbar. Vermisste meine Eltern, meine Freunde. Doch dann siegte meine Vernunft: Ich holte Hilfe, und der Spuk war vorbei.

Gegen Heimweh hilft: keine E-Mails, SMS und Telefonate nach Hause. Das wussten schon die Lehrer, als wir als Kinder im Schullandheim waren. Im Ernst: Ich kann nur empfehlen, sich auf das Land und die Menschen einzulassen, neugierig zu sein, Augen und Ohren offenzuhalten. Dann hat Melancholie keine Chance. Wenn sie doch kommt, sollte man sie annehmen und dazu verwenden, sich selbst besser kennenzulernen.«

Kann es sein, dass man als allein reisende Frau freundlicher und zuvorkommender behandelt wird? Kann Ivona das Alleinreisen uneingeschränkt empfehlen?

»Es macht keinen Unterschied, ob man allein unterwegs ist oder nicht«, meint sie. »Wichtig ist, wie man selbst auftritt: Wer freundlich und offen auf Leute zugeht, bekommt das auch zurück. Vielleicht lernt man aber schneller Leute kennen, kommt schneller ins Gespräch, wenn man alleine verreist. Empfehlen würde ich es nur Menschen, die wirklich das Verlangen danach haben. Nicht jeder ist gern mit sich alleine.«

»Ist Sri Lanka eine Empfehlung für Frauen, die sich allein auf den Weg machen wollen?«

»Auf alle Fälle. Es gibt dort so viele interessante Dinge zu entdecken und auszuprobieren! Sri Lanka ist die Wiege des Ayurveda, Buddhismus und Hinduismus. Man findet die schönsten Postkartenstrände, Dschungel und Berge, trifft außerordentlich freundliche Menschen. Und Flora und Fauna sind umwerfend: Elefanten, Pfaue, Gewürze wie Zimt, Muskatnuss und Kardamon, Tee und Orchideen, Kokos, Mango, Papaya. Ein Garten Eden ist das!«

Abschließend bitte ich Ivona um ihre Tipps aus erster Hand für allein reisende Frauen.

Ihre Antwort kommt ohne Zögern: »Bitte um Hilfe, vertraue deinem Instinkt, und passe dich der Kultur des Landes an.«

Christine

»Palma war für mich ein Riesenschritt,
weil ich mein komplettes Leben
hinter mir ließ.«

»Wäre interessant, die Geschichte noch mal aus Deiner Sicht
zu lesen«, schreibt sie aus Barcelona, das selbst verfasste
Manuskript der Reise vor sich, die wir gemeinsam antraten,
im Herbst vor vier Jahren. Eine Reise, zu der ich sie mit
sanfter Gewalt überredete und die ihr Leben nachhaltig verändern sollte. In einem Strandcafé in Palma fand die Münch-
nerin die Liebe fürs Leben. Ein Urlaubsflirt – und doch ganz
anders: Kein Drehbuch der Welt ist so romantisch wie das
Leben selbst.

Mein Sommer 2005 war ein typischer Singlesommer. Nachdem eine siebenjährige Beziehung nach endlos vielen Ups
und Downs endgültig gescheitert war, richtete ich mich mit
mir und meinem Leben als Singlefrau ein, war mal mehr,
mal weniger glücklich, aber alles in allem ganz zufrieden. Ich
fühlte mich wohl in meiner Wohnung in Schwabing, die ich
mit viel Liebe eingerichtet hatte – erstmals so, wie ich es mir
wünschte, und nicht, wie es den Vorstellungen eines Partners
entsprach. Ich hatte einen interessanten Job als Leiterin der
Pressearbeit für einen bekannten Radiosender, verdiente genug Geld, um mir und nur mir ein angenehmes Leben in

München zu leisten, und lebte im Jetzt und Hier. Mit allen Vor- und Nachteilen.

Klar dachte ich immer mal wieder daran, dass mir eines Tages ganz plötzlich und unerwartet der Mann fürs Leben über den Weg laufen könnte. Ich hielt immer die Augen offen nach ihm, um den Moment bloß nicht zu verpassen, morgens beim Joggen durch den Englischen Garten, anschließend beim obligatorischen Cappuccino bei Starbucks auf der Leopoldstraße, abends in einer meiner Handvoll Lieblingsbars, zu der auch das Schumann's gehörte. Ich tat, was einem in den Zeitschriften in Fällen wie meinem geraten wird: Ich bewegte mich in den Kreisen, von denen ich glaubte, dass ich dort passende Partner finden könnte. Menschen, die mir was sagten und denen ich was zu sagen hatte. Wie man sich täuschen kann.

Grundsätzlich war es nicht einfach. Nach meiner langen, letztlich gescheiterten On-and-Off-Beziehung musste ich mir mit neuen Bekanntschaften erst einmal etwas Zeit lassen, das spürte ich. Viel Zeit verbrachte ich mit einer lieben Freundin, die ebenso wie ich eine Trennung hinter sich hatte. Sie war noch mittendrin im Trennungsschmerz. Ich hatte das Schlimmste hinter mir und war einen kleinen Schritt weiter. Wir stützten und unterstützten einander gegenseitig und hievten uns auf die unterschiedlichsten Weisen über Zwischentiefs hinweg. Mal trafen wir uns zum Yoga, mal fuhren wir übers Wochenende weg, häufig genossen wir nur irgendwo in netter Gesellschaft die lauen Münchner Sommernächte. Es war ihre Idee, in jenem Herbst für ein paar Tage nach Mallorca zu fliegen, ein kleiner, feiner Frauenurlaub, ein bisschen Sport, viel Relaxen, Sonne tanken für den Winter, eigentlich ein schöner Plan. Trotzdem war ich zunächst nicht besonders begeistert: Häufig war ich mit meinem Ex-partner auf der Insel gewesen; nachdem das vorbei war, war ich nicht mehr hergekommen, zu viele schmerzhafte Erinnerungen verband ich mit der Insel. Doch meine Freundin blieb hartnäckig. So fanden wir uns Ende Oktober im Flieger nach Palma wieder, jede ein Glas Tomatensaft vor sich, mit dem Plan, bloß nichts zu planen.

Und irgendwie war von Anfang an alles anders als gedacht. Wir hatten ein Transfer-Taxi vom Flughafen bestellt, das nicht aufkreuzte. Also standen wir erst mal mit zwei viel zu vollen Koffern da. Das Hotel lag etwa eine Autostunde östlich von Palma; die einzige Möglichkeit, dorthin zu kommen, war ein Mietwagen, der würde uns für die kommenden Tage auch spontaner machen, entschieden wir; das Geld war uns nun auch schon egal. Also Gepäck verladen und los. Mir fiel ein Beachclub ein, von dem ich in einer Zeitschrift gelesen hatte, er konnte gar nicht weit sein, ich wollte da unbedingt hin. Meine Freundin grummelte über den Aufschub, sie freute sich aufs Wasser, wollte Koffer auspacken, die Füße hochlegen. Ich setzte mich durch, riskierte deswegen sogar einen kleinen Streit – irgendetwas trieb mich an, ich wusste nicht, was. Noch nicht.

Als wir endlich in den weißen Loungesesseln lagen – gutaussehende Ober in weißen Leinenoutfits schwebten durch die Reihen und servierten kühle Getränke –, wurde die Laune schlagartig besser. Ein wunderschöner Platz, perfekt, um uns auf ein paar freie Urlaubstage einzustimmen, wir blinzelten in die Oktobersonne, prosteten uns am späten Vormittag mit kühlem Weißwein zu und freuten uns, wie gut wir das gemacht hatten. München hatten wir am Morgen noch bei Regen verlassen, dies hier war ein kleines Paradies.

Unfreiwillig wurden wir Zeuge einer Unterhaltung, die sich an unserem Nachbartisch entspann. Zwei Männer, einer in unserem Alter, der andere etwas jünger, sprachen eine blonde junge Frau an. Auf Deutsch, nicht auf Spanisch, sodass wir jedes Wort mitbekamen. Meine Freundin klinkte sich ein, und es dauerte nicht lange, da rutschte der Ältere von beiden zu uns rüber. Die Flasche Cava ließ er großzügig einmal in der Runde kreisen, heiter prosteten wir einander zu. Ein bisschen dreist war er, fand ich, und irgendwie gefiel mir das, meine Freundin saß neben ihm und erzählte, gestikulierte, lachte. Ich saß gegenüber und beobachtete die beiden, dieses Bild hat sich mir eingebrannt.

Er war kein gewöhnlicher Mann, das war offensichtlich, ihn umgab etwas Mystisches, Geheimnisvolles, unergründlich Rätselhaftes. Und so locker er war in der Unterhaltung, so spritzig und humorvoll und ein so charmanter Kavalier, erkannte ich doch auch Verletztheit in seinen Augen und Traurigkeit, fast einen Hauch von Sentimentalität, in einer Mischung, die eine erstaunliche Wirkung auf mich hatte. Nach einer halben Stunde verabschiedete er sich ebenso schnell, wie er gekommen war. Als er aufstand und ging, spürte ich, dass er seit ziemlich langer Zeit der erste Mann war, an dem ich Interesse hatte. Er war ein Typ, mit dem ich mir vorstellen konnte, etwas anzufangen, was auch immer – auch wenn dies zu diesem Zeitpunkt unrealistisch schien. Alles, was ich über ihn herausgehört hatte, war, dass er kein Urlauber war, sondern auf der Insel lebte und Spanier war, obwohl er perfekt Deutsch sprach. Ich glaube, ich war bereits nach dieser ersten Begegnung ein bisschen verliebt in ihn.

Meine Freundin holte mich auf den Boden der Tatsachen zurück. Sie sprach aus, was offensichtlich schien: Dieser Mann war ganz sicher keiner, mit dem man ein Leben lang glücklich sein würde. Er verkörperte den Bad Boy, mit dem man vielleicht eine Affäre hat, aber vor dem man besser schnell das

Weite sucht, ehe man sich richtig verliebt, weil es sonst allzu schmerzlich würde. Außerdem war er zweifacher Vater, das hatten wir im Gespräch erfahren. Von diesem Typ Mann hatte ich die vergangenen Jahre genug mitbekommen; das wollte ich mir kein weiteres Mal antun. Wir blieben noch eine Weile, bestellten kühlen Weißwein nach, lernten noch ein paar Leute kennen und verabredeten uns für den nächsten Tag zum Abendessen. Eine lockere Verabredung für den nächsten Abend hatten wir auch mit den beiden Männern, die bereits gegangen waren.

Ich war mir ziemlich sicher, dass mein Spanier nicht kommen würde, und sollte damit recht behalten. Die Stimmung, das Ambiente waren ebenso phantastisch wie am ersten Tag, wir waren nach einem Tag am Meer herrlich entspannt und schon leicht sonnengebräunt. Meine Freundin war in bester Stimmung und flirtete mit Gott und der Welt. Auch ich unterhielt mich gut, auch wenn ich den Blick immer wieder auf den Eingang richtete, um zu sehen, ob er nicht doch noch käme. Ob geplant oder nicht – dass er nicht aufkreuzte, machte ihn ungleich interessanter. Ich hatte Feuer gefangen, wollte ihn unbedingt wiedersehen.

Aber wie? Fast kam so etwas wie eine kleine Panik in mir auf. Wir hatten keine Telefonnummern ausgetauscht, und ich kannte niemanden, der ihn kannte. Ich wusste mir nicht zu helfen und fragte die Blondine, die gestern am Nebentisch gesessen und sich so angeregt mit den beiden Männern unterhalten hatte. Fast ein bisschen peinlich, diese Recherche, früher hätte ich so was nie gemacht, aber in diesem Fall war mir alles egal, der Zweck heiligte die Mittel. Ich nahm mir ein Herz und rief ihn an, ließ all meinen Charme sprühen, um ihn zum Kommen zu überreden. Doch er blieb kühl. Er habe bereits gegessen, sorry, außerdem sei er müde und müsse morgen früh raus ... Kurz darauf stand er plötzlich doch vor mir. Er ließ sich spontan neben mir in den Sessel fallen, und ich erinnere mich genau, wie gut und entspannt es sich anfühlte, ihn endlich bei mir zu haben. Wir alberten rum, redeten dummes Zeug und flirteten, dass die Funken sprühten. Vom Beachclub zogen wir gemeinsam weiter, unzertrennlich, die ganze Nacht. Wir trennten uns in den Morgenstunden, meine Freundin musste mich förmlich loseisen von ihm, um mich in unser Hotel an der Ostküste mitzunehmen. Ich wäre am liebsten bei ihm in Palma geblieben. Unterwegs wurde mir klar, dass ich rettungslos verloren war. Ich hatte mich Hals über Kopf verliebt.

Von da an gab es kein Zurück mehr, zumindest für mich nicht. Was ihn anging, war ich vollkommen ratlos. Ich konnte nicht einschätzen, was er wirklich fühlte, was echt – und was vielleicht nur Fassade war. War er das, wonach er aussah, der klassische Latin Lover, der notorische Herzensbrecher? Wollte er ein Abenteuer, oder suchte er – wie ich – die große Liebe? Was war mit dieser Traurigkeit in seinen Augen?

Ich schlief kaum in dieser Nacht, total aufgeregt war ich und innerlich hibbelig, die Schmetterlinge im Bauch wollten nicht zur Ruhe kommen. Wem sollte ich mich anvertrauen in meiner Lage, meine Freundin hätte mir sicher abgeraten, eine Verrücktheit, nichts weiter, wir beide wollten doch einfach nur Spaß haben! Sie muss geahnt haben, dass es mir ernster war als alles, wovon sie wusste. Vielleicht war ihr ja längst klar, wie es um mich stand. Jedenfalls war ich dankbar, dass sie mich nicht damit konfrontierte, sondern mich gewähren ließ. Ich wollte dieses Gefühl wie ein Schmuckstück pflegen und polieren, die Verliebtheit auskosten, wie man eine wunderschöne Kette anlegt. Ich wollte das alles nicht zum Gemeingut machen, dazu war es zu zerbrechlich und vor allen Dingen zu wertvoll. Also alberten wir rum und machten unsere Späße über Urlaubsflirts. Schwierig für mich, fast unerträglich, diese Stunden und Tage. Essen? Trinken? Ich wollte nichts und niemanden, nur eins: ihn wiedersehen.

Am nächsten Tag rief er an, und ich stotterte am Telefon wie ein Backfisch vorm ersten Date. Später erzählte er mir, dass ich in diesem Gespräch unglaublich cool auf ihn wirkte – wahrscheinlich meine Art, die Aufgeregtheit zu unterdrücken. Ich fühlte mich hin- und hergerissen: Der Reiz, was mit uns passieren könnte. Die Angst, dass alles umsonst war und ich am Ende allein, verletzt und verlassen dastand. Meine Gefühle fuhren Achterbahn mit mir, und ich saß ganz vorn im Waggon.

Tags darauf: Ein Abendessen, nur wir zwei, in der Altstadt von Palma, ein Fischrestaurant, dessen Besitzerehepaar er offenbar gut kannte. Ich ließ mich fallen, genoss die Situation, den Moment, lehnte mich lächelnd zurück, während er mit der Frau des Hauses über das Menü plauderte und mit dem Chef den Wein auswählte. Wie Wachs fühlte ich mich an seiner Seite, und ich erinnere mich heute noch lebhaft an jede Kleinigkeit.

Dieser mysteriöse Spanier. Er übte eine unglaubliche Anziehung auf mich aus, hatte eine Art, mit mir umzugehen, die mich einfach umhaute. Er war so ganz anders als alle anderen Männer, die ich kannte. Auf eine Art fordernd und stark, aber gleichzeitig sensibel, weich und zerbrechlich. Ich wusste, ich spielte ein gefährliches Spiel. Das alles, dieser Flirt, dieser Abend, war ein Riesenrisiko. Trotz der Anziehung zwischen uns hatte ich noch immer keinen Schimmer, ob ich ihn nach diesem Abend je wiedersehen würde. Mein ganzer Körper vibrierte neben ihm, die Aufregung wollte sich gar nicht legen, nur nah wollte ich ihm sein, sonst nichts. Je zurückhaltender er mit Emotionen mir gegenüber war, desto intensiver wurden meine Gefühle für ihn. Ich blieb bei ihm in dieser Nacht, auch die kommenden Tage hingen wir wie Kletten aneinander. Für meine Freundin am anderen Ende der Insel war ich wie verschollen in diesen Tagen, das Hotelbett habe ich kaum je berührt. Sie erzählte mir später, dass man sie im Hotel schon darauf ansprach, warum sie ganz allein dort Urlaub machte, sie lenkte sich wohl mit Yogastunden ab. Ich hatte ein richtig schlechtes Gewissen ihr gegenüber, denn ich dachte an nichts anderes mehr als an ihn und mich.

Die ersten Tage zusammen waren die intensivsten. Ich erfuhr viel über ihn und seine Geschichte. Erst ganz behutsam und langsam, später dann umso mehr näherten wir uns einander an. Er war und ist ein sehr verantwortungsvoller Mann, lieb, weich und gefühlvoll. Aber auf der anderen Seite sehr direkt, ehrlich und dabei auch hart zu sich und anderen. Alles andere als ein Bad Boy oder ein Herzensbrecher. Im Grunde wollte er sich nach einer unglücklichen, enttäuschenden Beziehung nicht verlieben. Doch auch er spürte, was mit uns beiden geschah. Er hatte, genau wie ich, Angst davor, verletzt zu werden. Und auch er wusste nicht, was ich von ihm wollte, ob ich vielleicht nur an einem Urlaubsflirt interessiert war.

Am Tag unserer Abreise war sein Geburtstag. Ich schenkte ihm ein LOVE-Armbändchen von Cartier. Nie werde ich vergessen, wie er es auspackte und mich dabei ansah. Ich glaube, spätestens in diesem Moment war ihm klar, dass er weit mehr für mich war als ein Urlaubsflirt. Und dass wir – allen Widrigkeiten zum Trotz – eine gemeinsame Zukunft vor uns haben könnten.

In München kam ich gar nicht mehr richtig an nach dieser Woche. Ich fühlte mich einsam und hatte große Sehnsucht. Mein Herz pochte laut, als mein Handy klingelte und ich seine Stimme hörte. Bei diesem Telefonat sagte er mir zum ersten Mal, dass er mich vermisste und dass er wünschte, ich wäre bei ihm. Ich war so glücklich darüber und gleichzeitig unglücklich, dass uns so viele Kilometer trennten. Wir telefonierten, so oft es nur ging, stundenlang, bis tief in die Nacht, und gleich am nächsten Wochenende war ich wieder bei ihm. Eine wunderschöne Zeit. Wenn auch für ihn alles andere als einfach. Sehr verletzt war er und knabberte noch an seiner Exbeziehung, es zerriss ihm das Herz, dass er seine Tochter nicht sehen durfte, weil die Mutter das nicht zuließ. Er sagte damals immer zu mir, dass wir unsere schöne Zeit noch vor uns hätten und dass er mich von Tag zu Tag immer mehr lieben würde. Heute, vier gemeinsame, glückliche Jahre später, weiß ich, dass er recht damit hatte.

Meine bisherigen Beziehungen verliefen immer genau entgegengesetzt: Am Anfang war alles voller Rosen, die dann nach und nach zu welken begannen. Mit ihm lernte ich, dass Liebe wachsen kann und wie schön es ist, einander immer besser kennen- und verstehen zu lernen. Dass man Schmetterlinge im Bauch haben kann, auch wenn man sich schon jahrelang kennt.

Es war nicht immer einfach mit uns, wir haben viel um unser Glück gekämpft. Vier Monate nachdem wir einander begegnet waren, gab ich meine Münchner Wohnung auf, und wir bezogen ein gemeinsames Zuhause in Palma, für mich ein Riesenschritt, weil ich mein komplettes Leben hinter mir ließ. Doch es war nicht nur die Wohnung, sondern es waren auch mein Job, meine Freunde, meine Familie, die ich verließ. Wie groß der Schritt tatsächlich war, wurde mir erst viel später klar, dafür bin ich dem Schicksal dankbar, ich hätte es sonst vielleicht nicht gemacht. So ließ ich mich allein durch die Liebe tragen, die ich für ihn empfand. Er trug mich, daran gab es keine Zweifel.

Mallorca ist nur zwei Flugstunden von München entfernt, und doch änderte sich mein komplettes Leben. Alles, was in Deutschland so einfach und normal erschien, musste ich mir dort neu aufbauen. Ich sprach so gut wie kein Spanisch, noch war ich je ein riesiger Spanienfan gewesen. Aber in Spanien zu leben war die einzige Möglichkeit, mit dem Mann zu leben, den ich über alles liebe. Oft krachte es so sehr, dass ich glaubte, es sei schon vorbei. Erst mit der Zeit lernten wir, mit unseren Hitzköpfen und unseren starken Charakteren umzugehen. Wenn wir streiten, ist da heute auch die wunderbar beruhigende Gewissheit, dass auch dieser Streit vorbeigehen wird und wir uns, früher oder manchmal später, wieder in den Armen liegen. Trotz aller Widrigkeiten habe ich diesen Schritt niemals bereut. Ich hätte nie gedacht, dass ich eine so schöne, harmonische Beziehung führen könnte. Ich bin ein bisschen stolz auf mich, dass ich auf meine Intuition und mein Herz gehört habe. Und dass ich so mutig war, für meine Liebe einen gewaltigen Schritt zu tun.

Mittlerweile sind wir auf dem Festland, in Barcelona, gelandet. Wir haben eine gemeinsame berufliche Basis gefunden und sind glücklich über unseren Erfolg. Natürlich sprechen wir auch übers Heiraten. Immerhin hat er mir bereits bei unserem ersten gemeinsamen Silvesterfest, zwei Monate nach der ersten Begegnung, einen romantischen Antrag mit einem wunderschönen Ring gemacht, den ich täglich trage. Doch irgendwie ist die Zeit für eine Ehe noch nicht reif. Es gibt noch so viel zu tun. Wir haben in unseren vier Jahren bewegte Zeiten in jeder Beziehung erlebt, mit vielen Veränderungen und vielen Hindernissen. Wir sind an unseren Problemen gewachsen, und ich bin sicher, dass wir eines Tages eine wunderschöne Hochzeit feiern werden. Doch bis dahin leben wir noch unser wundervolles, aufregendes Leben und stellen damit die Weichen für eine glückliche gemeinsame Zukunft. Voller Liebe, Vertrauen und in gegenseitigem Respekt.

Ich hätte es niemals für möglich gehalten, dass ich Protagonistin dieser Liebesgeschichte sein könnte. Niemals. Solche Geschichten passieren anderen, nicht mir. Doch das Leben ist offensichtlich immer für eine Überraschung gut. Mein Mut wurde reichlich belohnt: Ich lernte durch ihn eine Liebe kennen, die ich so zuvor nicht kannte. Es mag sich kitschig anhören, doch es ist wahr. Ich werde genau so geliebt, wie ich bin. Ich muss mich nicht verbiegen oder verstellen. Ich muss nicht immer schön, stark und aufregend sein. Nein, ich werde auch geliebt, wenn ich klein, traurig und schwach bin. Ein wunderschönes Gefühl.

Camilla

»Mumbai Madness –
verrückt nach Bombay«

Camilla aus Sydney zog mit ihrem Freund Peter als Expat-Couple nach Indien. In Rundbriefen an ihre Familie und gute Freunde beschreibt sie ihre Eindrücke aus der fünftgrößten Metropole der Welt, hin- und hergerissen zwischen Faszination und Verrücktheit. Alltag zwischen Reiz und Abscheu, Reich und Arm, Risiko und Ausgelassenheit.

Sydney? Ich liebe diese Stadt. Meine Familie und viele gute Freunde leben dort. Der riesige Hafen ist ihr Herz, er ist einfach umwerfend. Atemberaubend! So etwas gibt es auf der Welt kein zweites Mal. Allein die vielen Völker und Kulturen, die hier nebeneinander existieren. Sydney ist ein Schmelztiegel aus den interessantesten Menschen, einer unglaublich bewegten Kunstszene und göttlicher Gastronomie. Ich hatte das alles von Kindesbeinen an zum Greifen nah. Auf verhältnismäßig hohem Niveau, das will ich nicht verschweigen. Meine Eltern sind beide Ärzte, und obwohl seit vielen Jahren getrennt, fehlte es mir und meiner kleineren Schwester Lucinda an nichts. Mein Leben war so leicht und unbeschwert, so behütet und sorgenfrei, dass es mich manchmal fast erschreckte.

Doch irgendwas fehlte. Immer öfter kam der Gedanke auf, dass mein Leben im Grund genommen zu perfekt war. Vielleicht suchte ich eine echte Perspektive. Ich hatte gerade mein Studium hinter mir, machte erste Erfahrungen in der Personalberatung, das alles war ganz spannend und hin und wieder aufregend und doch so … vorhersehbar. Und da war sie plötzlich: die Idee, die Chance, die vielleicht einmalige Gelegenheit, mit Peter nach Indien zu gehen. Seine Firma, eine große Unternehmensberatung in Australien, hatte ihm ein gutes Angebot gemacht. Ohne mich wollte er nicht gehen.

Ich habe nicht lange gezögert. Mein Ja kam so spontan, dass er schlucken musste. Bin ich eine Romantikerin? Auf alle Fälle spürte ich, dass dies ein Wink des Schicksals war. Zufälle gibt es nicht. Ich wollte – ich sollte! – mein Leben selbst in die Hand nehmen. Die behagliche Komfortzone aus Familie, Freunden und Verwandten verlassen und mich auf eigene Füße stellen. Was für eine Chance!

Fassungslosigkeit, als ich meine Familie und Freunde einweihte. Was willst du denn in Mumbai? Da ist es doch viel zu gefährlich! Millionen Menschen, Milliarden Viren, Krankheiten, Seuchen. Mit wem ich in jenen Tagen auch sprach, jeder hatte ein anderes Katastrophenszenario auf Lager. Aber Peter und ich hatten uns entschieden. Es war unser Leben, und wir freuten uns auf dieses große Abenteuer. Zugegeben: Mumbai wäre nicht unsere erste Wahl gewesen. London, New York oder Hongkong waren eine ganz andere Liga, oder auch Singapur, wo mehr Ausländer leben und es eine eigene Expat-Szene gibt. Aber die Würfel waren nun einmal gefallen. Peter sollte vorgehen, Fuß fassen, alles vorbereiten. Ich würde ihm folgen, sobald er sich dort ein bisschen eingelebt hätte.

Dann ging alles ganz schnell. 101 Abschiedspartys, unzählige Umarmungen, Küsse, Tränen, gute Wünsche. Wochenlang. Meine letzten Tage in Sydney rasten nur so dahin. Ich hatte mir über Kontakte einen Job in Mumbai besorgt und glaubte, alles unter Kontrolle zu haben. Was sich vor Ort – ich hätte es mir denken können – als Riesenirrtum herausstellte. Aber es verschaffte mir ein gutes Gefühl, mit dieser Perspektive aufzubrechen. Und da stand ich plötzlich in der Abflughalle in Sydney, links und rechts neben mir zwei Koffer mit meinem ganzen Leben drin. Destination: Mumbai.

Zugegeben: Den Großteil meiner Sachen hatte ich eine Woche zuvor verschiffen lassen. Ich wollte sichergehen, für den Fall der Fälle alles bei mir zu haben. Trennungsangst, nehme ich an, auch wenn ich es mir nicht eingestehen wollte, aber ich hatte nie woanders gelebt, woher sollte ich wissen, was man brauchte und was nicht. Ich spielte weiter die Gelassene. Doch dass die Geschichte nicht völlig spurlos an mir vorbeiging, konnte man mir am Morgen meines Abflugs deutlich ansehen. Ein fieser Pickel pulsierte auf meiner Stirn, sah aus wie ein Spinnenbiss und juckte entsprechend. Schuppenflechte, ausgelöst durch extremen Psychostress, so die Airport-Diagnose meiner besorgten Arzteltern. Das fehlte gerade noch.

Der Flug verlief unspektakulär, wir landeten planmäßig, für mich nicht weiter ungewohnt, zivilisationsverwöhnt, wie ich war. Aber für indische Verhältnisse keine Selbstverständlichkeit: Erst zwei Tage zuvor hatte man den Flughafen wegen starken Monsunregens schließen müssen. Die ganze Stadt war überschwemmt, und Peter fürchtete, im Taxi nicht durch das Hochwasser zu kommen. Daher hatte er sich den Wagen eines Freundes geliehen, einen Mahindra Scorpio, speziell für Indien designt und entsprechend ausgefallen. Die Edelkarosse war bis unters Dach mit Technik und Sonderfeatures ausgestattet, Chrom blitzte überall, und aus den Boxen dudelte Bollywoodmusik. Peter strahlte, das Auto weckte seinen

Spieltrieb – und ich war endlich da. Stumm vor Staunen saß ich neben ihm und konnte das alles nicht fassen.

Auf dem Weg an den Ort, der für die nächste Zeit unser Zuhause sein sollte, machten wir einen Abstecher zum Breach Candy Hospital im Süden der Stadt. Mondän an der Küste gelegen, neben dem berühmten Mahalaxmi-Tempel, dem Holy Ali Shrein und dem US-Konsulat. Dort wollte ich mir Salbe gegen die Schuppenflechte holen, ich hatte es meinen Eltern versprochen. Im dichten Stadtverkehr, ich entsprechend verarztet, rollten wir weiter in die City. Wortlos. Ich war müde. Der Flug, die Aufregung, die fremde Welt, die da draußen an mir vorbeizog. Es fühlte sich an, als hätte mir jemand den Stecker gezogen. Peter streichelte über meine Wange. Er spürte, was in mir vorging. Und ich war nur erleichtert, endlich bei ihm zu sein.

Unser Ziel: der Malabarberg, mit fünfzig Metern die höchste Erhebung Mumbais. Einst Spähstation gegen die Piraten, die von der Malabarküste im Süden zum Plündern in die Stadt kamen. Heute angesagtes Wohnviertel für Politiker, Geschäftsleute und Bollywoodstars. Hier hatte Peter uns eingemietet, in der wohl ungewöhnlichsten Zweizimmerwohnung, die ich je gesehen habe, für ein kleines Vermögen, ohne Zweifel. Unsere Vermieterin war Künstlerin und hatte das Apartment in ihrem ganz persönlichen, etwas schrillen Stil liebevoll ausgestattet. Die hinduistischen Liebesgottheiten im Schlafzimmer und eine Lampe, die aussah wie eine gigantische Käsereibe, waren die ausgefallensten Dekostücke. Wie surreal, das alles, dachte ich bei mir. Und fast vermisste ich Sydney ein bisschen, wo alles so frisch und klar und modern war. Ich biss mir innerlich auf die Zunge dabei.

Gut, mein Einstand hätte insgesamt etwas freundlicher sein können. Es war Monsun, als ich kam, und es sollte noch eine ganze Weile weiterregnen, die Regenzeit dauert in Indien von Juli bis September. Nicht die ideale Saison, um sich einzuleben, wie ich feststellte. Die Luft draußen war bleischwer vor Nässe und zum Schneiden dick. Es regnete nahezu jeden Tag, die ganze Stadt war überflutet. Doch niemand schien sich zu beschweren! Im Gegenteil, jeder, den wir trafen, freute sich über das Wetter, man schwärmte sogar in Scharen nach Goa aus, einfach, um es tagelang durchregnen zu sehen. Und ich lernte: In einem Land, in dem neun Monate Trockenzeit ist, ist jeder Tropfen kostbar.

Gewöhnungsbedürftig auch die Organisation des Alltags. Da ich selbst kein Fan von Pünktlichkeit bin, dachte ich, die entspannte Art von Zeitmanagement, die man hier an den Tag legt, würde mir entgegenkommen. Aber dies war extrem. Die einfachsten Dinge entpuppen sich als riesige Herausforderung. Wenn man einen Gebrauchsgegenstand wie eine Mikrowelle braucht, geht man nicht etwa einfach in einen Laden, sucht sich ein Modell aus, lässt es sich einpacken und schließt es zu Hause schlicht und einfach an. In Indien wird so etwas geliefert. Wie man sich überhaupt alles von irgendwelchen Leuten abnehmen lässt, die mit genau dieser Minidienstleistung einen ganzen Clan über Wasser halten. Für den Anschluss von Haushaltsgeräten kommt ein Demomann, wenn irgendwas nicht funktioniert, kommt ein Reparaturmann, und so weiter und so fort. Wenn man Pech hat, dauert es Tage und Wochen, bis so ein Apparat wirklich läuft.

Hausangestellte – noch so ein diffiziles Thema. Ich habe mich inzwischen daran gewöhnt, dass sie mich »Madam« nennen, aber ich höre es nach wie vor nicht gern. Peter hat nichts dagegen, mit »Sir« oder »Mister Peter« angesprochen zu werden – aber das ist nur eine Marginalie angesichts der vielen skurrilen Dinge, die man Tag für Tag erlebt. Angefangen beim Umgangston. Der Reparaturmann erscheint nur, wenn man ihn am Telefon richtig zur Schnecke macht. In Restaurants muss man ebenso laut werden, sofern man die Rechnung nicht erst Stunden später bekommen will. Zu Hause in Sydney, undenkbar, hier ist es der tägliche Umgang.

Das Hausmädchen: Wir hatten den Fehler gemacht, aus sozialem Gewissen allzu vertraut mit ihr zu werden. Als Mumbai-Anfänger weiß man es nicht besser. Wir haben sie wie eine Freundin der Familie behandelt, waren liebevoll, offenherzig, großzügig – nicht zuletzt mit dem Geschenk, das wir ihrer Tochter zum Geburtstag in einen Slumvorort von Mumbai mitbrachten. Das Ende vom Lied: Sie konnte nicht genug kriegen, wollte immer mehr Geld, schließlich sogar einen Wohnungsbaukredit. Schließlich trennten wir uns von ihr.

Seitdem halten wir uns im Freundes- und Kollegenkreis zurück. Wir hatten bis dahin nicht hinterm Berg gehalten mit Kritik, wenn sie ihre Hausangestellten zum Teil sehr von oben herab behandelten. Aber die hatten eben auch schon alle ihre Erfahrungen gemacht …

Oder die Geschichte mit unserem Fahrer. An seinem ersten Arbeitstag fuhr er zwei Fußgänger an! Aus Angst, ich könnte ihn vorzeitig entlassen, vertraute er mir ein Geheimnis an: Er musste arbeiten, um eines Tages genug Geld beisammen zu haben, dass er ein Gewehr kaufen und seine komplette Verwandtschaft damit abknallen könne. Völlig irre, der Mann … Manchmal bin ich ganz froh, dass rund ums Haus knapp zwanzig Sicherheitsleute arbeiten, die wir entsprechend vorgewarnt haben.

Mit viel Glück fanden wir Ajay, der weniger Gewaltphantasien hat, sich neben der Fahrerei gern auch als Tour Guide nützlich macht, dafür aber standhaft weigert, mich irgendwohin zu bringen, wenn ich ihm das Ziel nicht erst in Hindi erkläre. Ajay arbeitete schon für Angelina Jolie, die hier vor einiger Zeit »A Mighty Heart« drehte. Bei der Gelegenheit lernte er auch seine heutige Frau kennen – sie arbeitete als Maid für die Familie. Er könnte ein Vermögen verdienen, wenn er das alles für eine Zeitschrift auspacken würde, habe ich ihm gesagt. Würde er nie tun, dafür ist er viel zu höflich. Sehr sympathisch.

Diese Stadt ist so voller Widersprüche und Anomalitäten, dass ich nicht entscheiden kann, ob ich sie wunderschön oder abstoßend finde. Die abstrusesten Dinge sind hier nach einer Weile gang und gäbe. Während einer einzigen Ampelschaltung ziehen ganze Welten an dir vorbei. Ein funkelnagelneuer, strahlend weißer Bentley. Ein hutzeliger alter Mann, der einen Wagen mit alten Gasflaschen hinter sich her zieht. Junge Mädchen in Saris, die kleine Kränze aus Ringelblumen verkaufen, als Opfergabe für die Gottheit Ganesha. Ein Leprakranker, bettelnd vor dem Zeitungsjungen, der die aktuelle Ausgabe der Vogue verkauft. Man lernt damit zu leben, mit der Zeit. Peter und ich haben immer ein paar Äpfel im Auto, um den klopfenden Händen am Fenster irgendetwas in die Hand drücken zu können …

Man lernt auch zu akzeptieren, dass man als Weißer für alles mehr bezahlt als die Einheimischen. Das gehört hier einfach zum Leben, sonst würde der Alltag zusammenbrechen. Die Schere zwischen Arm und Reich ist so groß, dass man sich ohnehin besser fühlt, wenn man etwas mehr bezahlt. Es bleibt allerdings eine Gratwanderung: Wenn die Einheimischen merken, dass man Schwäche zeigt, hat man ständig eine Schlange von Bettlern im Schlepptau. Die beginnt mit dem Schreiner, der behauptet, man hätte ihm sein Werkzeug gestohlen, der aber in Wahrheit nur Bargeld und kein neues Werkzeug braucht, und endet bei der Hausangestellten, die spontan und ganz dringend 10 000 Dollar für ein neues Haus im Landesinneren braucht. Wir zahlen unseren Leuten ungefähr viermal so viel wie hierzulande üblich, und es ist immer noch nicht wirklich viel. Auf der anderen Seite läuft man Gefahr, überall helfen zu wollen, den heimatlosen Kindern auf der Straße, den Kranken, den Krüppeln, den vielen Bettlern. Dabei ist diese Szene ein eigener Wirtschaftszweig im Untergrund und fest in Händen von Banden. Wenn man wirklich etwas tun will, ist man bei internationalen Charity-Organisationen besser aufgehoben.

Nach einem Jahr in Indien bin ich froh und stolz, dass ich noch lebe und diese Stadt auf meine Weise lieben gelernt habe. Wir haben Freunde gefunden, überwiegend Inder, weil die Expats oft deutlich älter sind als wir. Und wir haben ein reges gesellschaftliches Leben. Partys, Restaurants, Bars – irgendwo ist immer was los, wir sind mehr unterwegs als früher in Sydney. Neulich wäre ich fast gecastet worden! Als Moderatorin für eine neue internationale Show. Aber man hört immer wieder, dass sich in dieser Szene eine Menge Ganoven rumtreiben. Das wäre mir zu gefährlich. Dank Ajay wird mein Hindi von Tag zu Tag besser. Überlebenswichtig hier in Indien, sonst wird man vom fliegenden Gemüsehändler gnadenlos übers Ohr gehauen. Und wir reisen, so oft es geht; ein willkommener Ausgleich zum verrückten Moloch Mumbai. Die Wochenenden verbringen wir häufig in Aamby Valley, einer künstlich angelegten, wunderschönen, perfekt organisierten Ferienstadt etwa drei Autostunden von unserem Zuhause entfernt. Peter liebt es, weil er dort golfen kann, ich gehe reiten oder ins Spa, und zum Essen sehen wir uns wieder. Goa ist auch nur vierzig Flugminuten entfernt, zuletzt waren wir Weihnachten mit Peters Familie dort. Oder auf Tigersafari in Ranthambhore, nahe Jaipur – unvergesslich!

Mit meiner Mom, die kürzlich zu Besuch aus Sydney hier war, habe ich mir das berühmte Tadsch Mahal angesehen, wohl eins der beeindruckendsten Bauwerke, die ich je besucht habe. Ein Ausflug zu den Ausläufern des Himalaja und Ferien in Kerala sind in Planung. Und Ganpati, ein fünfzehntägiges Festival zu Ehren von Elefantengott Ganesha, der Lieblingsgottheit Mumbais. Das Fest endet traditionell mit einer riesigen Party am Chowpatty-Beach, wo man um Gipsfiguren der Gottheit tanzt und trinkt und dabei zusieht, wie die glutrote Sonne langsam im Indischen Ozean versinkt. Oder Janmashtami, auch eine ausgelassene Party zu Ehren Krishnas, mit vielen Farben, Akrobatik und Fun. Völlig verrückt, diese Stadt, herrlich verrückt. Ich bin dankbar, dass ich den Sprung gewagt habe in ein Leben, das so anders ist als alles, was ich bisher erlebt habe. Wie glücklich ich bin, all diese Erfahrungen machen zu können! Natürlich weiß ich, dass wir einen besonderen Platz in dieser Gesellschaft haben, Privilegien genießen. Wir gehen auf Partys, bei denen die Gäste Dom Perignon wie Wasser trinken – und draußen vor der Tür sitzen die Bettler und halten die Hand auf. Das prägt.

Was mir im Magen liegt, ist die Jobsituation. Es ist nicht so leicht für eine Frau mit meiner Ausbildung und meinem beruflichen Background – ich habe in Sydney BWL studiert und dann bei einer Personalberatung gearbeitet – in Mumbai eine adäquat bezahlte Anstellung zu finden. Als ich nach Indien kam, habe ich eine Zeit lang für eine Beratungsfirma gearbeitet, ein Familienunternehmen, klassisch hierarchisch geführt. Es war ein Kulturschock für mich, Vorgesetzte mit »Madam« und »Sir« ansprechen zu müssen und Untergebene wie Menschen zweiter Klasse anzuschreien. Drei Monate habe ich das ausgehalten. Übergangsweise habe ich mich in der Entwicklungshilfe versucht, als Lehrerin für Straßenkinder. Und danach acht Monate für eine PR-Agentur gearbeitet. Endlos lange Tage für viel zu wenig Geld, unterm Strich keine wirklich erbauliche Erfahrung. Aber so ist das nun mal hier: Wenn du nicht von einer heimischen, in meinem Fall australischen, Firma entsandt wirst und das volle Expat-Paket bekommst – sprich: Auslandszulagen, Wohnzuschuss, Sonderzahlungen etc. –, kommst du hier in Indien nicht auf ein halbwegs annehmbares Gehalt. Im Moment halte ich mich als Autorin mit Beiträgen über indischen Stil, indische Alltagskultur über Wasser und arbeite an einer Onlineagentur für Expats, die sich um die Bedürfnisse und Belange von Ausländern in Asien, respektive Mumbai, kümmert. Eine Domain habe ich bereits, und ich will so schnell wie möglich mit Serviceangeboten zu den Bereichen Wohnen, Unterhaltung, Karriere und Reise online gehen.

Natürlich vermisse ich meine Eltern, meine Freunde, meine Schwester. Meinen Vater, der als Augenchirurg sehr viel reist und im Moment wegen seiner zweiten Scheidung immer wieder Gerichtstermine hat, habe ich vor rund einem Jahr das letzte Mal gesehen. Im neuen Jahr will er endlich nach Indien kommen und uns besuchen, vermutlich werden wir auch gemeinsam auf Reisen gehen.

Und die weitere Planung? Ich denke, wir werden noch zwei, drei Jahre hierbleiben und uns dann einen anderen Platz irgendwo in Asien suchen, wo es uns gefällt. Vielleicht zur Abwechslung wirklich *aussuchen*, Indien war ja eher eine spontane Entscheidung. Nun, wo wir uns hier bewiesen haben, haben wir vielleicht beim nächsten Mal bessere Karten. London oder New York wären natürlich eine Riesenherausforderung. Aber egal wo, Hauptsache, wir bleiben zusammen. Zehn Jahre können wir uns das noch sehr gut vorstellen, ehe wir zurück nach Australien gehen. Ich habe nicht alle

Brücken abgebrochen; viele, insbesondere berufliche Kontakte erhalte ich aufrecht für den Fall, dass sich ganz schnell irgendwas ändert. Die Personalberatung in Sydney ist im Bilde, dass ich jederzeit wieder an Bord käme, sofern sich Gelegenheit ergibt. Und meine ehemalige Chefin, die Psychologin ist, erahnt aus meinen regelmäßigen Statusmails, dass ich hier in Indien noch nicht voll Fuß gefasst habe, und hält mir die Türen offen. Eine wertvolle Beraterin, auch über die Distanz hinweg.

Kinder? Familie? Das fragen sich natürlich alle. Vielleicht wäre es der einfachste Weg für mich. Was nicht heißt, dass man ihn unbedingt gehen muss. Bestimmt werden wir in ein paar Jahren heiraten. Warum auch nicht? Wir lieben einander, und wir wollen beide Kinder. Allerdings: nicht in Indien. Sicher – nirgendwo sonst bekommt man so viel Hilfe für wenig Geld: Nanny, Köchin, Haushälterin. Aber ich würde meine Kinder gern an einem Ort aufziehen, der nicht ganz so extrem ist. Wo man mit dem Kinderwagen einfach so durch die Stadt spazieren kann, ohne Angst, angesprochen, angebettelt oder sonstwie belästigt zu werden. Ganz abgesehen davon, dass es so was wie Bürgersteige hier kaum gibt und es meist viel zu heiß ist, um draußen herumzulaufen.

Würden Peter und ich uns eines Tages trennen, würde mich hier nichts halten. Ich fühle mich wohl inzwischen, gewöhne mich mehr und mehr ein, keine Frage. Aber einen Lebensstil wie in Sydney könnte ich mir in Mumbai nie leisten. Die Mieten sind astronomisch hoch, wenn man einigermaßen repräsentabel wohnen will. Haushaltshilfen und andere Annehmlichkeiten können wir uns nur erlauben, weil Peters Firma zuschießt. Vielleicht ist am Ende alles eine Frage der Prioritäten: Was brauche ich zum Glück? Und was ist mir das wert?

Susan

»Du musst dich mit Menschen umgeben, an die du andocken kannst.«

Wenn die Angst dein ständiger Begleiter wird, ist es an der Zeit, etwas zu unternehmen. Ihre Freundin rät Susan zu Yogaausbildung: in Ashtanga, der körperlich anspruchsvollsten Variante. Fünf Jahre ist das jetzt her; Susan hat ihre Beschwerden im Griff – und leitet heute ihr eigenes Fitnessstudio.

Wie hingegossen sitzt sie da in ihrem kuscheligen Lounge-Fauteuil, die langen Beine über einen Schemel ausgestreckt. Dünner, feingliedriger Körper, zerbrechlich und zart, lange dunkle Haare, zurückgebunden, die Jeans ausgebeult. Und im dicken grauen Wickelkaschmir ein paar sichtbare Löcher, ein Lieblingsstück. Lunch mit Susan im El Pacha Hotel am Paseo Marítimo auf Ibiza; der gleichnamige Szeneclub ist direkt nebenan. Ein Kellner in Designerbadeschlappen serviert Salat mit Putenbrust, Susan ordert eine Flasche alkoholfreies Bier dazu. Als ihr Handy piept, liest sie kurz, freut sich über die Textnachricht und schaltet dann ab. »Mein Horoskop, von einer Astrologin aus Neuseeland.« Sie glaubt nicht wirklich dran, aber wenn sie sich mit ihren Freundinnen trifft, ist die Post aus Down Under immer ein Gesprächsthema. »Kann ich noch eine Portion Pommes haben?«, ruft sie dem Barmann zu. Sie will mir die Geschichte ihres Fitnessstudios erzählen, das sie mit ihrer Freundin Bettina in der Altstadt von Ibiza-Stadt eröffnete. Oder besser ihre persönliche Geschichte hinter der Geschichte, die außer guten Freunden kaum jemand kennt. Die gar nicht so glamourös ist wie das Bild, das man sich gemeinhin macht von einem Leben wie dem ihren. Die Geschichte, die gar nicht weit von hier begann, in den Bergen über Ibiza-Stadt, wo sie mit ihrem Ehemann, einem Exfußballprofi, und ihren beiden Kindern lebt.

Im Hotel haben wir mehr Ruhe, sagt sie, sie kommt gern mal zum Luftholen hierher, auf einen Snack oder Drink. Ihre Gast-Instruktoren, die für Specials, Saison-Engagements oder Blockseminare eingeflogen werden, bringt sie auch gern hier unter. Susan plant, organisiert, hat ihr Leben unter Kontrolle. Wieder. Ein herrlich entspanntes Gefühl, wieder nach vorne zu gucken, weiterzuleben, ohne die Angst. Viel zu lange hat sie nur halbe Kraft gelebt, sagt sie. Ein Leben als Momentaufnahme. Wir haben nicht viel Zeit.

»Yoga suchst du dir nicht aus wie irgendeine neue Sportart, Yoga kommt zu dir, wenn du es brauchst.« Yoga als Lebenshilfe. Wie rational ihr das über die Lippen kommt. Als wollte sie nie etwas anderes. Dabei hat sie sich jahrelang mit Händen und Füßen gewehrt, wenn Bettina ihr die Sache schmackhaft machen wollte, während sie auf Besuch in L. A. war. Susan ging lieber reiten oder mit den Hunden am Strand spazieren. »Ich wusste nicht, wozu, war doch fit und beweglich, zufrieden mit meiner Figur. Was sollte ich damit?«

Sie konnte nicht ahnen, dass Yoga bereits auf dem Weg war zu ihr, sie hat es nur nicht kommen hören. Bis zu diesem Telefonanruf, der die Angst brachte, Angst vor allem und jedem und vor allen Dingen vor dem eigenen Leben. Eine Panikstörung, die aus heiterem Himmel kam und die nicht wieder aufhören wollte, mehr weiß sie bis heute nicht.

Wer am anderen Ende der Telefonleitung war, worum es ging? Achselzucken. Susan will nicht daran erinnert werden.

Es war nicht ihre beste Phase, die Zeit, in der sich ihr Ehemann aus dem Profisport verabschiedete und nach neuen Herausforderungen suchte, es ist kein Geheimnis, dass das alles aus den Fugen riss. Die wenigen Konstanten zerbröckelten, die ihr Leben ausgemacht hatten: Reisen und Turniere und wieder Reisen, die Fahrten vom Hotel zum Stadion und wieder zurück – auch ans ständige Unterwegssein kann man sich sehr gewöhnen. Das alles geriet zusehends außer Sichtweite, und am Ende des Tunnels war nichts, das die drohende Leere hätte ausfüllen können. Ihr Mann war beschäftigt genug damit, weiterzuschwimmen, sich neue Herausforderungen zu suchen, seine Rolle neu zu definieren. Ehefrau Susan, über Jahre an ein sicheres, weitgehend sorgenfreies Leben an seiner Seite gewöhnt, fühlte sich haltlos, wie im freien Fall.

Sie möchte gern genauer erklären, was damals los war, auch sich selbst, doch sie stochert im Dunkeln, auch heute noch, Jahre später. »Vermutlich war es so etwas wie ein Overkill. Meine Glühbirne brannte einfach durch. Zu lange auf Hochtouren gelaufen, irgendwann ist sie einfach geplatzt.«

Lästig ist ihr, dass sie nicht mehr funktioniert wie gewohnt. Und wäre da nur etwas mehr Alltag gewesen oder das, was man gemeinhin unter Gewohnheiten versteht, die in Krisenzeiten Sicherheit geben, hätte sie die Angst möglicherweise weiter unterdrückt, wie einen Anflug von Sommergrippe, die auch mal wieder verschwindet, so schnell, wie sie kam. Doch ihre Angst ist hartnäckig, sie kämpft sich an die Oberfläche, wechselweise erschreckend und frustrierend. Mit Schrecken spürt Susan, wie sie sich breitmacht auf ihrer Seele, wie sie von der Anstrengung notorisch müde ist und doch nie Ruhe findet. Wie sie sich gehetzt fühlt wie ein wildes

Tier und doch immer wieder nur gegen den Zaun rennt. Nirgends Dampf ablassen, immer weitermachen, so tun, als ob nichts wäre. Irgendwann ist Schluss. »Wenn du in der Angst lebst, dass du morgen, wenn du auf ein Konzert willst, möglicherweise dieselbe Angst bekommst wie im Aufzug heute, gehst du auch da nicht mehr hin. Ein Teufelskreis, der dich komplett runterreißt. Plötzlich hast du vor allem Angst, und der Körper funktionioniert wie ein Verstärker.«

Sie will verstehen, was da in ihrem Kopf passiert, vielleicht sogar steuern, was sie mental beeinflusst. Doch die Ärzte, die sie in ihrer Not konsultiert, können ihr nicht wirklich weiterhelfen. »Probiert habe ich alles Mögliche in dieser Zeit, irgendwie hatte jeder eine Idee zu meinem Problem, und ich bin in meiner Verzweiflung auf jeden fahrenden Zug aufgesprungen.« Durch eine glückliche Fügung landet sie bei Biofeedback, einer ersten Station auf ihrer Odyssee der Angsttherapien. Ein Professor aus Wien, ein Freund der Familie, bringt sie auf das Verfahren, das über Sensoren Veränderungen misst, die in engem Zusammenhang mit Stress stehen. Diese unbewussten Körperabläufe werden in der Biofeedback-Sitzung mithilfe eines Computerprogramms auf einen Bildschirm übertragen. So ein Feedback kann helfen, die körperlichen Reaktionen zu kontrollieren und bestimmte Muster, die etwa Angst oder Stress provozieren, zu durchbrechen.

»Eineinhalb Jahre lang habe ich mich intensiv mit der Technik beschäftigt, sogar eine Trainerausbildung gemacht«, sagt sie. Biofeedback ist das Einzige, was wirklich ankommt bei ihr, Susan fühlt sich wie in einem Kokon aus Watte, nimmt die Welt um sich herum nur noch dumpf und unscharf wahr und weiß nicht mal mehr, was sie da eigentlich soll – wären da nicht ihr Mann und die Kinder, für die sie ihre letzten Kraftreserven mobilisiert. Für ihre Familie lebt und funktioniert sie weiter. »Ich wusste, ich darf mich nicht komplett hängen lassen, ich musste doch für meine Jungs da sein.« Biofeedback wirkt wie Balsam auf ihr gestresstes Gemüt. »Ich bin ein Typ, der alles verstehen und kontrollieren muss. Etwas kommen und schlimmer werden zu sehen und nichts tun zu können macht mich krank. Biofeedback war die bestmögliche Annäherung an mein Problem. In den Sitzungen konnte ich mich intensiv mit Ursachen und Wirkungen meiner Angst beschäftigen und hatte den Eindruck, dass etwas vorwärtsging. Kleine Erfolge, wie etwa auf eigenes Kommando Gänsehaut kriegen, gaben mir die Kraft, weiterzumachen.« Kein riesiger Sprung, aber ein Schritt raus aus der Angstspirale. Wenn sie erklärt, wie sie in den Sitzungen an das Computerprogramm angeschlossen wurde und auf einem Bildschirm mitverfolgen konnte, was passierte, wenn sie sich anspannte und wieder entspannte, möchte man es auf der Stelle selbst ausprobieren, so mitreißend ist zu hören, wie es sich für sie anfühlte. »Wenn du innerlich ruhig wirst. Dir wird warm, die Oberfläche deiner Haut dehnt sich aus. Der Ring am Finger, der die äußere Spannung auf der Haut misst, lässt den Computer nach oben schnellen. Du lernst Schritt für Schritt, deinen Körper zu beherrschen, die extremen Hochs und Tiefs, die dich anstrengen und stressen, zu nivellieren und wieder in Balance zu kommen.« Sie macht ein Ungleichgewicht der linken und rechten Gehirnhälfte als Ursache für ihre innere Unruhe aus, beginnt, durch Meditation, Atemtechniken und progressive Muskelentspannung Anspannung »wegzudenken«, und freut sich über kleine und größere Erfolge auf ihrer Suche nach Klarheit. An guten Tagen. An weniger guten stochert sie weiter im Nebel, hält die Angst, so gut es geht, in Schach und probiert alles Mögliche und Unmögliche, was spontan Linderung verschafft. Nächtelang recherchiert sie im Netz, sie liest jeden Schnipsel, den sie finden kann, trifft Ärzte, echte Mediziner und Heiler, die sich als Quacksalber entpuppen, aber da hat sie meist schon viel Geld bezahlt. »In meiner Notlage habe ich allem schicksalshafte Bedeutung zugemessen.«

»Werde Yogalehrerin«, sagt ihre Freundin Bettina schließlich, »ich weiß, dass das gut für dich ist.« Susan streckt die Waffen, den Versuch ist es wert, es fällt ihr ja doch nichts Besseres ein. Gemeinsam suchen sie eine passende Yogaschule, Susan lässt sich mitreißen von der Begeisterung der Freundin. Unter 120 registrierten Yogavarianten die richtige zu finden, ist eine Aufgabe für sich. Sie landen bei einer einjährigen Ausbildung in England, 200 Stunden in vier Ausbildungsblöcken über zwölf Monate verteilt. Das ist es. »Nicht nur ein Wochenende, nicht nur eine Woche, nicht nur lesen oder meditieren. Ein ganzes Jahr lang sollte ich mich mit mir selbst beschäftigen – und mit Yoga, fast wie ein Studium. Das alles in einer Gruppe, mit der man immer wieder zu Intensiv-Workshops zusammentrifft. Die Idee gefiel mir.« Bettina, die Susans Bewegungsdrang kennt, hat der Freundin Ashtanga-Yoga empfohlen, die körperlich anspruchsvollste Variante: »Ich brauchte dieses Gefühl, meine mentalen Kräfte über die Körperarbeit nach oben verschieben zu können. Den Schmerz, der ja auch in meinem Kopf existierte, sprichwörtlich wegzuatmen. Was für eine Genugtuung das war! Allerdings auch so anstrengend, dass ich zwischendurch dachte, ich müsse einpacken, weil ich es einfach nicht schaffte.«

Der Ober im »El Pasha« räumt Teller und Flaschen ab. Ob die Damen noch Kaffee möchten? Sehr gern. Susan bestellt eine Kanne grünen Tee. »Natürlich kommt dabei viel hoch, was du verdrängst. Dein Innerstes stülpt sich sozusagen nach außen«, erzählt sie weiter. Klein angefangen zu haben und demütig, daran erinnert sie sich gut, und dass sie das Unternehmen rein körperlich unterschätzt hatte. »Ich musste feststellen, dass mein Körper kaum geeignet ist für diese Art von Ertüchtigung.« Beim ersten Kursblock in England wird sie von massiven Rückenschmerzen geplagt. Jedes Kilo zu viel spürt sie auf den Rippen und fühlt sich so peinlich unfit, dass sie ehrlich fürchtet, ihre Kursleiterin könne sie nach Hause schicken. »Doch sie schonte mich, was ich beeindruckend fand. Vermutlich merkte sie, dass ich mental das Beste gebe, was ich habe, und dass ich auf meinem Weg bin, wenn auch lange noch nicht da, wo sie mich gern gehabt hätte.« Halb sechs Uhr morgens aufstehen, dreieinhalb Stunden Ashtanga-Praxis, dann Theorie, Meditation, Lehrertraining. »Abends von fünf bis sieben habe ich nur in der Badewanne gelegen, und um acht bin ich wie tot ins Bett gefallen, damit ich um fünf Uhr dreißig wieder auf der Matte stehen konnte«, erzählt Susan aus den ersten Tagen. Zwischen den Schulungsblöcken gibt es Hausaufgaben, Fragen zur Technik, Aufsätze zur Philosophie, Yogatheorie. »Unterrichten gehörte auch dazu. Das habe ich in meinem Wohnzimmer gemacht, mit ein paar Leuten aus unserem Bekanntenkreis. Die sind alle dabeigeblieben, was mich unglaublich freut! Eine meiner Schülerinnen aus dieser Zeit ist inzwischen selbst Lehrerin, mit über fünfzig. Jemanden wie sie dazu gebracht zu haben fühlt sich toll an. Neben dem Unterricht ging es darum, sich selbst fit und flexibel zu halten. Eine Regel war, um jeden Preis fitter wiederzukommen, als man gegangen ist. Wir mussten uns auch aus Eigeninitiative permanent weiterentwickeln, sonst wäre das Modell nicht aufgegangen.«

Gespräche in der Gruppe werden zu einer Art Experimentierfeld für die Yogastudentin. Wie weit ist sie in ihrer Angstbewältigung schon gekommen? Hier kann sie sich bedenkenlos messen, hier wird sie nicht beurteilt. Jeder hat ein Thema, das er über Yoga bearbeiten möchte, für keinen der Anwesenden ist es eine rein körperliche Geschichte.

Nach und nach lernt man einander besser kennen, mit einigen hat Susan auch heute noch regelmäßig Kontakt. Mit Kim, dem Feuerwehrmann aus England etwa. »Eine denkwürdige Begegnung, ein ganz großartiger Mensch«, sagt sie. »Kim hatte einen Feuerwehreinsatz hinter sich, bei dem er einen Freund verloren hatte, er selbst hätte es auch um ein Haar nicht überlebt.« Übergewichtig und ein bisschen ungelenk sei er gewesen, »ein bisschen wie ein Michelin-Männchen. Dabei aber stärker und härter zu sich selbst als wir alle zusammen.« Susan erfährt, dass der Mann das Trauma des Arbeitsunfalls nie überwunden hat. Kim kann nicht arbeiten, hat ständig Panikattacken, im Vergleich zu ihr muss es ihm deutlich schlechter gehen, mutmaßt sie und fühlt sich auf angenehme Art sehr verbunden mit diesem dezenten, sympathischen Menschen.

»Ich hatte ja immer nach dem Grund für meine Angst gesucht. Die Frage, die mich von früh bis spät umtrieb, ob in England oder daheim auf der Insel oder überhaupt, war: Wo und wann hat sich dieses Loch aufgetan?« Sie erzählt Kim von ihrer Kindheit, erinnert sich, wie häufig sie nachts allein zu Hause war und wie einsam sie sich fühlte, wenn sie wach wurde und niemand da war, zu dem sie hätte ins Bett kriechen können. Sie sei dann zu Nachbarn gegangen, wenn da noch Licht war, oder habe sich ganze Abende lang in die Wanne gelegt, weil das Bad der einzige Raum im Haus war, den man absperren konnte. Während sie Kim das erzählt, bemerkt sie, dass diese Angst, die Furcht vor dem Alleinsein und alles, was damit verbunden ist, immer noch ganz tief in ihr drinsteckt. Er ermutigt sie, sich der Situation von damals zu stellen, die Momente heraufzubeschwören, in denen die Furcht am intensivsten war, verspricht, sie aufzufangen. Susan lässt sich auf das Experiment ein. »Wir saßen einander gegenüber, und ich sollte ihm haarklein erklären, wo ich damals war, wie alt ich war, in welchem Zimmer ich mich befand, wie es dort roch …« Sie packt ihre Angst aus, Stück für Stück, vor diesem wildfremden Menschen, die unsichtbare Verbindung zwischen ihnen verwischt alle Grenzen. Nicht weiter betäuben. Stattdessen einen Schritt zurück und mitten hinein in die Angsthölle treten. Kim ermutigt sie zu ultimativer Konfrontation. Mit seiner Begleitung muss es gehen, sagt sie sich und versucht es. Die kleine, informelle Session wird zunächst zum Höllentrip. »Brutal war das. Ich habe geheult wie ein Schlosshund, als ich Kim von früher erzählte. Noch nie hatte ich mir die Situation so vergegenwärtigt, plötzlich war sie so real wie damals.« Kim zeigt ihr, wie man Stresssituationen wie diese wegklopfen kann, über die Energiebahnen des Körpers, die Meridiane, ableiten kann. Drei-, viermal schickt er sie in ihre Kindheit zurück, lässt sie ihre Angst nacherleben – und beklopft sie, von oben bis unten und zurück. Susan lässt sich darauf ein, geht an die Grenzen des Erträglichen und lässt sich völlig fallen in die Situation. Erstaunt stellt sie fest, dass ihre Angst mit jedem Mal ein klein wenig schwächer wird. »Nach jedem Mal ließ er mich ›Happy Birthday‹ singen. Das ist seitdem so etwas wie ein Energiesong für mich. Ich könnte im Wald übernachten und hätte keine Angst, wenn ich ›Happy Birthday‹ singe oder es mir nur vorstelle …«

»Gut fünf Jahre ist das alles jetzt her.« Susan muss los, am Abend wird sie das erste Mal seit Monaten wieder eine Yogaklasse leiten. Sie freut sich schon drauf.

Seit rund zwei Jahren sei die weitgehend beschwerdefrei,

erklärt sie. Und im Grunde – im Grunde! – sei sie wieder die, die sie vor dem Einsetzen der Angst war. Im Grunde. »Man ist natürlich übersensiblisiert. Es kommt auch immer wieder zu Rückfällen.« Und so sehr sie an sich gearbeitet hat, so tatenlos steht sie dann wieder davor. Sie hat kleine Anker, ruft sich immer wieder die Formel aus dem Biofeedback in Erinnerung: Beobachte, was du gerade denkst. Es sind nur Krücken auf dem Weg nach vorn, aber solange sie funtionieren, will Susan darauf nicht verzichten. »Manchmal denkst du einen halben Tag lang an etwas Ungesundes, steigerst dich wirklich Schritt für Schritt ins Negative hinein. Es geht darum, Wärme zu produzieren und damit im Hier und Jetzt zu starten. The Power of Now. Es gibt nichts Wichtigeres als das Jetzt.«

Wie wichtig es ist, sich im Hier und Jetzt Menschen zu suchen, denen man vertraut, hat sie selbst erfahren. Sich mit kraftvollen Menschen zu umgeben, an die man andocken kann. Bettina. Kim. Yogalehrer, die Selbstfindung zum Lebensinhalt gemacht haben. »Sie haben sich der Aufgabe gewidmet, es der Menschheit zu erleichtern.« Die Yogamatte mache ja auch nichts anderes, als dich regelmäßig atmen zu lassen, die Blutzirkulation im Kopf in einen natürlichen Flow zu bringen und das Herz ruhig zu machen, erklärt sie. Yoga habe ihr von der ersten Minute an gezeigt: Du bist nicht krank, du brauchst nur Führung, Guidance. »Ich kann Bettina nur immer wieder danken. Sie meint, ich war immer schon ihre liebste Freundin, aber jetzt bin ich ihre liebste Freundin, weil ich meine Stimme gefunden habe. Es lag viel zu viel brach bei mir. Wann habe ich mich schon mit mir selbst beschäftigt, zur Abwechslung mal nur an mich gedacht? Früher oder später musste eine Sicherung rausspringen.«

Pauline

»Ich kann mich an keinen Fleck in Barcelona erinnern, der mich nicht begeistert hätte.«

Ein paar Monate Barcelona: ein bisschen Spanisch studieren, neue Leute kennenlernen, sorglos in den Tag hineinleben, ganz wie in dem Film »L'auberge espagnole«. Für Pauline, 23, wurde der Auslandstraum zur Belastungsprobe. Offen erzählt sie, was sie in sechs Monaten unter Katalanen erlebte und warum einen die Herausforderungen des Lebens nur härter machen.

»Érase una vez ... Es war einmal. In einem gar nicht mal so fernen Land (Deutschland), zu einer durchaus bekannten Zeit (vor drei Jahren), da lebte ein junges Mädchen, das von zu Hause fortging und in ein neues Leben zurückkehrte.« Dieses Mädchen bin ich.

Ich schreibe unheimlich gerne. Wenn ich mich von Unistress, Liebeskummer oder Familienärger entspannen will, setze ich mich an meinen Schreibtisch und lege los. Keine wissenschaftlichen Aufsätze oder sonst was Abgehobenes, sondern einfach, was mir in den Sinn kommt oder mich gerade beschäftigt. Selbst in absoluten Stressphasen wie jetzt, wo ich jede, wirklich jede freie Minute in meine Abschlussarbeit investieren sollte, gibt es nichts Schöneres für mich, als den Expertenwust wegzuklicken, ein neues, blütenweißes Dokument zu öffnen und einfach loszutexten. Ich will Journalistin werden, Autorin, Schriftstellerin – egal, nur schreiben! Deswegen studiere ich Kommunikationswissenschaften und deswegen kam dieses Buch wie gerufen. Ein Buch über das Reisen und Ankommen im Leben. Ich wusste sofort, worüber ich schreiben würde, als ich den Titel hörte.

Barcelona, vor drei Jahren, kurz nach dem Abitur. Ich hatte keine Ahnung, wohin mit mir, geschweige denn mit meinem Leben, erst mal weg, weit weg – the easy way out. In Barcelona sollte mir vieles klar werden, was vorher nur allzu diffus war, sollten sich Ziele konkretisieren, Visionen schärfen – nie wusste ich so genau, was ich *nicht* wollte, wie danach. Und nie war ich mir meiner Grenzen je wieder so bewusst wie dort. Allein unter Spaniern.

Ob der Weg, den ich danach eingeschlagen habe, wirklich der beste für mich ist, wird sich zeigen. Ich bin 23 Jahre alt und habe noch immer das Gefühl, nicht reif genug zu sein. Für einen Beruf. Für eine Familie, für Karriere, Erfolg in allen möglichen Lebensbereichen. Manchmal fühle ich mich wie ein kleines Mädchen, das mit großen Augen und Lolli in der Hand nasebohrend und staunend die Welt entdeckt, auch heute noch. Meine Kommilitonen reißen sich ein Bein aus mit stundenlangen Bibliothekssitzungen, zeitraubenden Nebenjobs, exzessivem Networking online und offline … Manchmal denke ich, dass alle, wirklich alle anderen um mich herum aktiver sind als ich, effektiver und zielstrebiger. Als hätte ich vergessen, meine Uhr zurückzustellen. Dabei bin ich grundsätzlich ein guter Organisator! Ich plane recht brauchbar meinen Tag, kann einigermaßen mit Geld umgehen – oder vielmehr mit der Tatsache, notorisch pleite zu sein. Ich erwarte auch gar nicht die Welt von meiner Zukunft, aber ich habe ein paar Wünsche vor Augen wie reuelose Fehlkäufe (mein Studentenbudget legt da derzeit einen natürlichen Riegel vor), Reisen im komfortablen Kleinbus oder zumindest ein reservierter Platz im Schnellzug statt drei Stunden Dauerhocken vor dem stinkigen Klo der Regionalbahn. Mit einer Arbeit, die mich fordert und gleichzeitig erfüllt, so viel Geld zu verdienen, dass ich davon gut leben kann, ist mein größter Traum.

Ich muss zugeben: Ein paar mehr oder weniger halbherzige Anläufe ins »echte Leben« habe ich mit Schmackes in den Sand gesetzt. Man denke nur an das Praktikum in der Rechtsanwaltskanzlei, ein Trial & Error-Manöver, das mir manche Erfahrung einbrachte, vor allen Dingen die, dass ich kein Aktenmensch bin. Jura war ein Hirngespinst, das konnte ein für allemal runter von der Liste. BWL zu studieren mit offenem Ende, sprich ohne konkrete Berufsvision, war der Notfallplan. Da lieber noch ein paar Praktika! Meine Eltern rauften sich die Haare über die Sorglosigkeit ihrer Jüngsten. Erst mal raus, dachte ich, weg von der Entscheidung, wie es weitergehen soll nach dem Abitur, weitergehen mit mir, mit meinem Leben, mit meiner Zukunft. Vielleicht nicht der Königsweg aus der Krise, aber auf alle Fälle ein gangbarer Weg. Ein bisschen naiv war das schon, einfach ein Flugzeug zu besteigen in ein Land, das ich nie zuvor besucht hatte und dessen Sprache ich nicht einmal halbwegs beherrschte. Mir war das schnuppe, Hauptsache eine Pause zwischen Jugend und Selbstständigkeit, eine Art Pufferzone, wie und wo und unter welchen Umständen, war erstmal egal. Über mein Zielland Spanien wusste ich nicht das Geringste, aber die Sprache zu lernen konnte nicht schaden. Alles Weitere … würde sich zeigen.

Vor allen Dingen wollte ich herausfinden, wer ich wirklich war, den Kern meiner Persönlichkeit ergründen, der in neunzehn Jahren unter immer denselben Menschen zwangsläufig aufweicht. Mich hat immer verwundert, wie sehr man identifiziert wird mit seiner Rolle, dem vermeintlichen Ich. Meine größte Angst war, in diesem Fahrwasser einfach weiterzuschwimmen, dirigiert durch die Strömungen des Lebens, widerstandslos alles zu tun, was die Gesellschaft von mir erwartet, studieren, arbeiten, reich heiraten. Niemand um mich herum schien sich daran zu stören. Aber ich spürte, wie mir die Erwartungen, die Selbstverständlichkeiten, die vermeintlichen Automatismen des Lebens den Hals zuschnürten. Ich brauchte Luft, Freiheit – wenigstens eine Ahnung davon – und einen klaren Blick in die Zukunft. Es war gar nicht schwer: Einmal entschieden, ging alles ganz schnell. Flug gebucht, Siebensachen gepackt, gefühliger Abschied am Flughafen, zweieinhalb Stunden später war ich in Barcelona.

Die Stadt empfängt mich wie eine eiskalte Dusche nach einer durchzechten Nacht. Nicht einmal ein elementares »Hallo« hatte ich vorher im Lexikon nachgeschlagen, und ein paar Hintergrundrecherchen, und sei es nur das Wikipedia Städteprofil, wären auch hilfreich gewesen, hätten mir die Peinlichkeit erspart, vor Ort zu erfahren, dass Katalonien zu dem Teil Spaniens zählt, der klassisches Spanisch (Kastellan) unterschlägt und eine eigene Sprache spricht. Was für mich faktisch erst mal keine Konsequenzen hatte: Ich konnte beides nicht. Fünf Monate sollte diese Bauchlandung dauern? Das erhoffte Gefühl der Erleichterung, der Befreiung von Familie, Freunden, allem möglichen Nervkram kam nicht auf, von euphorischer Urlaubsstimmung ganz zu schweigen. Im

Gegenteil: Die erste Zeit erwies sich als wahre Durchhalte-probe. Ich war schon häufig unterwegs gewesen, mit oder ohne Begleitung, aber wohin ich auch gereist war: Immer erwartete mich jemand, den ich kannte. Hier nun zum ersten Mal nicht. Nur Sprachlosigkeit und schlechtes Wetter.

Was jetzt? Ich beschloss, das Ganze als Herausforderung zu sehen. Augen zu und durch oder, besser: Augen auf und durch. Ich würde es allen zeigen, nahm ich mir vor, und hoffte, damit auch mich selbst zu überzeugen. Meine spontane Ratlosigkeit schluckte ich runter, Angst oder Heimweh schob ich weg. Dies war jetzt nicht die Zeit für Selbstmitleid, dies wollte und musste ich mit mir selbst ausfechten – für mich, nicht, um es anderen zu beweisen. Ich, Pauline. Als kleines Mädchen ständig nur am Rockzipfel meiner Mutter, voller Angst vor Neuem, Unerwartetem, und wenn es nur eine Übernachtung bei Freundinnen war, von der man mich vorzeitig wieder abholen musste, weil ich Zeter und Mordio schrie.

Mindestens sechs Wochen lang wurde Barcelona zum extraordinären Survivaltraining. Ich im Großstadtdschungel; Pauline, die auszog, das Fürchten zu lernen. Der Zufall wollte es, dass ich bei einem Familienfreund Unterschlupf fand, Jan, ein gebürtiger Deutscher, der seit seinem achtzehnten Lebensjahr in der Metropole lebte. Leider hatte er nicht viele Freunde und stürzte sich förmlich auf mich, die neue Mitbewohnerin, die Abwechslung und Unterhaltung in sein gleichförmiges Leben bringen sollte. Er kochte Abendessen bei Kerzenschein, machte unpassende Komplimente und plante ungefragt gemeinsame Unternehmungen. Sein Drang nach Zweisamkeit war kaum auszuhalten; ich fühlte mich, als müsste ich eine große Lücke in seinem Leben füllen. Ich steckte in der Sackgasse: Der einzige Mensch, der mir über die orientierungslose Anfangszeit hätte helfen können, löste panikartige Fluchtreflexe in mir aus. Wie eine Rapunzel ohne Zopf steckte ich in meinem provisorisch eingerichteten Kämmerchen, dessen einziges Fenster in einen stinkenden Hinterhof führte. Das Ende vom Lied: Ich packte meinen Koffer gar nicht aus. Nur nichts wie weg von hier!

Meine Sprachenschule fing mich in diesen Tagen auf, ein heilsamer Ruhepol mit freundlichen Menschen in angenehmer Atmosphäre. Vorfreude, Neugier, Nervosität, alles bunt gemischt, im wilden Wechsel. An meinem ersten Tag dort fühlte ich mich wie ein Kind vor dem ersten Schultag, was gleichsam ablenkte und inspirierte. Norweger, Schweden, Tschechen, Engländer, der Basiskurs war ein Auffangbecken für Sprachwütige und Globetrotter aus aller Welt. Mit Silke aus Ostfriesland schloss ich spontan Freundschaft, sie hatte sofort meine Sympathie, als sie (zu spät, wie ich) an der Tafel vorbeiraste, hängen blieb und dabei mit lautem Ratsch ihren Mantel zerriss. Ansonsten mied ich den Kontakt zu den deutschen Mitstudenten. Sie saßen in der Mensa regelmäßig um einen Tisch zusammen, zogen über die Essgewohnheiten ihrer Gastgeber her und fragten sich, wie man so überhaupt leben könne: Die Sonne sei zu heiß, die Straßen seien zu dreckig, und überhaupt sprach keiner Deutsch, wie sollte man sich denn da verständigen? Heilfroh war ich um mein südländisches Aussehen, das mich herkunftsanonym werden ließ. So genoss ich fernab des deutschen Stammtisches die multikulturellen Begegnungen mit meinen Kommilitonen, die kamen und gingen, von denen jedoch jeder Einzelne einen bleibenden, wertvollen Eindruck bei mir hinterließ. Die Obdachsuche dagegen verlief weniger geschmeidig. Ich versuchte es auf jede erdenkliche Art, kämpfte mich durch Anzeigen, setzte Mundpropaganda in

Gang – niemand, der mich kannte und nicht wusste, dass ich eine Bleibe suchte. Aber mit jeder weiteren unbezahlbaren Absteige, die ich müden Auges besichtigte, schrumpfte meine Hoffnung auf Erfolg. Ich hätte heulen können, entschied mich aber fürs Lachen: Ich hatte ja nichts zu verlieren. Plötzlich, kurz vor lähmender Resignation und drohendem Rausschmiss bei Jonas infolge unüberbrückbarer Differenzen, lag da ein Zettel mit einer Nummer und einem Namen: Juan. WG-Wagnis, Klappe, die zweite. Diesmal funktionierte es.

Mein neu entdecktes Heim war keine nutzlose Zweck-WG mehr, sondern eine wirkliche Gemeinschaft. Männer und Frauen aus Schweden, Frankreich, Argentinien, Holland, Deutschland und Spanien wohnten dort. Ein herrliches Experimentierfeld, um herauszufinden, was es heißt, selbstständig und kompromissfähig mit anderen Menschen zusammen zu leben. Ein bisschen wie Familie und doch ganz was anderes, weil alle unterschiedlich tickten. Wenn es ein besonderes Ereignis zu begießen gab, saßen wir wie selbstverständlich am Tisch zusammen, und doch hatte jeder seinen Raum. Nach den emotionalen Strapazen der vorangehenden Wochen kam ich erst dort wirklich in Barcelona an. Die immer noch horrende Miete konnte ich mir zwar eigentlich nicht wirklich leisten, aber ich verdrängte die Geldsorgen erfolgreich. Ich packte in meinem Zimmer den Koffer aus, schmiss all den seelischen Ballast rein und verstaute alles unter meinem Bett. Ich erinnere mich noch, wie ich am Tag meines Einzugs spät nachts »nach Hause« kam und es sich auch nach Heimkommen anfühlte. Malerisch und mediterran lag das Haus am Hang, mit Blick aufs Mittelmeer. Mit zwölf »festen« Bewohnern herrschte ein permanentes Kommen und Gehen; bis ich endgültig nach Hause fliegen würde, sollte sich die Hausbesatzung quasi einmal runderneuert haben. Die ersten zwei Monate in meinem neuen Domizil hatten frappierende Ähnlichkeit mit dem Film »L'auberge espanole«. Wir lebten ein individuell eingefärbtes Klischeeabbild dessen, was die meisten Menschen mit einer Sprachreise assoziieren: Schlafen, Essen, Feiern, Sex, Schlafen, Essen, Feiern. Die denkbar schönste Form vom Gleichförmigkeit.

Wir erschlossen uns das Nachtleben. Wenn man in Spanien nicht eindeutig als »Extranjero«, als Ausländer, entlarvt werden will, muss man eines wissen: Nightlife beginnt hier frühestens um ein Uhr nachts. Abends um sechs Uhr schön zu Abend zu essen und dann gegen acht noch mal vor die Tür zu gehen, outet dich umgehend als Greenhorn. Ich musste erst lernen, wie man in der Weltstadt richtig feiert, und meine Mitbewohner waren mehr als begeistert, mir alles zu zeigen. Mit den jahrelang gewohnten zwei Euro fünfzig Eintrittspreis in die bayerische Dorfdisco kam ich in Spanien natürlich nicht weit. Für einen Abend in der Partystadt gab man ein Vielfaches aus. Ich erinnere mich, wie wir häufig bis in die Morgenstunden im Taxi von einem Club zum nächsten jagten. Aber auch wenn das wahnsinnig ins Geld ging: Ich habe keinen Cent bereut. Elitäre Schwulenclubs, die vor sexueller Freizügigkeit und körperlicher Erotik brannten, illegale Untergrundpartys in zwielichtigen Hinterräumen und wilde Hausfeste, denen das Mobiliar zum Opfer fiel: Barcelona erregte und berauschte mich. Nie zuvor spürte ich so intensiv, dass ich lebe, und wie ich lebte! Ich war selig.

Natürlich waren wir tanzen! Nicht, dass ich allzu viel von der Materie verstanden hätte. Den Standardtanzkurs zu Schulzeiten hatte ich versäumt, und die kläglichen Versuche meines älteren Bruders, mich in die hohe Kunst des »Sich-führen-Lassens« einzuweisen, waren reinste Sisyphusarbeit gewesen. Salsa, Tango, all das sagte mir wenig. Die spanischen

Tänzer kratzte das kaum. Geradezu rührend, wie sie einer nach dem anderen freiwillig den Schwarzen Peter zogen und sich mit mir abmühten, stocksteif und grob, wie ich mich anstellte. Die Erfahrung war trotzdem unschlagbar. Den Anblick professioneller, passionierter Tanzpaare, die durch den Raum wirbeln, vermisse ich seither, so etwas gibt es in Deutschland nirgends. Was ich auch vermisse, sind die »Champagnerias«, winzige, hitzige Bars in Seitenstraßen, wo der billige Cava in Strömen floss und schwitzende, spanische Vollblutköche direkt an der Theke auf riesigen Herdplatten Tapas am laufenden Band zubereiteten. Ich aß Dinge, die ich früher nie angerührt hätte: Chorizo, Pulpo, Gambas, Calamares und Rajo, alles musste wenigstens probiert werden. Ein Abend in einer solchen Champagneria endete immer satt und zufrieden. Eines Abends, ich war mit einer Freundin auf dem Heimweg einer unserer ersten Cava-Visiten am Hafen, wurden wir überfallen. Aber selbst dieses traumatische Erlebnis konnte unsere Stimmung nicht wirklich trüben. Wir waren noch so aufgeladen und angeheizt, dass es uns gelang, die maskierten Kleinkriminellen mit unseren High Heels in die Flucht zu treten …

Das klingt vielleicht, als sei mein gesamter Barcelonaaufenthalt in jeder Hinsicht ausgeufert. Doch nirgendwo ist das Leben eine einzige Tollerei, in Barcelona genauso wenig wie in Dublin, Kairo oder Hintertupfing. Es waren nicht die benebelnden nächtlichen Streifzüge, die mein kommendes Leben so nachhaltig beeinflussten. Es war etwas viel Existenzielleres: Grundkurs Selbstständigkeit, Lektion eins: das Einmaleins der Hauswirtschaft. Vor dem, was ich bisher auf andere hatte abwälzen können, gab es hier kein Entkommen: Ich lernte, wie man einen gemeinschaftlichen Putzplan einhält, wie man vor Dreck starrende Wäsche sauber kriegt, monatlich seine Miete zahlt, bei Einkäufen ökonomisch wirtschaftet und essbar kocht. Jedenfalls gab ich mein Bestes, zur Not war meist wenigstens einer der elf Mitbewohner mit helfender Hand zugegen, regelmäßige Mahlzeiten waren allemal gesichert. Von meinem Süßigkeitenkonsum nicht zu sprechen – wie viele Au-Pairs blieb auch ich vom »Auslands-Adipositas-Syndrom« nicht verschont: zehn Kilos, die ich daheim in Deutschland jedoch bald wieder los war ...

Mein Körper veränderte sich insgesamt in Spanien, das machte mir schon eher Sorgen. Kaum zurück in Deutschland, saß ich erst mal eine Woche nur beim Arzt. Leidensbilanz: ein abgebrochener Zahn mit anschließender Wurzelbehandlung, Kopfläuse, einmal *Acne venenata* am ganzen Körper wegen des chlorhaltigen Nutzwassers und, in guter Gesellschaft, einmal *Acne aestivalis* dank der hohen Luftfeuchtigkeit und Hitze. Gewöhnungsbedürftig das Ganze, vor allem bei jedem Blick in den Spiegel. Aber am Ende alles halb so wild.

Schwere und unbeschwerte Zeiten – Barcelona bot von allem eine Extraportion. Wenn ich nur an all die Persönlichkeiten denke, die meinen Weg kreuzten: die Mitglieder meiner spanischen Volleyballmannschaft, meine WG-Mitbewohner, die Collegekollegen. Die Menschen, denen man auf den Straßen der Metropole ständig begegnete, faszinierend und mitreißend wie die Stadt selbst.

Ich kann mich an keinen Fleck in Barcelona erinnern, der mich nicht begeistert hätte. So viele Orte dort lohnen einen Besuch, jeder Stadtteil strahlt etwas ganz Eigenes aus, das einen unweigerlich umhüllt, in jedem Winkel dieser Metropole steckte für mich eine Überraschung. Wenn ich durch die Straßen schlenderte, entdeckte ich an einer gewöhnlichen Hausfassade ein kleines architektonisches Kunstwerk von

Antoni Gaudí. Die Sagrada Familia, Barcelonas Wahrzeichen, an der er zeit seines Lebens arbeitete, Parc Güell, Casa Batlló und Casa Milà sind nur einige wenige von Gaudís faszinierenden großen Werken, die Barcelona auch so einzigartig machen. Aber gerade die versteckten Kleinigkeiten inmitten von »Normalität« waren es damals, die mich vor allem bezauberten, die charmanten Gassen, Plätze und Lokalitäten. Die Patisserie »Vilaplana« etwa, an der Plaça Sant Gregori Taumaturg. Oder das wirklich ausgefallene Szenerestaurant »Escribà«, das die beste Paella der Stadt auf den Tisch bringt. Von der göttlichen Nachspeise ganz zu schweigen! Barcelona steckt voller Musik, Kunst, Kultur und Geschichte, an denen man sich nicht satt sehen und hören kann. Unsere Lehrerin an der Sprachenschule, Carmen, war fest entschlossen, uns diese ganze Vielfalt näherzubringen. Sie war der Inbegriff einer spanischen Señora, schön, stolz und streng, aber mit viel Humor und Herz. Vor allem konnte sie kein Wort Englisch. Besser lässt sich eine Sprache kaum lernen, als wenn es keine Alternative dazu gibt. Wir büffelten also nicht nur Deklinationen und Konjunktionen, sondern machten Ausflüge in Museen, studierten Festtage und kulturelle Eigenheiten der Nation und eigneten uns Wissen über große Persönlichkeiten des Landes an: Salvador Dalí, Pablo Picasso, Pedro Almodóvar, José Carreras und – nicht zu vergessen – all die Nationalhelden des Fußballs, die in Spanien großes Ansehen genießen. Während des Unterrichts legte Carmen auch oft inmitten von Vokabelpaukerei spontan eine andere Platte auf und beschallte uns mit spanischer Populärmusik oder klassischen Interpreten. Mitsingen Pflicht. An Alejandro Sanz, *dem* Sängerliebling Spaniens, und seinen theatralischen Gesangseinlagen kommt in diesem Land kein Mensch vorbei. Am Ende hatte Carmen uns jedenfalls nicht nur die Landessprache vermittelt, sondern einen Basiswissen-Schnelldurchlauf über ihr Vaterland geschenkt. Und das war ein wirklich wertvolles Geschenk.

Dass auch das schönste Abenteuer irgendwann ein Ende hat, was für mich »Heimreise« und »Ernst des Lebens« hieß, schwebte wie ein Damoklesschwert über all den Monaten. Mit Schrecken sah ich dem Moment entgegen, wo ich meine große, verstaubte Tasche wieder unterm Bett hervorziehen musste – und einpacken. Der Moment kam viel zu schnell. Das wichtigste Souvenir war eine Antwort auf die wesentliche Frage nach meiner Zukunft. Ich würde Journalismus studieren, irgendwann lag der Gedanke ganz klar vor mir. Mit diesem Entschluss bestieg ich die Maschine nach Deutschland.

Daheim hatte sich nichts verändert – und für mich gerade deshalb alles. Die gleichen Gesichter, die gleiche Rolle, meine Rolle, die mir in fünf Monaten in jeglicher Hinsicht zu eng geworden war und mir nun die Luft abschnürte. Alle freuten sich, mich zu sehen; ich habe nur geweint. Mir fehlten Spanien und die Großstadt, meine neuen Freundschaften und mein neues Leben, an das ich mich so gewöhnt hatte. Ich wollte mich einfach nur verkriechen und alleine sein, meine Wunden lecken, das Fernweh kurieren. Die Überraschungsparty, die meine engsten Freunde am Abend meiner Rückkehr organisiert hatten, überforderte mich maßlos. Ich hatte so gehofft, all dem entkommen zu sein, nun war ich plötzlich wieder mittendrin, in dem bayrischen 28 000-Seelenstädtchen Neuburg. Ich konnte mich nicht wieder einfinden, die Rädchen meines Lebens waren in Unwucht geraten. Ein schreckliches Gefühl, hin- und hergerissen zwischen Pflichtbewusstsein und Idealismus, zwischen Träumen und Realität. Nichts und niemandem zu Hause konnte ich mehr etwas Positives abgewinnen. In dieser Phase muss ich eine echte Zumutung für meine Umwelt gewesen sein, richtig albern kommt mir das heute vor. Ich steigerte mich förmlich rein in eine Weh- und Schwermut, die meinem Aufenthalt am Ende gar nicht gerecht wurde. Das Heimweh, das ich in Barcelona nie gehabt hatte, kam in Deutschland wie eine wabernde Woge über mich. Ich nannte es Fernweh, rückblickend eine schwer verträgliche Form von Selbstgefälligkeit und Überheblichkeit. Ich gehörte zu dieser Provinz wie alle anderen auch, ich kam aus ihr, und ich war wieder dorthin zurückgekommen. Aber unglücklich und selbstmitleidig, wie ich war, war mit mir nichts anzufangen.

Wer mich nach Barcelona fragte, wurde unwirsch zurechtgewiesen. Ich wollte, das gilt bis heute, diese Episode für mich alleine haben, wie einen kostbaren Schatz, den ich mit niemandem teilen will; ich denke, jeder Mensch braucht etwas – auch immateriell –, das nur ihm gehört. Das macht es den Menschen um dich herum allerdings nicht leichter, an dich ranzukommen. Ich habe viele verletzt und vor den Kopf gestoßen, indem ich fast ein halbes Jahr meines Lebens verschwieg. Gerade diejenigen, die mich aus der Ferne die ganze Zeit über begleitet und so gut es ging unterstützt hatten, konnten meine Verschlossenheit überhaupt nicht nachvollziehen, manche auch nicht verzeihen.

Das Leben in Neuburg war natürlich auch in meiner Abwesenheit weitergegangen. In der gewohnten kleinstädtischen Gleichförmigkeit, die mir als Kind behagt hatte, die mich nun aber zunehmend ungeduldiger werden ließ. Die meisten werden hier geboren, heiraten und kriegen wieder Kinder, eingelullt in der Sicherheit von Bekanntem. Ich musste schnellstens weg, außerdem brauchte ich Geld, ein guter Grund, die Tür von außen zu schließen und nach München zu gehen. Wieder eine Reise, wenn auch eine kleine, wieder was Neues. Ich hatte Blut geleckt, wollte weg, nur weg. Und weg war ich.

Barcelona war kein Ankommen, sondern eine Zwischenstation. Auch das ist eine wertvolle Erkenntnis. Ich habe noch lange nicht das Ziel meines Lebens erreicht. Aber Barcelona war ein entscheidender erster Schritt auf die Abzweigung, die ich für richtig hielt und die mein Leben fortan beeinflussen wird. Und da ist noch etwas, das anders ist, jemand, der anders ist. Seit zwei Jahren bin ich mit meinem Freund zusammen, der selbst ein Jahr in Honduras verbrachte. Unsere Erfahrung und die Sprache verbinden uns und waren wahre Kennenlern-Katalysatoren. Wenn wir uns noch heute auf Spanisch schreiben – und das tun wir oft – merke ich, dass ich das Land und seine Sprache nicht einfach hinter mir lassen will. Unsere Campingrundtour an der Atlantikküste Spaniens voriges Jahr wird bestimmt nicht die letzte sein.

Im Journalismus werde ich einen Beruf finden, der zu mir passt, das spüre ich. Es wird nicht einfach sein, Fuß zu fassen; was ich will, wollen Tausende andere auch, alle talentiert und tüchtig. Aber ich werde mich durchboxen. Ich bin noch nicht am Ziel. Noch lange nicht. Aber ich bin erst mal in dem Leben angekommen, für das ich mich entschieden habe.

Marina

»Exotische Düfte sind wie Aromen des Glücks.«

»Dies ist die Stirn eines sehr liebenswürdigen Menschen. Die Götter schenken dir dafür zehn Jahre mehr.« Zehn Jahre mehr, prophezeit von einem chinesischen Wahrsager in der Temple Street in Hongkong: Für Marina scheint sich die Weissagung zu bewahrheiten – nicht an reinem Lebensalter, aber an Erfahrungen, an Emphase, an Intensität.

Hongkong, vor der offiziellen Übergabe, irgendwo im geschichtlichen Niemandsland zwischen Exkolonie und Volksrepublik im Sommer 1997. Stoßseufzer einer Stadt vor dem großen Wechsel.

Ich war auf der Insel, um eine Reportage über Hongkong im Umbruch zu schreiben. In dieser Metropole, die vom Fortschritt überwältigt wurde und doch so vertrauensvoll freundschaftlich mit ihrer eigenen Historie umging, wollte ich ein China entdecken, das wahrer und echter war als die Fassade, die man gemeinhin kannte. Ein verstecktes Stück China außerhalb der Volksrepublik, die nur ein paar Hundert Kilometer entfernt hinter der Grenze lauerte, ein China mitten in Hongkong, das gab es zweifellos, noch aus der Zeit der britischen Kolonie, nur durfte es unter der westlichen Oberfläche niemals aufblühen. Man vergisst zu leicht, wie chinesisch Hongkong im Herzen ist und war.

Schon mein erster Berührungspunkt, Kowloon, ist zutiefst chinesisch. Die Zeichen und Bilder und Insignien dafür findet man überall, auf Schritt und Tritt, wenn man durch die Straßen dieses Stadtteils wandert. Werbeflyer, Aushängeschilder, Hinweise auf Läden oder kleine Arztpraxen und winzige Büros – alles chinesisch und für Besucher unverständlich. Ein Volk, das sich hinter Glasscheiben versteckt, wo man dich von Weitem mustert und auf Englisch nicht reagiert, weil diese Sprache in der Regel nicht oder kaum verstanden wird. Riesige Wohnblocks aus winzig kleinen Wohneinheiten, Einzimmerapartments, die mindestens fünf Personen beherbergen, Tausende und Abertausende davon. Chinesisch die von Staub und Smog verkrusteten Fenster, die Scheiben mit Eisengittern und Karton notdürftig geflickt, mit Bambusstangen, die daraus wie überdimensionale Zahnstocher an die Luft ragen, vollbehängt mit frisch gewaschener Wäsche. Chinesisch die Tempel, die Opfergaben, der Weihrauch, die Wahrsager und Handleser. Selbst die Vögel in den kleinen, verzierten Käfigen singen chinesisch, ein Teppich aus zarten, lieblichen Stimmchen untermalt meine Tour durch die Stadt, an den Straßenecken hebt der Singpegel sachte an, um dann wieder abzuebben.

Das alles ließ ich in Ruhe auf mich wirken auf meiner Entdeckungsreise zu den Kirchen und Klöstern der Stadt. Ich blieb in Wong Tai Sin hängen, einem faszinierenden Bezirk, gleichzeitig sachlich, praktisch, volksnah und dabei doch überaus mystisch und sehr menschlich. Der Name Wong Tai Sin bezeichnet eine chinesische Gottheit mit der Kraft zu heilen; wörtlich übersetzt heißt er »Der große, unsterbliche Wong«. Ich lande in einer Tempelanlage, die alles überragt, rundherum Wohnhäuser, so weit das Auge reicht. Im Auto komme ich dort an, meine vorläufige Endstation nach einer ermüdenden Tour durch den Großstadtdschungel aus Zement und Häuserfluchten mit Millionen kleiner, grüner Fenster.

Im Herzen dieses Durcheinanders aus den irrwitzigsten Gerüchen, Staub und Lärm: der Tempel. Die mächtigen Pagoden in Rot und Grün getüncht. Eine Oase der Ruhe inmitten des Chaos. Ein winziger kleiner See inmitten des großen Labyrinths aus Pflanzen und Stein, in dem sich ein paar fette, faule Karpfen aalen. Kostbar und geheimnisvoll wie ein Juwel mittendrin: ein kleiner Pavillon, das Herz des Ensembles.

Ich platze in die Vorbereitungen zu einer taoistischen Festivität, überall wuseln Menschen herum, das kleine Gebäude scheint aus allen Nähten zu platzen, selbst über die Kolonnaden hinaus drängen sich die Menschen und verteilen sich auf die umliegenden Gebäude. Alles sucht und findet irgendwo in dem Gewusel einen Platz zum Beten.

Hier sind die Götter gütig und beschützen das Glücksspiel. Im Kult um diesen heiligen Ort verschmelzen der Mystizismus des Gebets mit Tradition, Hoffnung und Zukunftsangst. Es ist wie eine kollektive Sucht: die Lust am Risiko, das Glücksspiel, die Pferdewetten. Die Gläubigen knien zwischen Weihrauchduft und unzähligen Räucherstäbchen, die sie in ganzen Sträußen gen Himmel strecken und wild hin und her wedeln, auf dass der Duft der Opfergabe noch schneller bei der Gottheit landen möge. Und durch dieses heillose Durcheinander an Menschen, Essen jeder Art – selbst ein komplettes Grillferkel ist darunter – und exotischen Düften wabern die Aromen des Glücks.

Es gibt ein altes chinesisches Schriftstück, das Anfang des vorherigen Jahrhunderts auch nach Europa kam, ein heiliges Buch, genannt Y Ching. Im Vorwort, das sich um Wandel dreht, ist die Rede davon, dass die Gottheit zwischen drei Münzen wählt, wobei Kopf oder Zahl wieder eine eigene Bedeutung haben. Auch von kleinen Stiften ist die Rede, über die sich der Wille der Götter äußert. Mir war nicht klar gewesen, was damit gemeint war. Aber wenn ich die Gläubigen im Tempel mit ihren hölzernen Zylindern wedeln sehe, aus denen immer wieder kleine, numerierte Stäbchen herausfallen, denke ich, das muss es sein. Die Stäbchen fallen zu Boden, der Betende sammelt sie auf und lässt sich aus der Zahlenkombination sein Schicksal vorhersagen.

Ich kann meinen Blick nicht abwenden von diesem Spektakel. Bilder, Farben, Münzen, Weihrauchduft, das alles verschwimmt vor meinem inneren Auge, ich könnte noch Stunden stehen bleiben, still an die Wand gelehnt, und nur zusehen.

Der Tag endet in der Temple Street, es kann nicht anders sein. Eine lange Straße, in der Repliken internationaler Modemarken zum Spottpreis verkauft werden, T-Shirts, Jeans, Uhren, Taschen. Ein riesiger Markt für Tinnef aller Art. Nur die wenigsten wissen, dass man sich gegen Abend ans Ende der Straße vorwagen sollte, wo sich in der Regel nur noch Chinesen bewegen – und ein paar neugierige Touristen. Nach Sonnenuntergang wird in den kleinen Gassen die Zukunft vorhergesagt.

Die Wahrsager sitzen in einer Reihe an kleinen, funzelig beleuchteten Tischen, mit nichts als einem Papier und bunt bemalten Sternbildern um sich herum, dazu einem Pinsel sowie einem Tintenfass, um sich Notizen zu machen. Hinter ihrem Rücken an der Wand steht in kunstvoll gemalten roten und goldenen Schriftzeichen, dass sie aus den Sternen lesen, aus der Hand und aus dem Gesicht. Zukunft und Vergangenheit kann man sich hier aus Augen und Stirn deuten lassen.

Und während du darauf wartest, dass du an die Reihe kommst (du hast dir den vollsten Tisch von allen ausgesucht, um sicherzugehen, dass du den besten Wahrsager zu fassen kriegst), dringen ganz leise chinesische Opernklänge vom anderen Ende der Straße herunter.

Das alles ist so unwirklich und schaurig schön, inmitten dieser hochmodernen Millionenstadt, dass du dich fühlst wie im Märchen.

Endlich bist du dran. Du nimmst Platz, der Lärm der Straße verschwimmt, und du wirst wie auf einer Welle in das gelbe Licht der Gaslampe gesogen.

Neugier, ein bisschen Zynismus, vor allem Herzklopfen. Der Alte mustert mich erst kritisch, besorgt, ob er mit diesem westlichen Antlitz ebenso zurechtkommt wie mit einem orientalischen. Dann lächelt er, fast erleichtert, klopft mir sachte mit dem Finger an die Stirn und sagt: »Dies ist die Stirn eines sehr liebenswürdigen Menschen. Die Götter schenken dir dafür zehn Jahre mehr.«

Was spürt man da? Erst mal Erleichterung. Denn, seien wir ehrlich: Niemand möchte gern vor seiner Zeit von dieser Welt gehen. Aber da ist unwillkürlich auch Angst: Was wollte mir der Alte wirklich sagen?

Zu Hause ist alles wie immer. Tage, Wochen, Monate, Jahre vergehen, aber der chinesische Wahrsager geht mir nicht aus dem Kopf. Es ist, als sollten seine Worte ein Vorspiel für meine Suche nach den Wahrheiten des Lebens werden. Vielleicht dienen all meine Reisen, die Reportagen und die Arbeit dazu, mir winzige Stückchen an Zeit aus dem Alltag herauszuschneiden, erhellende Augenblicke, kostbar und unerlässlich auf der Suche nach mir selbst.

So ist es in meinem Leben immer gewesen, meine Realität verschob sich stets in Wechselwirkung mit den Kulturen, mit

Begegnungen und Zusammentreffen unterschiedlichster Art, die meine eigene Perspektive immer wieder auf den Prüfstand stellten. Besonders im Orient.

Ich erinnere mich etwa, wie ich einmal auf den Stufen eines indischen Tempels saß und genoss, wie die trägen Klänge eines fernöstlichen Instruments wie warmes Öl an mir herunterperlten. Außer mir niemand als ein hinduistischer Priester, der gemeinsam mit mir stillschweigend einige Räucherstäbchen entzündet. Lächeln, das keiner Worte bedarf. Oder, ein andermal, verloren in einem balinesischen Reisfeld: eine stille Begegnung, die ewig haften blieb.

Ich habe angefangen, die Tore zu meiner Seele zu öffnen, erst zu meiner Seele, dann zu meinem Herzen. Ohne Anleitung oder spezielle Schule, einfach so. Das war nicht immer leicht. Aber die Ängste legten sich mit der Zeit.

Schwer zu erklären, wie ich mich mit jeder dieser Begegnungen ein Stückchen besser kennenlerne, mir meiner selbst bewusster und als Person vollständiger werde. Bescheidener bin ich mit der Zeit geworden. Und versuche doch, immer weiter zu wachsen, weniger zu fordern, aufzuhören, stets nach Antworten zu suchen. Stattdessen dem Fluss der Emotionen und Gefühle zu folgen. Die Augen offenzuhalten, die Ohren zu öffnen, um zuzuhören und mit dem Herzen stets dabei zu sein. Lieber weniger zu reden. Damit macht man vieles kaputt.

In den Maya-Ruinen von Tulum in Mexiko habe ich einen Schamanen getroffen. Eine kantige Rothaut mit langen schwarzen Haaren und dramatischer aztekischer Bemalung. Die Sprache auch hier: eher Hindernis. Skepsis und Vorsicht, weil der Unterschied der Kulturen kaum offensichtlicher sein könnte, doch dann, nach dem ersten Schauder, vorsichtige Annäherung. Hier ist er, der Guide für meine Reise ins Innere, der tröstende Schlüssel, fast so etwas wie ein Segen, auf dieser meiner Straße weiterzuwandern. In diesem Moment fühlte ich mich so angenommen, beschützt und erfüllt wie niemals zuvor in dieser Welt, Erleichterung umfängt mich, wie ein Sprung aus dem Tiefsten meiner Seele, unmöglich, das in Worte zu fassen, heute ebenso wenig wie damals. Ich habe geweint, ohne zu schluchzen, tröstliche Tränen, den ganzen Tag bis in den Abend hinein. Diese Erfahrung, erlebt in der schwülen Hitze einer rauchigen Hütte, schloss Jahre später den Kreis zwischen Orient und Okzident.

Heute sehe ich die Worte des chinesischen Wahrsagers mit Abstand, rationaler. Ich bin älter geworden, meine Außenwirkung und mein Inneres sind mit gewachsen. Zehn Jahre mehr. Am Lebensalter im Sinne von Zeitrechung lässt sich natürlich nichts drehen. Aber was der Alte auf meiner Stirn las, die Freundlichkeit, von der er sprach ... Vielleicht sind die zehn Jahre so etwas wie ein Lohn seiner Götter für meine Empathie, mein bewusstes Handeln, für meine Toleranz und die Fähigkeit zu teilen. All das, was natürlicherweise in mir steckt und was dieser weise Mann auf meiner Stirn sah, lebe ich heute bewusster, es ist so etwas wie ein Leitfaden für meinen Lebensweg und mein Miteinander mit anderen geworden. All diese Attribute machten aus mir den Menschen, der ich heute bin. Zehn Jahre jünger im Gesicht, dazu kindliche Begeisterung und unendliche Neugier für alles und jeden, was mich umgibt, Lächeln und Offenheit.

1976 sagte ein chinesischer Wahrsager ebenfalls in Hongkong dem großen italienischen Journalisten Tiziano Terzani voraus, dass er, wenn er 1993 in ein Flugzeug steigen würde, sein Leben riskieren würde. Ende 1992 beschließt Terziani im Bewusstsein der Prophezeiung, sich ein ganzes Jahr ohne Flugzeug fortzubewegen. Die Erfahrungen, die er auf dieser

langen Reise zwischen Asien und Europa machte, wechselweise auf dem Land- und Wasserweg, hat er in einem Buch
festgehalten. *Un indovino mi disse* lautet der Titel seines
Reisetagebuchs.

Auch meinem Leben hat ein Wahrsager den Weg gewie-
sen. Meinem kleinen, unbedeutenden Leben.

Donatella

»Zurückkehren an einen Ort,
wo man mich erwartet.«

»Eine Reise ist eine Suche nach sich selbst, aus dem Bedürfnis heraus, am Ende den Ort zu finden, wo man in Liebe aufgenommen wird.« So begann unser Gespräch an einem
lauen Abend Ende dieses Sommers, irgendwo in Apulien.
Donatella und ich unterhielten uns über das Reisen und Hei-
matsuchen und -finden – zwei Personen, die dem Herum-
irren und Suchen einen Sinn geben wollten. Hier schildert sie
die Eindrücke während einer Bahnreise in den Süden.

Ich komme am kleinen Bahnhof von Pascarosa an, einem
winzigen Weiler im Itriatal. Hinter mir liegt eine kurze Strecke querfeldein durch rote Erde. Ich parke den Wagen im
Schatten eines riesigen Obstbaumes.

Ein Häuschen, das man kaum sieht unter all dem sommerlichen Grün, dient gleichzeitig als Wohnung und Bahnhof. Davor ein einziges Gleis.

Man könnte wahrhaftig hier ankommen, aus Paris oder
Venedig, den Städten, in denen ich lebe, dank dieser beiden
parallelen Eisensträge, die die Außenwelt mit dieser fruchtbaren Erde Apuliens verbinden.

Warten auf den Zug, der mich aus dem hügeligen und
kurvigen Land der Trulli in die weite Ebene des Salento
bringt. Der intensive Geruch aus der Küche, die an das win-

zige Wartezimmer grenzt, nimmt mir die Sprache, Tomatensugo und Familienanschluss sind hier im Ticketpreis inbegriffen.

Ich setze mich nach draußen, unter eine Pergola aus Bougainvilleen, auf einen lilafarbenen Plastikstuhl, atme still den warmen Wind des Sommers.

Zikadengesang überlagert die Glocke, die die Ankunft des Zuges ankündigt. Aus der Tür kommt die Frau, die bis vor einer Minute noch gewaltige Portionen an Orecchiette servierte. Zügig setzt sie sich eine Dienstmütze auf den Lockenkopf. Ihr geblümtes Kleid spannt um den festen Körper, während sie an der Kurbel dreht, um die Schranke herunterzulassen.

Langsam kommt ein Zug mit einem einzigen Waggon angefahren und hält direkt vor meinen Augen. Es ist das erste Mal, dass ein Zug nur für mich anhält. Lächelnd steige ich zu, als handelte es sich um ein großes Privileg, das mir hier zuteil wird.

Ich weiß, es wird noch viele Haltestellen geben, ehe wir am Ziel ankommen, Gelegenheiten genug, meine Neugier auf dieses Land zu stillen. Sandfarbene Gardinen aus grober Baumwolle flattern in geöffneten Fenstern, als wollten sie mit ihrem Licht- und Schattenspiel die unberührte Landschaft begrüßen.

Der Zug setzt sich gemächlich in Bewegung. An jeder Haltestelle gibt es einen Mann oder eine Frau mit leuchtender Kelle in der Hand, die alles stehen und liegen lassen, wenn der Zug einrollt, und mit beeindruckender Autorität minutenweise Stationsvorsteher sind. Der kleine Zug hält nie in den Zentren der Orte, er stoppt irgendwo im Nirgendwo, streicht wie ein zarter Hauch liebevoll an den Rücken der Häuser entlang.

Er fährt durch Wohngebiete, wo immer wieder Berge von Wäsche zum Trocknen draußen hängen. Oder Erbsenschoten, oder Feigen, säuberlich auf Bindfaden aufgereiht. Mal steigt ein schläfriger Student zu oder aus, mal ein verwirrter Jugendlicher, eine Lehrerin, die auf den Sitzen um sich herum die Schulhefte ihrer Schüler ausbreitet, eine Gruppe von Afrikanern, die den Raum mit heiterem Lachen erfüllen.

Vor meinen Augen blättert sie sich auf, die ganze Pracht, Mandelbäume, Feigen, Johannisbrot, das Bild ist immer in Bewegung, ganz allmählich verändert sich die Landschaft. Silberfabene Olivenhaine und sorgsam gepflegte Weinfelder gehen langsam in Eichenwald über. Runde Steinbauten mit konischen Köpfen lassen die Ebene lebendig wie eine Musikpartitur erscheinen.

Ich spüre rückhaltlose Bewunderung für die Menschen, die sich dieses raue, steinige Stück Land in harter Arbeit urbar gemacht haben, unvergleichlich wie nirgendwo sonst auf der Welt.

Der tiefblaue Himmel wird Richtung Süden immer heller, durchsichtiger, surreal, wie Natur in Träumen. Die Haltestellen heißen wie die Weine der Gegend, Manduria, Salice Salentino, man kriegt Lust darauf, ein Glas davon zu trinken. Einmal daran gedacht, wird das Verlangen so stark, dass es einen kaum mehr loslässt. Mit einem Schlag setzt die Hitze ein, ein lautes Horn erschüttert die Region, die sonst keine Ängste kennt. Kurvigkeit und Sinnlichkeit machen der Ebene Platz. Stille.

Wie Fatamorganas in einer vor Hitze flirrenden Luft tauchen einsame majestätische Masserien aus dem Nichts auf, scheue Königinnen, die ihre Bewohner hinter soliden, weißen Mauern schützen. Ganz langsam erkenne ich hier im Süden das Italien meiner Kindheit wieder, spüre Wärme und

Heimatgefühl in intakter Natur und echte, wahre Schönheit, poetische Schönheit.

Ich hoffe, dass wir irgendwo unterwegs irrtümlicherweise stehen bleiben. Sonst an schnellere Verkehrsmittel gewöhnt und an weitere Distanzen, schätze ich pötzlich diese eingeschränkte Dimension des Reisens. Ein Umherziehen und mich einfach Treibenlassen, Erinnerungen und Gerüche in mich Aufsaugen, und genieße die Idee, einfach losgefahren zu sein, um danach an den Ort zurückzukehren, wo man mich schon erwartet.

Katja Büllmann

Eine einzige Reise kann alles verändern

Frauen erzählen. 240 Seiten.
Piper Taschenbuch

Ob auf Fotosafari in Kenia oder beim Wanderurlaub in der Schweiz, mit Rucksack durch die Anden oder im Wohnmobil aufs Geratewohl – jede Reise eröffnet neue Horizonte, schärft den Blick auf sich selbst, und manchmal kann sie ein ganzes Leben verändern. Die Reisejournalistin Katja Büllmann stellt Frauen on tour vor, Frauen wie du und ich, die mutig genug waren, um noch einmal ganz von vorn anzufangen: fünfzehn Lebenswege ins Glück, in einem anderen Land, für ein neues berufliches Ziel oder die echte Liebe.

Andreas Pröve

Meine orientalische Reise

Auf den Spuren der Beduinen durch Syrien, Jordanien und Persien.
352 Seiten mit 40 Farbfotos.
Piper Taschenbuch

Ob im Hamam von Palmyra oder im Baghdad Café mitten in der syrischen Wüste, durch die spektakulären Schluchten von Petra und Wadi Rum, im Großstadtverkehr von Damaskus oder beim persischen Aschura-Fest: Wie Andreas Pröve mit seinem Rollstuhl den Orient bereist, ist Anlass für tausendundeine außergewöhnlich intensive Begegnung, die uns arabische Gastfreundschaft hautnah miterleben läßt.

»Ein großartiges Unternehmen, an dem sich alle, die ähnliche physische Belastungen zu ertragen haben, aufrichten können und durch das deutlich wird, was trotz einer rücksichtslosen und oft sogar feindlichen Umwelt durch Lebensmut und Abenteuerlust möglich ist.«
Frankfurter Allgemeine Zeitung